NF

100年予測

ジョージ・フリードマン
櫻井祐子訳

HAYAKAWA NONFICTION

早川書房

7391

THE NEXT 100 YEARS
A Forecast for the 21st Century

by

George Friedman

Translated by
Yuko Sakurai
Published 2014 in Japan by
HAYAKAWA PUBLISHING, INC.
This book is published in Japan by
arrangement with
DOUBLEDAY
an imprint of THE KNOPF DOUBLEDAY PUBLISHING GROUP
a division of RANDOM HOUSE, INC.
through JAPAN UNI AGENCY, INC., TOKYO.

創造の女神となり
監督者となって支えてくれた
メレディスに捧げる

著者まえがき

わたしは水晶玉など持っていない。その代わり、不完全かもしれないが、過去を理解し未来を予測する上で、これまで確かに役に立ってきた手法を持っている。無秩序に見える歴史の根底にある秩序を見出し、その秩序がどのような出来事や傾向、技術をもたらすかを予測するのが、わたしの使命である。一〇〇年先のことを予測するなど、軽薄な取り組みに思われるかもしれない。だが本書を読み進まれるうちに、それが合理的で筋の通ったプロセスであり、軽薄でなどないことを分かって頂ければと願っている。近い将来わたしにも孫ができ、そのうちの何人かは確実に二二世紀を生きるだろう。そう考えると、すべてが現実味を帯びてくる。

本書の狙いは、未来がどのようなものになるのか、その感触を伝えることにある。当然、細かい点はたくさん読み違えるだろう。それでも広い意味での重要な動向――地政学、科学技術、人口動態、文化、軍事における動向――をつきとめ、今後起こり得る重大な出来事を明らかにできればと思っている。今日の世界の成り立ちをいくらかでも説明し、それが未来の成り立ちに与える影響を明らかにすることができれば本望だ。二一〇〇年になって本書に目を通したわたしの孫が、「結構やるじゃないか」と思ってくれれば、これほど嬉しいことはない。

目次

理性的な観察者に、世界は理性的な側面を見せる。両者は相互的な関係にある。

ゲオルク・W・F・ヘーゲル

１００年予測

序章

アメリカの時代とは何か

想像してみて欲しい。今は一九〇〇年の夏。あなたは当時世界の首都だったロンドンに暮らしている。当時はヨーロッパが東半球を支配していた。ヨーロッパ諸国の直接支配下に置かれないまでも、間接統治すら受けない場所など、地球上にはまずなかった。ヨーロッパは平和で、かつてない繁栄を享受していた。実際、ヨーロッパは貿易と投資を通じてあまりにも深く依存し合うようになったため、戦を交えることはできなくなった、あるいはたとえ戦争を行なったとしても、世界の金融市場がその重圧に耐えきれなくなり、数週間のうちに終結するだろう、といった説が大真面目に唱えられていた。未来は確定しているかのように思われた。平和で繁栄したヨーロッパが、世界を支配し続けるのだ。

今度は、一九二〇年の夏に思いを馳せて欲しい。ヨーロッパは大きな苦しみを伴う戦争によって引き裂かれていた。大陸はずたずたにされた。オーストリア＝ハンガリー、ロシア、ドイツ、そしてオスマンの各帝国はことごとく消え去り、何年も続いた戦争で数百万人の命が失われた。戦争がようやく終結したのは、アメリカが一〇〇万の兵を送り込んだときである。アメリカ軍は突然現われ、突然去っていった。共産主義がロシアを席巻したが、この先も持続するかどうかは定かではなかった。アメリカや日本など、ヨーロッパ勢力圏の周縁部に位置する諸国が、いきなり大国として浮上した。だが一つだけ確かなことがあった。不利な講和条約を押しつけられたドイツが、近いうちに再び浮上するはずがないということだ。

さて次は一九四〇年の夏まで飛んでみよう。ドイツは再浮上したどころか、フランスを征服し、ヨーロッパを支配していた。共産主義はなおも持続し、ソビエト連邦は今やナチス・ドイツと同盟を結んでいた。ドイツに立ち向かう国はイギリスただ一国のみで、まともな人の目には、戦争はもう終わっているように思われた。たとえドイツの千年帝国があり得ないとしても、少なくとも今後一〇〇年間のヨーロッパの命運は決まったようなものだった。ドイツがヨーロッパを支配し、その帝国を継承するのだ。

続いて、一九六〇年の夏だ。ドイツは五年とたたずに敗れ、戦争で荒廃していた。ヨーロッパはアメリカとソ連によって占領され、二分された。ヨーロッパの帝国は崩壊の途にあり、その継承者の座をめぐってアメリカとソ連が争っていた。アメリカはソ連を包囲し、その圧倒的な核軍備をもってすれば、数時間のうちにソ連を壊滅させることもできた。アメリカは世界の超大国として躍り出た。すべての海洋を支配するアメリカは、核戦力をバックに、いかなる国にも条件を指示し、それに従わせることができた。ソ連に望めるのは、せいぜい戦局を膠着状態に持ち込むこと位だった――ソ連がドイツに侵攻し、ヨーロッパを征服でもすれば話は別だが。誰もが想定していたのは、そんな戦争だった。また内心では誰もが狂信的な毛沢東の中国を、いま一つの危険と見なしていた。

次に、一九八〇年の夏に身を置いてみよう。アメリカは七年間続いた戦争に敗れた。相手はソ連ではなく、共産主義国の北ベトナムだった。アメリカの凋落は、自他共に認めるところとなっていた。アメリカはベトナムから追われ、続いてイランからも追われた。イランでは、アメリカが支配を明け渡した油田が、ソ連の手中に落ちようとしているかに思われた。アメリカはソ連を封じ込めるために、毛沢東の中国と手を組んでいた。アメリカ大統領と中国国家主席が、北京で友好会談を行なったのだ。急速に勢力を増していた強大なソ連を阻止できるのは、中国との同盟しかないように思われた。

それでは今が二〇〇〇年の夏だったら、と想像して欲しい。ソ連は完全に崩壊した。中国は共産主義とは名ばかりで、実質は資本主義化していた。北大西洋条約機構（NATO）は東欧諸国だけでなく、旧ソ連諸国にまで拡大していた。世界は豊かで平和だった。地政学的問題は経済問題の二の次にされ、ハイチやコソボといった最貧国の地域問題にさえ対処すればよいと思われていた。

そしてやって来たのが、二〇〇一年九月一一日である。世界は再び覆された。

ある意味では、未来について唯一確信をもって言えるのは、そこでは常識が通用しなくなるということだけだ。魔法の二〇年周期など存在しない。歴史のパターンは、単純な力に支配されてなどいない。歴史上のどの瞬間にもこの上なく永続的で支配的と思われたことは、信じられないほどの速さで変わり得る。時代は移りゆくものだ。国際関係においては、今目に映る世界は二〇年後、あるいはもっと近い将来に目に映る世界とはまったく別である。ソ連崩壊は想像もつかない出来事だった。それこそが肝心なことなのだ。従来の政治分析には、想像力が著しく欠落している。流れる雲がいつまでもそこにあると考え、誰の目にも明らかな、強力な長期的変化に目を向けようとしないのだ。

二〇世紀初頭の人たちは、これまでに挙げた一つひとつの出来事は予測し得なかった。だが中には予測できたはずの、そして実際に予測されていたこともあった。たとえば一八七一年に統一されたドイツが、ロシアとフランスの板挟みという不安定な立場に置かれた強国であり、またヨーロッパと世界の体制の見直しを迫ろうとしていたことは、誰の目にも明らかだった。二〇世紀前半に起こった紛争のほとんどが、ヨーロッパにおけるドイツの地位を争点としていた。戦争がいつ、どこで起こるかを予測することはできなくても、戦争が必ず起こることは予測できたし、実際ヨーロッパでは多くの人がそう予測していた。

予測が困難だったのは、戦争がきわめて壊滅的になることと、ヨーロッパが二つの世界大戦後に帝国を失うことだった。だが特にダイナマイトの発明後は、これからの戦争は壊滅的になるという予想も出ていた。技術と地政学の予測を考え合わせれば、ヨーロッパの解体はおそらく予測できた。実際アメリカとロシアの台頭は、一九世紀に予見されていた。アレクシ・ド・トクヴィルとフリードリヒ・ニーチェも、二国が傑出した存在になるだろうと予想している。そんなわけで、二〇世紀の初めにあっても、一定の秩序といくらかの幸運さえあれば、この一世紀の大まかな輪郭を予測することは可能だったわけだ。

二一世紀

二一世紀のとば口に立つわれわれは、この世紀の要となるような出来事、二〇世紀のドイツ統一にも匹敵する一つの出来事を特定しなくてはならない。ヨーロッパ帝国の瓦礫《がれき》やソ連の残骸が片づけられた後も、なお圧倒的な力を持って存在し続ける強国が一つある。それは、アメリカ合衆国だ。現在アメリカは、例によって世界中で失態を演じているようにも思われる。だが束の間の混乱に惑わされてはいけない。アメリカは経済、軍事、政治のいずれをとっても世界最強の国であり、そのパワーに本当の意味で挑戦できる国などない。ちょうどアメリカ・メキシコ戦争と同じで、アメリカとイスラム過激派との戦いも、今の支配的なムードがどうあれ、一〇〇年もすれば人々の記憶から薄れているはずだ。

一九世紀半ばの南北戦争以降、アメリカは並はずれた経済成長を遂げ、微々たる途上国から、第二位以下の四カ国を合わせたよりも大きな経済規模を持つ大国になった。軍事面では、取るに足りない勢力から、地球を支配する強国になった。政治面では、時には意図的に、時にはその存在感のせいで、文字通りありとあらゆるものに影響を及ぼすようになっている。本書を読み進めるうちに、議論がアメリカ中心である、つまりアメリカの視点から展開されているという印象を持たれる読者もいるだろう。確かにそうかもしれない。だが世界は実際にアメリカを中心に回っている、というのがわたしの主張である。

これはもちろん、アメリカが力を持っているからだが、それに加えて、世界の成り立ちが根本的に変わってしまったからでもある。国際システムの中心は、過去五〇〇年の間ヨーロッパにあった。ヨーロッパの帝国が、人類史上初めて地球規模の体制を作り上げた。そのヨーロッパへの主な交通路が、北大西洋だった。北大西洋を制する国が、ヨーロッパへの航路を、そしてヨーロッパから世界に向かう航路を制した。国際政治の基本的な地理的条件は不変だった。

一九八〇年代初めに、注目に値することが起きた。史上初めて、太平洋貿易額が大西洋貿易額に並んだのだ。第二次世界大戦後にヨーロッパが二級の大国の寄せ集めに成り下がり、また貿易パターンが変化したために、北大西洋はもはや要《かなめ》ではなくなった。いまや北大西洋と太平洋の二つの大洋を制する国こそが、望みとあらば世界貿易体制と、ひいては世界経済を制することができた。二一世紀にはこの二つの大洋に面する国が、計り知れない強みを持つのだ。

海軍力を構築し、それを世界中に配備するには、莫大なコストがかかる。そのため一九世紀にイギリスが世界を支配したのと同じ理由から、この二つの大洋に面する強国が、国際システムの主役に躍り出た。すなわち、支配する必要のある海洋に面していることが、世界を支配する絶対条件なのだ。かくして北米大陸が世界の重心の座をヨーロッパから奪い、北米大陸を支配する国が、世界覇権国の座を事実上保証された。そしてその座に就く国は、少なくとも二一世紀の間は、アメリカ合衆国なのである。

アメリカは国にもともと備わった力と地理的な位置に助けられて、二一世紀の主役になった。その結果アメリカは、当然のごとく、愛される存在ではなくなった。むしろアメリカは、その力ゆえに恐れられている。したがって二一世紀の歴史、特に世紀前半の歴史は、二つの相対する奮闘を軸に展開することになる。一つはアメリカを封じ込め抑えるために同盟体制を構築しようとする、第二勢力の奮闘。二つめが、先手を打って有効な同盟の形成を阻もうとする、アメリカの奮闘である。

二一世紀初頭をヨーロッパの時代に代わるアメリカの時代の幕開けと見るならば、この時代の発端をつくったのはカリフ帝国――かつて大西洋から太平洋まで広がる領土を支配していた巨大なイスラム帝国――の再現を目指す、イスラム教徒の集団だといえる。この集団は、アメリカをどうしても攻撃しなければならなかった。世界最強の国を戦争に引きずり込み、その弱さを露呈することで、イスラム教徒の蜂起を誘発しようとしたのだ。アメリカは反撃としてイスラム世界を侵略した。だがアメリカが目指したのは、勝利ではなかった。勝利が何を指すのかさえはっきりしなかった。アメリカが目指したのは、ただイスラム世界を混乱に陥れ、内部分裂を引き起こし、イスラム帝国の誕生を阻止することだった。

アメリカは戦争に勝つ必要がない。ただ状況を混乱させ、相手にアメリカに挑戦するだけの力をつけさせなければそれで十分なのだ。ある側面から見れば、二一世紀にはアメリカの行動を抑え込むために同盟を形成しようとする第二勢力と、その足並みを乱そうとして軍事行動を仕掛けるアメリカとの間に、幾多の衝突が起こるだろう。二一世紀には二〇世紀よりさらに多くの戦争が起こるが、一つには技術変化のせいで、また世界の直面する地政学的課題の性質ゆえに、戦争の被害はずっと小さく抑えられる。

新しい時代を導く変化は、前述の通り青天の霹靂《へきれき》のような変化であることが多く、新世紀の最初の二〇年間も例外ではない。アメリカ・イスラム戦争はすでに終局を迎えようとしており、次の紛争が目前に迫っている。ロシアはかつての勢力圏を回復しつつあり、その勢力圏は必然的にアメリカに挑戦するだろう。ロシアは北ヨーロッパ平原を西に向かって勢力を再構築するうちに、エストニア、ラトビア、リトアニアのバルト三国で、またポーランドで、アメリカ主導のＮＡＴＯ軍と対峙するだろう。二一世紀初めに摩擦が生じる場所はここだけではないが、アメリカ・イスラム戦争が下火になれば、この新たな冷戦が争いの火種を提供することになる。

ロシアは勢力回復を図らざるを得ず、アメリカはそれに抵抗せざるを得ない。だが結局のところ、ロシアには勝つ見込みがない。深刻な国内問題や人口の激減、貧弱なインフラを考えれば、ロシアが今後長きにわたって存続する見通しは薄いと言わざるを得ない。二度めの冷戦は、最初の冷戦ほどの脅威はなく、地球規模で戦われた前の冷戦に比べればはるかに小規模なものになるが、前の冷戦と同様、ロシア崩壊をもって終結するだろう。

アメリカへの次なる挑戦者は、ロシアではなく中国だという予測も多い。この見解には、三つの理由から同意しかねる。第一に、地図をじっくり眺めれば、中国が実は物理的に著しく孤立した国であることが分かる。シベリアとヒマラヤ山脈を北に、密林地帯を南に控えている上、人口のほとんどが東部に集中しているため、領土を容易に拡大できない。第二に、中国は何世紀も前から主要な海軍国ではない。海軍を構築するには長い年月を要する。軍艦を建造するだけでなく、十分な訓練と経験を積んだ船員を組織しなくてはならない。

第三に、中国を恐れる必要がないことには、もっと深い理由がある。中国は本質的に不安定なのだ。外の世界に対して国境を開放するたび、沿岸部は豊かになるが、内陸部に住む大半の国民は貧困のままに置かれる。このことが緊張、対立、そして不安定をもたらす。その結果、経済的意思決定が政治的理由から下されるようになり、非効率と腐敗を招くのである。中国が海外貿易に門戸を開いたのはこれが初めてではないし、その結果として不安定化するのも今度が最後ではないだろう。また今後も毛沢東のような人物が現われて、国を閉ざし、富――すなわち貧困――を平等に分け合い、再び周期を開始することだろう。過去三〇年間の傾向が未来永劫続くと信じる人たちもいる。だがわたしが信じるのは、中国の周期が今後一〇年以内に、次の避けて通れない段階に入るということだ。中国はアメリカの挑戦者とはほど遠い。アメリカはロシアとの均衡を保つためのおもりとして、中国をテコ入れし、つなぎとめようとするだけだ。現在の中国経済のダイナミズムは、長期的成功にはつながらない。

世紀半ばには、他の強国が台頭する。いまは強大な国と見なされていないが、今後数十年間でますます力を蓄え、自己主張を強めると思われる国々だ。中でも三国が傑出する。第一が、日本である。日本は現在世界第二の経済大国だが〔注：二〇一三年時点では第三位〕、資源に乏しく輸入依存度がきわめて高いという点で、最も脆弱な国でもある。軍国主義の歴史を背負う日本が、平和主義的な二流大国のままでいるはずがないし、そのままでいるわけにはいかないのだ。深刻な人口問題を抱えながらも、大規模な移民受け入れに難色を示す日本は、他国の新しい労働力に活路を見出さざるを得なくなる。日本の脆弱性については以前も触れたことがあるが、これまでのところ日本はわたしが予想したよりうまく対処しているようだ。しかしいずれ政策転換を迫られるだろう。

第二が現在世界第一七位の経済規模を有する、トルコである〔注：二〇一三年時点でも同一七位〕。歴史上の主要なイスラム帝国は、すべてトルコ人によって支配されていた。オスマン帝国は第一次世界大戦末に崩壊し、現代トルコを後に残した。しかしトルコは混沌の中の安定した土台なのである。バルカン半島、コーカサス地方、そして南に控えるアラブ世界は、いずれも不安定だ。経済力と軍事力ではすでに地域最強を誇るトルコだが、今後さらに力を蓄えるにつれて影響力を強めていくだろう。

最後がポーランドだ。ポーランドは一六世紀を最後に、大国の座から滑り落ちた。だがかつては確かに大国であったたし、今後再びその座を取り戻すものと考えられる。二つの要因がこれを可能にする。第一が、ドイツの衰退である。ドイツ経済は巨大であり、いまも成長を続けているが、過去二世紀の間持っていた活力を失っている。また今後五〇年間で人口が著しく減少することが、経済の弱体化に拍車をかけるだろう。第二に、ロシアが東方からポーランドに圧力をかけるが、ドイツはロシアとの三度目の戦争には意欲を示さない。しかしアメリカは、莫大な経済、技術援助を通してポーランドを支援するだろう。戦争は自国の国土の荒廃を招きさえしなければ、経済成長を促す。かくしてポーランドは、ロシアに立ち向かう同盟国の盟主になるだろう。

このように日本、トルコ、ポーランドのそれぞれが、ロシアの二度目の崩壊後にさらに自信を深めたアメリカと対峙する。これはまさに一触即発の状況である。これから見ていくように、この四カ国の関係が二一世紀に大きな影響を及ぼし、最終的に次のグローバルな大戦をもたらすのだ。この戦争は、いまはまだSFの域を出ない武器を使って、従来とかけ離れた方法で戦われることになる。これから説明するように、この二一世紀半ばの紛争は、新世紀初頭に生まれるいくつかのダイナミックな力によって引き起こされるのである。

この戦争は第二次世界大戦と同様、驚異的な技術進歩をもたらすが、そのうちの一つが特に大きなカギを握るようになる。戦争の全当事者が多くの明らかな理由から、炭化水素燃料（石油、石炭、天然ガスなど）に代わる、新しい形態のエネルギーを求めるだろう。太陽光は、理論上は地球上で最も効率的なエネルギーだが、大規模な太陽電池パネルを敷き詰める必要がある。こうしたパネルは広い面積の地表を覆うため、環境へのさまざまな悪影響が懸念されるうえ、昼夜の周期によって発電量が左右されることは言うまでもない。しかし宇宙で発電した電力をマイクロ波に変換して地上に送信するという、戦争前に開発された構想が、来る世界大戦中に試作から実用化へ一気に移行するだろう。この新しいエネルギー源は、軍の宇宙輸送能力にただ乗りするという、インターネットや鉄道とほぼ同じ方法で、政府に費用を肩代わりさせる。そしてこれが呼び水となって、爆発的な好景気が到来するのである。

これら一連の出来事の根底には、二一世紀における唯一にして最も重要な事実、つまり人口爆発の終焉がある。二〇五〇年になれば、先進工業国の人口は劇的なペースで減少しているはずだ。二一〇〇年までにはどんな発展途上国の出生率も、人口を一定に保つ水準に落ち着いているだろう。一七五〇年以降の世界システムそのものが、人口が持続的に拡大するという目算のもとに築き上げられてきた。労働者が増え、消費者が増え、兵士が増える――それが当たり前のこととされた。だが二一世紀には、この図式が成り立たなくなる。そして生産体制全体が変容する。この変容をきっかけに、世界は科学技術への依存をますます高めていく。特に人間の労働を肩代わりするロボットや、遺伝子研究（寿命を延ばすより、人間が生産的でいられる期間を延ばすことを目的としたもの）の強化が図られる。

世界人口の減少がもたらす、より直接的な影響は何だろうか？　端的に言えば今世紀前半に、先進工業国は人口破綻のせいで深刻な労働力不足に悩まされるようになる。今日の先進国は、移民をいかにして締め出すかという問題に頭を悩ませている。だが二一世紀も中頃に近づくと、今度は移民をいかにして誘致するかが問題になるだろう。金銭的な見返りを提供して誘致を図る国も出てくる。アメリカもその一つだ。アメリカはますます不足する移民をめぐって他国と争奪戦を繰り広げ、あらゆる手段を講じてメキシコ人をアメリカに呼び込もうとするだろう。皮肉だが、必然的な転換である。

このような変化が、二一世紀最後の危機を招く。メキシコは現在世界第一五位の経済規模を持つ国である〔注：二〇一三年時点で一四位〕。ヨーロッパ諸国の脱落をよそに、メキシコはトルコと同様これからも順位を上げ、二一世紀末までに世界有数の経済大国にのし上がる。アメリカが促す北方への人口大移動により、メキシコ割譲地（アメリカが一九世紀にメキシコから獲得した土地）の人口バランスが劇変し、やがてこの地域のほとんどでメキシコ人が圧倒的多数を占めるようになる。

メキシコ政府はこの社会的現実を、歴史的な敗北の是正措置として、当たり前のように受けとめるだろう。その結果二〇八〇年になると、力と自己主張をますます強めるメキシコとアメリカとの間に、深刻な対立が生じるものと考えられる。この対立はアメリカに予期せぬ結果をもたらし、また二一〇〇年になっても終結していない可能性が高い。

ここまでの議論のほとんどが、信じがたいように思われるかもしれない。確かに二〇〇九年の今は、二一世紀末にメキシコとアメリカが対立するようになるとはとても思えない。トルコやポーランドが強国になるという予測も同じだ。しかし本章の初めに戻って、二〇世紀に世界情勢が二〇年間隔でどれほど変化したかを振り返ってみれば、わたしのいわんとすることがお分かり頂けるはずだ。未来に通用しなくなると確実に分かっているのは、現在の常識なのである。

当然ながら、予測は細部にわたればわたるほど信憑性が薄れる。これからの一〇〇年を細かな点まで正確に予測することなどできない。もっとも、今世紀が終わる頃わたしはとっくにこの世から消えていて、自分の誤りを知ることもないのだが。しかしこれから起こる出来事の大まかな輪郭を見て取り、どれほど推論的なものであれ、それに何らかの説明を与えることは確かに可能だというのが、わたしの持論だ。本書の趣旨はそれに尽きる。

一〇〇年先を予測する

世界戦争や人口動向、技術的変容といったことを詳しく掘り下げる前に、まずわたしの手法について説明しておきたい。つまり、具体的にどのようにして予測を行なっているかということだ。たとえばわたしは二〇五〇年に戦争が起こると予測しているが、その細部に至るまで額面通り受け止めて頂かなくても構わない。ただ、この頃の戦争の戦われ方や、アメリカの力の重要性、そしてその力に他国が挑戦する可能性や、その力に挑戦する（または挑戦しない）であろう諸国という点に関しては、ぜひとも真剣に受け止めて頂きたい。そのためには何らかの根拠を示さねばなるまい。アメリカとメキシコが対立し、戦争さえすると言っても、分別ある読者はいぶかしく思われるだけだろう。わたしがなぜ、そしてどのようにして、こう断定できるのかをはっきりさせておきたい。

すでに述べた通り、常識的な人には未来を予測することはできない。「現実を直視しながら、不可能を要求せよ」という新左翼の往年のスローガンは、手直しが必要だ。「現実を直視しながら、不可能を予期せよ」と。これが、わたしの手法の軸となる考え方である。別のさらに重要な見地から、この考え方は地政学と呼ばれる。

地政学は「国際関係論」のもったいぶった呼び方ではない。地政学とは、世界について考え、将来の出来事を予測するための手法をいう。経済学には「見えざる手」という概念がある。人間の利己的な短期的行動が、アダム・スミスの言う「国富」を増大させるという考え方だ。地政学は見えざる手の概念を、国家を始めとする国際舞台の主体の行動に当てはめる。国家やその指導者たちによる短期的な自己利益の追求が、国富とはいかないまでも、少なくとも予測可能な行動をもたらすため、結果として将来の国際システムのあり方が予測可能になると考える。

地政学も経済学も、行動主体が合理的であるという前提をとる。つまり、少なくとも自らの短期的な自己利益を認識しているという意味での「合理的」である。かれらは合理的な主体であるがゆえに、現実に取り得る選択肢は限られる。人間や国家は全体としてみれば、完璧とはいかないまでも、少なくともランダムではない方法で自己利益を追求するものと考えられる。チェスのゲームを例にとってみよう。素人目には、チェスの初手は二〇通りの指し方があるように思われる。だが実際に指される手はそれよりずっと少ない。可能な二〇通りのうちほとんどの手が、すぐに敗北をもたらす悪手だからだ。チェスがうまくなればなるほど、選択肢を深く理解するようになるため、現実に指せる手は少なくなる。つまりチェスの名手であればあるほど、その人の次の一手を予測しやすいのだ。名人は絶対的な正確さで、予想通りの手を打ってくる——思いもよらない、目の覚めるような妙手までは。

国家の行動もこれと同じだ。国家を構成する数千万、数億の人たちは、現実という制約の中で動いている。かれらの中から出てくる指導者は、不合理であれば指導者になれたはずがない。数千万人のトップに上りつめるなど、愚か者にはとてもできないことだ。指導者はメニューにある次の一手をすべて理解し、それらを完璧でなくとも、少なくともそつなく実行する。もちろん時には名手がやってきて、息を呑むような意外な手を打って成功することもあるだろう。だが統治行為とは、ほとんどの場合、必要かつ論理的な次の一手を実行に移すことにすぎない。国の外交政策を運営する政治家も、同じ理屈で行動する。指導者が亡くなり交代しても、次の指導者は前任者のやっていたことをそのまま踏襲することが多い。

ここで言いたいのは政治指導者が天才だとか、学があるとか、果ては高潔だとか、そんなことではない。単に政治指導者が、指導者になるための条件を心得ているというだけだ。そうでなければ、指導者としてのし上がれたはずがない。どんな社会にも、政治指導者をけなして楽しむ風習がある。確かに指導者は過ちを犯すものだ。だが注意深く検証してみると、愚かな過ちはほとんどないことが分かる。むしろ行きがかり上、やむなく犯した過ちであることが多い。誰しも自分なら、あるいは自分の期待する候補者なら、あれほど愚かな行動を取らなかったはずだと思うものだが、実際にはそんなことはない。したがって地政学では、個々の指導者をそれほど重視しない。それは経済学が個々のビジネスマンを重視しないのと同じだ。どちらの行動主体も、仕事を進める方法は知っているが、きわめて厳格な職業上のルールを勝手に破ることは許されない。

政治家が自由意志で行動できることなどまずない。政治家の行動は状況によって決定され、政策は現実への対応でしかない。ごく狭い範囲で考えれば、政治的決定が状況を大きく左右する場合もある。だがアイスランドの指導者がどれほど優秀であっても、自国を世界の主要国にすることはできないし、ローマ帝国全盛期の指導者は、どれほど愚かであってもローマの基本的な力を損なうことはなかった。地政学が問題とするのは物事の善悪ではないし、政治家の美徳や悪徳でも、外国の政策論争でもない。地政学が扱うのは、国家や人間に制約を課し、特定の方法で行動するよう仕向ける、非人格的な大きな力なのだ。

経済学を理解するには、行動に意図せざる結果がつきものであることを受け入れなくてはならない。人間がそれぞれの理由から取る行動は、思ってもみない、または意図せざる結果をもたらすことがある。同じことが地政学にもあてはまる。ローマ村が、紀元前七世紀に勢力を伸ばし始めた時点で、五〇〇年後に地中海世界を征服するという基本構想を持っていたかどうかは甚だ疑わしい。だがローマ人が周辺の村に対して取った最初の行動をきっかけとしてあるプロセスが発動し、そのプロセスが現実という制約の中で、幾多もの意図せざる結果をもたらしたのである。ローマは計画されたわけでも、たまたま興ったわけでもなかった。

したがって地政学的予測では、すべての出来事が予め決まっているとは仮定しない。つまり人々の行動と、目標と、最終的な結果は一致しないということだ。国家や政治家は、ちょうどチェスの名人がチェス盤、駒、ルールに制約されるのと同じように、現実の制約の中で当面の目標を追求する。そのようにして取る行動が国力を高めることもあれば、国を破滅へと導くこともある。だが最終結果が当初の目標通りになることはまずない。

地政学は二つの前提の上に成り立っている。第一に、人間は家族よりも大きな単位を組織するが、その過程で必ず政治に携わる。また人間は自分の生まれついた環境、つまり周囲の人々や土地に対して、自然な忠誠心を持っている、という前提である。部族や都市や国家に対する忠誠心は、人間に生まれつき備わっているものだ。いまの時代なら、国家的アイデンティティが非常に重要な意味を持つ。国家間の関係が人間の生活の重要な側面だということ、そして戦争がどこにでも起こり得ることを、地政学は教えてくれる。

第二に、地政学は国家の性格や国家間の関係が、地理に大きく左右されると想定する。ここでは「地理」という用語を広義に解釈して、ある場所の物理的位置という以外にも、その場所が個人や地域社会に及ぼす影響を含めるものとする。古代スパルタとアテナイの違いは、内陸都市と海洋帝国の違いだった。アテナイは豊かで世界主義的で、スパルタは貧しく偏狭で、非常に手強かった。スパルタ人は文化においても政治においても、アテナイ人とはまるで違っていた。

こうした前提を理解すれば、人間同士の自然な絆によって結ばれ、地理に制約を受けながら、特定の方法で行動する、多数の人間について考えることができる。アメリカはアメリカでしかなく、そのため特定の方法で行動せざるを得ない。同じことが日本やトルコ、メキシコについても言える。物事の本質をとらえ、国家を方向づける力を見極めれば、国家の行動の選択肢が、実は限られていることが分かる。

二一世紀も、これまでの世紀と何ら変わりはない。この世紀にも戦争があれば貧困もあり、勝利があれば敗北も、悲劇があれば幸運もある。人々は働きに出かけ、金を稼ぎ、子をもうけ、恋に落ち、憎しみ合うだろう。これが、この世のなかで周期性のない、唯一のことである。人間性は永続的なのだ。だが二一世紀は二つの意味で例外的な世紀になる。新しい時代が始まり、新しい世界大国が君臨するのだ。これはそうしょっちゅう起こることではない。

現代はアメリカ中心の時代である。この時代を理解するには、アメリカを理解しなくてはならない。その理由は、アメリカが非常に強力だというだけではない。アメリカの文化が世界に浸透し、世界を定義しているからでもあるのだ。フランスとイギリスの文化が、それぞれの時代に最も勢いのある文化だったように、これからはアメリカ文化が、青臭く粗野ながらも、世界中の人々の考え方や生き方を定義することになる。二一世紀を研究することは、アメリカを研究することにほかならない。

二一世紀について一つだけ確かに言えることとは、いまやヨーロッパの時代が終わり、北米の時代が始まっているということ、そしてその北米が今後一〇〇年にわたってアメリカ合衆国の支配を受けるということだ。二一世紀の出来事は、アメリカを軸に展開する。だからといって、アメリカの体制が必ずしも公正だとか、道徳的だというわけではないし、ましてやアメリカが成熟した文明を発達させているということでもない。いろいろな意味で、アメリカの歴史こそが二一世紀の歴史になるということなのだ。

序章の概要

- 過去を振り返ると、二〇年間でどれほど世界が変化するかに驚くだろう。
- 世界について考え、将来の出来事を予想するために、「地政学」を用いる。
- 国家や人々は現実という制約の中で動くため、特定の方法で行動する。そのため、これから一〇〇年に起こる出来事の大まかな輪郭がつかめる。

第１章

アメリカの時代の幕明け

アメリカでは、自国が破滅に瀕しているという説が根強くささやかれている。投書欄を読み、ネットを調べ、公開講演を聴いてみるがいい。壊滅的な戦争、赤字の垂れ流し、ガソリン価格の高騰、大学での狙撃事件、企業や政府による不正行為など、際限なく並べ立てられた問題が――どれも間違いなく現実に起こっていることだ――アメリカン・ドリームが打ち砕かれ、アメリカが全盛期をすぎたかのような印象を与えている。まだ納得がいかないというのなら、ヨーロッパ人に尋ねてみればよい。アメリカ最良の時代が過ぎ去ったことを請け合ってくれるはずだ。

奇妙なことだが、こうした前兆は同じような多くの問題とともに、すでにリチャード・ニクソン政権の時代からあった。アメリカの力と繁栄が幻想であり、今に大変なことが起きるという恐怖に、この国は絶えず苛まれている。この感覚はイデオロギーとは関係なく、環境保護主義者もキリスト教保守派も、同じメッセージを伝えている。今のやり方を悔い改めなければ、そのうち必ずツケが回ってくる——しかも、もう何をしても手遅れかもしれない、と。

興味深いことに、自らの「明白なる運命《マニフェスト・デスティニー》」〔自分たちが世界を治めることが神によって定められているという考え方〕を固く信じるこの国は、今にも大惨事が起こりそうな気配を感じるとともに、国が昔とは様変わりしてしまったという苛立たしい気持ちを持っている。アメリカ人は「シンプルな時代」だった一九五〇年代に、深い郷愁の念を抱いているのだ。何とも奇妙な話ではないか。序盤には朝鮮戦争とマッカーシズムが、中盤にはリトルロック危機〔白人と黒人の共学をめぐる暴動〕が、そして終盤にはスプートニク・ショックとベルリン危機が起こり、そのうえ核戦争の正真正銘の恐怖が蔓延していた一九五〇年代は、実際には激しい不安と、不吉な前兆の時代だったのだから。一九五〇年代に刊行され広く読まれた本の題名は、『不安の時代』といった。そしてその一九五〇年代のアメリカ人は、われわれが一九五〇年代を懐かしく思うように、さらに昔のアメリカを懐かしく思い出していたのだ。

アメリカ文化は、勝ち誇った傲慢と底深い陰鬱という、極端な気分が混じり合ったものだ。それゆえアメリカ人は自信にあふれながらも、地球温暖化による氷床融解のせいで人類が溺れ死ぬかもしれない、ゲイ同士の結婚に激怒した神に打たれるかもしれないといった恐怖に、すべてが自分の責任とばかりに取りつかれている。アメリカは躁と鬱の間で気分が激しく揺れるため、二一世紀初頭のアメリカの本当の姿を感じ取るのは難しい。しかし現実には、アメリカは驚くほど強力なのだ。ことによるとアメリカは本当に災難へと突き進んでいるのかもしれないが、基本的事実を考察する限り、とてもそんな風には思えない。

参考になるデータをいくつか紹介しよう。人口では世界のわずか四％を占めるにすぎないアメリカは、全世界で生産されるすべての財とサービスの二六％を創出している。二〇〇七年のアメリカの国内総生産（ＧＤＰ）は約一四兆ドル、これに対して世界合計は五四兆ドルだった。つまり世界の経済活動の約二六％が、アメリカで行なわれた計算になる。アメリカに次ぐ経済大国である日本のＧＤＰは約四兆四〇〇〇億ドルと、アメリカの約三分の一である。アメリカの経済規模は巨大であり、二位以下の四カ国、つまり日本、ドイツ、中国、イギリスを合わせても及ばない。

現在アメリカが直面している産業空洞化の例として、一世代前にはアメリカ経済の屋台骨を支えていた、自動車と鉄鋼産業の衰退を指摘する人が多い。確かに多くの産業が生産拠点を海外に移しており、その結果アメリカの工業生産は二兆八〇〇〇億ドルに留まっている（二〇〇六年現在）。それでもこの額は世界最大規模であり、第二位日本の二倍以上にのぼり、当然日本と中国の合計をも上回っている。

他方では石油不足もささやかれている。これは現実的な問題であり、今後間違いなく深刻化するだろう。だがアメリカが二〇〇六年時点で、日量八三〇万バレルの石油を生産していたという事実を忘れてはならない。これに対してロシアの石油生産量は同九七〇万バレル、サウジアラビアは一〇七〇万バレルだった。つまりアメリカは、サウジアラビアの生産量の七八％に相当する石油を生産していたのだ。実際アメリカの産油量は、イランやクウェート、アラブ首長国連邦を上回っている。アメリカは石油の輸入量も莫大だが、工業生産の規模を考えれば当然である。またアメリカの二〇〇六年の天然ガス生産量は約五三〇〇億立方メートルで、約六三〇〇億立方メートルを生産する世界第一位のロシアに次いで二位だった。この生産量は、第三位以下の五カ国の合計より多い。つまりアメリカは、エネルギー資源を海外に大きく依存しているという懸念とは裏腹に、実は世界屈指のエネルギー生産国なのだ。

アメリカの巨大な経済規模を考えると、その人口密度が依然として国際水準より低いことは興味深い。世界全体の平均人口密度は、一平方キロメートルあたり四九人である。日本の人口密度が同三三八人、ドイツが二三〇人であるのに対し、アメリカはわずか三一人にすぎない。大部分が居住に適さないアラスカ州を除けば三四人に上昇するものの、日本やドイツ、その他のヨーロッパ諸国に比べればそれでも著しく低い。耕作可能地（農業に適した土地）に対する人口の割合を比べても、アメリカの人口一人あたりの耕地面積はアジアの五倍、ヨーロッパの二倍弱、そして世界平均の三倍である。経済は土地、労働力、資本から成る。アメリカについて言えば、これらのデータは国に成長余力があることを示している。三つの要素のすべてに大きな拡大余地を残しているのだから。

「アメリカ経済はなぜこれほど強力なのか」という問いに対する答えはたくさんあるが、最も単純に言えば、それは軍事力のおかげである。アメリカは大陸を完全に支配しており、その大陸は侵略や占領を許さず、周辺国を圧倒する軍隊によって守られている。アメリカ以外のほぼすべての工業国が、二〇世紀に壊滅的な戦争を経験している。アメリカは戦争はしたが、本土を戦火にさらしたことは一度もない。アメリカの軍事力と地理的現実が、経済的現実を生み出したのである。他国は戦争からの復興に時間を取られたが、アメリカは違った。むしろ、戦争のおかげで成長してきたのだ。

この先何度も立ち返ることになる、ある単純な事実について考えてみたい。それは、アメリカ海軍が世界中のすべての海洋を支配しているということだ。南シナ海を航海するジャンク船であれ、アフリカ沿岸のダウ船、ペルシャ湾のタンカー、カリブ海のキャビン・クルーザーであれ、世界中のいかなる船も、宇宙に配備されたアメリカの衛星の監視を逃れて航行することはできない。航行はアメリカ海軍の意思の下に保証され、あるいは拒否される。アメリカ以外の国の海軍力をすべて合わせても、アメリカ海軍の足下にも及ばない。

これは人類史上なかったことである。かのイギリスでさえ、これを成し遂げることはなかった。これまで地域を支配した海軍こそあれ、全世界を、しかも圧倒的に支配した海軍はなかった。このことはとりもなおさず、アメリカが他国を侵略することが可能で、しかも自らは決して侵略されないことを意味する。またこのことは、国際貿易を支配する国がアメリカだということをも示している。これがアメリカの安全保障と富の基盤をなしている。アメリカの海洋覇権は第二次世界大戦後に浮上し、ヨーロッパの時代の最終局面に確立し、今やアメリカの経済力を裏から支えるとともに、軍事力の基盤をなしているのだ。

たとえアメリカが一時的な問題を抱えることがあったとしても、今日の世界情勢における最も重要な事実は、経済力、軍事力、政治力に甚だしい不均衡が存在するということだ。二一世紀を予測する取り組みのうち、アメリカの力の特異な性質を認識するところから始まっていないものは、現実味に欠けると言わざるを得ない。だが本書はさらに幅広く、さらに意外に思われる予測を提示する。それは、「アメリカの支配はまだ始まったばかりであり、二一世紀はアメリカの世紀になる」ということだ。

この主張には深い根拠がある。世界システムは過去五〇〇年にわたって、大西洋ヨーロッパ諸国の力に支えられていた。つまりポルトガル、スペイン、フランス、イギリス、そしてやや格下だがオランダの、大西洋沿岸諸国である。これらの国が世界を作り替え、人類史上初めて地球規模の政治経済体制を築き上げた。前述の通り、ヨーロッパの力はヨーロッパの帝国とともに、二〇世紀の終わりまでに崩壊した。この結果生じた空白を埋めたのが、北米大陸の覇権国であり、大西洋と太平洋の二つの大洋に面する唯一の強国である、アメリカだった。一四九二年のコロンブスの大航海から一九九一年のソ連の崩壊までの五〇〇年にわたってヨーロッパが独占していた地位を引き継いだのは、北米だった。北米が、国際システムの重心になったのである。

それはなぜだろうか？　二一世紀を理解するためには、まず二〇世紀末に起こった根本的な構造転換について理解しなくてはならない。この転換こそが、新しい世紀の舞台を整えたのだ。アメリカがヨーロッパとまったく異質であるように、新世紀は名実ともに根本的に異質な世紀になる。これから論じるのは、単に異例なことが起こったということだけではない。この出来事に関して、アメリカに選択の余地がほとんどなかったということなのだ。これは政策の問題ではない。非人格的な、地政学的力がどのように作用するかという問題なのだ。

ヨーロッパ

人間は一五世紀まで、閉鎖的で隔離された世界に住んでいた。それまで人間は、自分たちが一つのまとまりをなしているという自覚を持たなかった。中国人はアステカ族を知らず、マヤ人はズールー族を知らなかった。ヨーロッパ人は日本人のことを話には聞いていたかもしれないが、実際には知らなかったし、接触を持たなかった。バベルの塔は、人間たちの言葉を分けて、互いに話ができないようにしただけではない。文明に互いの存在を気づかせないようにしたのである。

大西洋の東縁に住んでいたヨーロッパ人は、こうした隔離された地域の間の障壁を打ち砕き、世界をすべての地域が相互につながる一つの統一体に変えた。オーストラリアのアボリジニーの命運は、イギリスとアイルランドの関係や、囚人の流刑地を海外に求めなければならなかったイギリスの事情と密接に関わっていた。インカの王たちの命運は、スペインとポルトガルの関係と結びついていた。大西洋ヨーロッパの帝国主義が、単一の世界を作り上げたのである。

大西洋ヨーロッパは世界システムの重心になった（次ページの地図を参照のこと）。ヨーロッパで起こったことが、世界のその他の地域で起こったことの多くを方向づけた。世界中

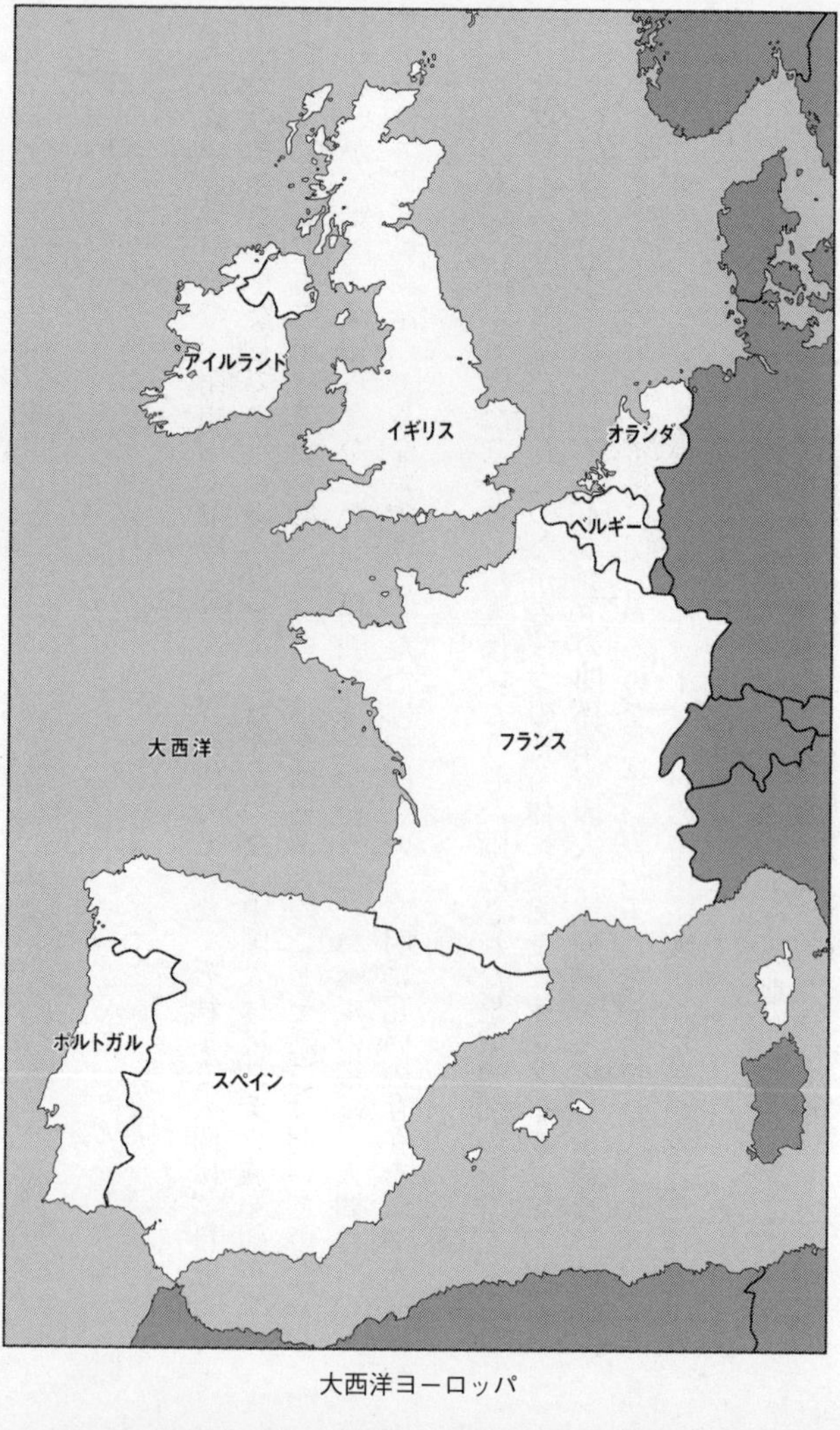
アイルランド
イギリス
オランダ
ベルギー
大西洋
フランス
ポルトガル
スペイン

大西洋ヨーロッパ

の国や地域は、何をするにもつねにヨーロッパの一挙手一投足を目で追っていた。一六世紀から二〇世紀にかけての世界には、ヨーロッパの影響力と支配の及ばない地域などまずなかった。幸か不幸か、万事がヨーロッパを中心に展開していた。そしてそのヨーロッパの要が、北大西洋だった。この海を制する者が、世界への交通路を制した。

ヨーロッパは世界で最も文明化した地域でも、最も先進的な地域でもなかった。ではなぜ中心地になれたのだろうか？　実際一五世紀のヨーロッパは中国やイスラム世界に比べ、技術や学問の面でも発展が遅れていた。なぜこうした辺鄙《へんぴ》な場所の小さな国々が、またなぜ五〇〇年前でもなく五〇〇年後でもなくこの時期に、世界を支配するようになったのだろう？

ヨーロッパが力のよりどころとしていたものは、二つあった。金と地理である。ヨーロッパはアジア、特にインドからの輸入に依存していた。たとえば胡椒はただの香辛料というだけでなく、肉の保存料の役割も果たしており、その輸入はヨーロッパ経済の重要な要素だった。アジアはヨーロッパが必要とし、喜んで代価を支払おうとする奢侈品にあふれていた。当時アジアからの輸入品は、有名なシルクロードなどのルートを通って、地中海まで陸路で運ばれた。だがトルコの台頭――これについては二一世紀にもさらに耳にすることになるだろう――によって、こうした交易路が使えなくなると、輸入コストが高騰した。

ヨーロッパの商人は、トルコを迂回するルートを必死になって探した。スペイン人とポルトガル人（イベリア人）は軍事力に頼らない方法を選び、インドへの別ルートを求めた。イベリア人は、トルコを通らずにインドに行く道は一つしか知らなかった。アフリカ沿岸を南下して、インド洋を北上する航路である。だがかれらは別のルートがあるはずだと考えた。地球が丸いというのなら、西に進めばインドにたどり着けるはずだ。

これは運命的な瞬間だった。これが歴史上の別の時代に起こっていたなら、大西洋ヨーロッパは後進性と貧困の深みに一層はまり込んでいただろう。だが経済に深刻な打撃を被り、トルコの大きな脅威にさらされたヨーロッパは、何らかの手を打つ必要に迫られていた。これは心理的にも重要な瞬間だった。国内からイスラム教徒を追放したばかりのスペインは、粗野な傲慢の極みにあった。しかも、この種の探検を実行するための手段が手近にあった。適切に用いればトルコ問題への解決策になり得る技術が、この頃には存在したのである。

イベリア人は、遠洋航海に対応できるカラベル船を持っていた。また羅針盤から天文観測儀まで、種々の航法機器を取りそろえていた。そして何より銃、特に大砲を持っていた。こうしたものは確かによその文化からの借り物だったかもしれない。だがイベリア人はこれらすべてを統合して、効果的な経済、軍事体制を築き上げたのである。今や遠方への航海が可能になった。そして目的地に到着すれば、戦いを挑み、勝利を収めることができた。大砲のとどろきを耳にし、建物の爆破を目の当たりにした原住民は、その後の交渉で言いなりになることが多かった。イベリア人は目的地に着くとドアを蹴破って侵入し、占領することができた。その後の数世紀にわたってヨーロッパの船、銃、金が世界を支配し、最初の世界システムであるヨーロッパの時代をもたらした。

だが皮肉なことに、ヨーロッパは世界を支配することはできても、自らを支配することはできなかった。ヨーロッパは五〇〇〇年にわたって内戦に引き裂かれ、単一のヨーロッパ帝国は一度も実現しなかった。その代わりイギリス、スペイン、フランス、ポルトガルなどの帝国が乱立した。ヨーロッパ諸国は侵略と征服に明け暮れ、最終的には世界の大部分を支配しながらも、互いとの終わりなき戦争で疲弊していったのである。

統一ヨーロッパが実現しなかった理由はいくつもあるが、つきつめればある単純な地理的特性に行き着く。それは、英仏海峡である。最初はスペイン、続いてフランス、最後にドイツがヨーロッパ大陸の支配に成功したが、いずれの国も海峡を越えることはできなかった。イギリスを破れないがために、どの征服者もヨーロッパ全体を統一することができなかったのだ。平和の時代は一時的な休戦期にすぎなかった。第一次世界大戦の到来によってヨーロッパは疲弊した。一〇〇〇万を超える兵が、つまりひと世代にも相当する人口が失われた。ヨーロッパは経済を打ち砕かれ、自信を打ちのめされた。復興したヨーロッパは、人口、経済、文化のどの面でも、かつての面影を失っていた。その後事態はさらに悪化したのである。

旧時代最後の戦い

アメリカは第一次世界大戦後に、世界的な強国として浮上した。しかしこの大国は明らかにまだ揺籃期にあった。地政学的には、ヨーロッパで別の内戦が勃発していたし、心理的には、アメリカは国際舞台に恒久的な地位を得る心づもりができていなかった。それでも、二つのことが確かに起こった。アメリカは第一次世界大戦で圧倒的な威信を示し、その存在感を見せつけた。そしてアメリカは、次の戦争が終結した後の自らの力を保証する時限爆弾をヨーロッパに仕掛けた。この時限爆弾とはすなわち、ヴェルサイユ条約である。ヴェルサイユ条約の締結をもって第一次世界大戦は終結したが、戦争の火種となった中心的な対立は解決されないまま残った。ヴェルサイユ条約が、戦争の第二ラウンドを保証したのである。

先の戦争が終わってから二一年後の一九三九年に、戦争は確かに再開された。この時も前の大戦と同様、ドイツが攻撃の口火を切ったが、今回はわずか六週間でフランスを征服した。アメリカは当初参戦を避けていたが、戦争がドイツの勝利に終わらないよう目を光らせていた。イギリスは戦い続け、アメリカは武器物資貸与（レンドリース）法を通して、イギリスを戦わせ続けた。この法の「貸」の部分はよく知られている。アメリカが、ドイツと戦うイギリスに、駆逐艦をはじめとする軍事物資を提供した。しかし「与」の部分は、忘れられがちである。イギリスは西半球に持っていたほとんどの海軍施設をアメリカに譲ったのだ。アメリカがこれらの施設を支配下に置いたことと、アメリカ海軍が大西洋の巡視で大きな役割を果たしたことを受けて、イギリスは北大西洋へのカギをアメリカに引き渡さざるを得なくなった。そしてそのカギとはつまるところ、ヨーロッパから世界に向かう交通路だったのである。

第二次世界大戦の犠牲者数は、全世界で軍人と民間人合わせて約五〇〇〇万人が妥当な推計とされる。この戦争でヨーロッパは細かく引き裂かれ、国土は荒廃した。これに対してアメリカが失った兵はおよそ五〇万人で、民間人犠牲者はほとんどいなかった。戦争終結時、アメリカの工場は戦前より大幅に生産性を高めていた。交戦国の中でこのような国はアメリカだけだった。アメリカは（真珠湾を除けば）都市に爆撃も受けず、（アリューシャン列島の二つの小島を除けば）領土を占領されることもなかった。アメリカが出した犠牲者の数は、全世界の犠牲者の一％にも満たなかった。

アメリカはこのわずかな犠牲の見返りとして、第二次世界大戦後に北大西洋のみならず、世界のすべての海域の支配をもって浮上した。それだけでなく西ヨーロッパを占領し、フランス、オランダ、ベルギー、イタリア、さらにはイギリスの命運をも方向づけた。その一方で、あたかもヨーロッパ戦役へのつけ足しであるかのように、日本を征服、占領した。

かくしてヨーロッパは帝国を失った。その理由は、内戦によって疲弊したからでもあり、帝国を維持する費用を賄えなくなったからでもあり、ヨーロッパが帝国を維持することをアメリカが望まなかったからでもあった。ヨーロッパ人による散発的な抵抗はあったが、帝国はその後の二〇年間で融解した。地政学的現実が――数世紀前スペインが抱えていたジレンマに、その最初の兆候が現われていた――壊滅的な終局を自ら招いたのである。

ここで一つ疑問がある。アメリカが一九四五年に決定的な世界大国としてはっきりと浮上できたのは、見事なマキャベリ流の〔目的のために手段を選ばない〕策略が功を奏したからだろうか？　アメリカは全世界で五〇〇〇万人もの命が失われた戦争で、わずか五〇万人の犠牲と引き替えに、世界的優位を手に入れた。フランクリン・ルーズベルトは、見事なまでに厚顔無恥だったのだろうか、それともかれが「四つの自由」と国連憲章を追求するうちに、たまたまアメリカは超大国になったのだろうか？　だが結局のところ、これは重要な問題ではない。地政学で最も重要な結果は、意図せざる結果なのだから。

アメリカとソ連の対立、いわゆる冷戦は、本当の意味での地球規模の紛争だった。端的に言えば冷戦は、荒廃したヨーロッパ帝国の継承者を決める戦いだった。米ソのどちらもが強大な軍事力を有していたが、アメリカには本質的な強みがあった。ソ連が巨大ではあるが事実上の内陸国だったのに対し、アメリカはほぼ同等の規模を持ちながら、世界中の海洋に容易に出ることができた。つまりソ連は相手を封じ込めることはできなかったが、アメリカには当然それができた。そしてアメリカが取ったのが、まさにその戦略だった。ソ連を封じ込め、息の根を止めようとしたのだ。アメリカはノルウェーのノール岬からトルコを通ってアリューシャン列島にまで及ぶ、ソ連に隣接する同盟諸国の巨大なベルト地帯を作り上げた。このベルト地帯には、一九七〇年以降は中国までもが含められた。ソ連は港を持っていたすべての場所で、地理によって、またアメリカ海軍によって行く手を阻まれたのである。

地政学には、地理と支配に関わる、二つの相容れない基本思想がある。一つはイギリス人のハルフォード・ジョン・マッキンダーが提唱した、ユーラシアの支配が世界の支配をもたらすという考え方だ。かれは次のように述べている。「東欧〔ヨーロッパ・ロシア圏〕を支配する者が、心臓部《ハートランド》を制す。心臓部を支配する者が世界島〔ユーラシア〕を制す。世界島を支配する者が世界を制す」。この考え方がイギリスの戦略を方向づけ、またヨーロッパ・ロシア

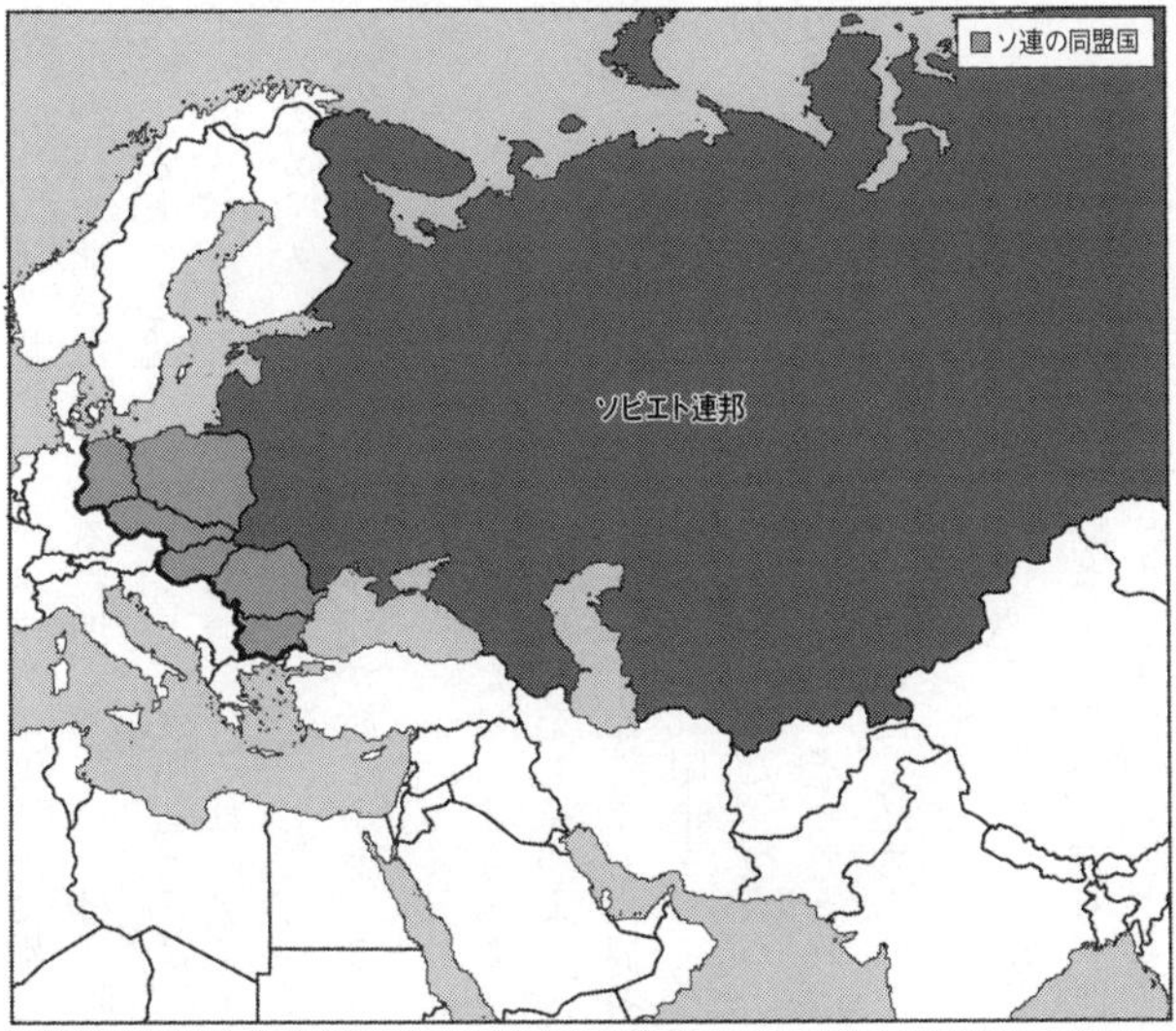

ソビエト帝国

を封じ込めて息の根を止めるという、冷戦中のアメリカの戦略をも方向づけた。もう一方の考え方は、アメリカの最も偉大な地政学思想家とされる、アルフレッド・セイヤー・マハン提督の理論だ。マハンは著書『海上権力史論』（北村謙一訳、原書房、一九八二年）の中で、マッキンダーに対する反論を述べ、海洋の支配こそが世界の支配であると論じている。

どちらの理論もある意味では正しいことが、歴史によって立証された。マッキンダーは、統一された強大なロシア国家の重要性を強調したという点で正しかった。ソ連の崩壊が、アメリカを世界大国の高みにまで引き上げたのだ。だが決定的に重要な二つの点を認識したのは、アメリカ人のマハンの方だった。ソ連の崩壊は、アメリカの海洋力に端を発するとともに、アメリカ海軍に世界支配への門戸を開いたのである。加えてマハンは、物品の輸送手段の中で、海上輸送が群を抜いて安上がりだと論じた点においても正しかった。紀元前五世紀という昔にあっても、アテナイ人はスパルタ人より豊かだった。それはアテナイが港と、その港を守る艦隊と海軍を有していたからだ。すべての条件を一定として、海洋列強国はつねに非海洋国の隣国より豊かなのだ。一五世紀にグローバル化が始まると、この思想が地政学における絶対的真理になったと言っても過言ではなかった。

アメリカが海洋を支配したことは、すなわちアメリカが世界的な海上貿易を展開する能力だけでなく、それを規定する能力をも持つようになったことを意味する。つまりアメリカは貿易のルールを定めるか、そうでなくても世界各地の交易路への立ち入りを拒否することを通して、いかなる国のルールであれ阻止することができた。一般にアメリカは、国際貿易体制をより目立たない方法で方向づけた。巨大なアメリカ市場へのアクセスを、他国の行動を方向づける手段として用いたのだ。そう考えれば、天然資源に加えて海洋力にも恵まれていたアメリカが大いに繁栄し、陸に閉じ込められたソ連にまったく勝ち目がなかったのは当然と言えよう。

また次に重要なこととして、アメリカは制海権を持つことで、政治的にもきわめて有利な立場に立った。自らは侵略され得ない一方で、他国を必要とあればいつでも侵略できるようになったのだ。一九四五年以降のアメリカは、補給線を絶たれる心配なしに戦争を仕掛けられるようになった。北米大陸には、外部のいかなる強国も戦争を仕掛けることはできなかった。実際アメリカの黙認なくしては、どんな国も上陸作戦そのものを仕掛けることができないのである。イギリスは一九八二年にフォークランド諸島をめぐってアルゼンチンと戦争を始めたが、それができたのはアメリカに阻止されなかったからにほかならない。その証拠に一九五六年にアメリカの意に背いてエジプトを侵攻したイギリス、フランス、イスラエルは、撤退を余儀なくされた。

冷戦を通じて、アメリカは同盟国に一貫してソ連との同盟を上回る利益をもたらした。もちろんソ連も自らの同盟国に、武器や政治的支援、多少の技術を与えることはできた。これに対してアメリカは、国際貿易体制へのアクセスと、アメリカ市場への参入権を提供することができた。これに比べればすべてがかすんで見えた。なぜなら国際貿易体制から除外された国は窮乏化を余儀なくされ、体制に組み込まれた国は富を保証されたからだ。例として、北朝鮮と韓国、あるいは東ドイツと西ドイツのたどった運命の違いを考えてみて欲しい。

興味深いことに、アメリカは冷戦中ずっと心理的に守りに入っていた。朝鮮戦争、マッカーシズム、キューバ危機、ベトナム戦争、スプートニク・ショック、一九七〇年代から一九八〇年代にかけての左翼テロリズム、そしてヨーロッパの同盟諸国からレーガンに寄せられた厳しい批判――これらすべてが、アメリカに憂鬱と不安をもたらした。そしてこのムードのせいで、アメリカは冷戦での優位が消えつつあるという感覚に絶えず苛まれていたのである。だが実際、客観的に力関係を見れば、ロシアにまったく勝ち目はなかった。アメリカ人の心理状態と地政学的現実との乖離《かいり》は、次の二つの理由から重要である。第一に、この乖離はアメリカの力がまだ発達しきっていないことをはっきり示している。第二に、このことはアメリカのとてつもない強さを露わにする。アメリカは不安を感じていたからこそ、冷戦にとてつもない労力とエネルギーを傾けたのだ。政治指導者から技術者、軍人、諜報機関の幹部に至るまで、アメリカ人の冷戦の戦い方は、決して気軽でもなければ、自信に満ちてもいなかった。

だからこそ、アメリカは冷戦に勝って驚いたのである。アメリカは同盟国とともにソ連を包囲した。ソ連は海上でアメリカに挑戦する余裕がなかったため、陸軍の増強やミサイルの建造に予算をつぎ込まざるを得なかった。経済成長率でもアメリカに遠く及ばず、アメリカの同盟国を経済利益で釣ることもできなかった。ソ連はますます後れを取り、そして自壊したのだ。

コロンブスの大探検から四九九年後の一九九一年に起こったソ連崩壊は、歴史の一時代に終焉をもたらした。ヨーロッパは五〇〇年ぶりに覇権を失い、もはや国際紛争の焦点ではなくなった。一九九一年以降はアメリカが世界唯一のグローバルな大国になり、国際システムの中心になったのである。

ここまで、アメリカが二〇世紀にどのようにして支配の座に就いたかを見てきた。これに付随する事実がもう一つある。それはあまり注目されていないが、実に多くのことを物語る、前述の統計値だ。米ソの争いが頂点に達しようとしていた一九八〇年に、太平洋貿易が史上が史上初めて大西洋貿易に金額で並んだのである。そのわずか一〇年後のソ連がまさに崩壊しつつあった頃、太平洋貿易額は大西洋貿易額を五〇％上回る水準にまで急拡大していた。国際貿易とひいては国際システムの構造全体が、かつてない変容を遂げようとしていた。国際貿易

　このことは、アメリカ以外の国にどのような影響を及ぼしたのだろうか？　簡単に言えば、シーレーン（海上交通路）の管理に莫大なコストがかかるようになった。ほとんどの交易国はこの費用を負担できないため、十分な資源を持つ国に管理を依存している。かくして海軍国は莫大な政治的影響力を手に入れ、それに楯突こうとする国はなくなる。数千キロ離れた海域を管理するには、膨大なコストがかかる。歴史を振り返るとそれだけの費用を負担できた国はほんの一握りしかなかったし、今も費用や労力の面で昔より負担が軽くなったわけではない。アメリカの国防予算のうち、海軍や関連宇宙システムに費やされた金額を見てみると、ペルシャ湾で空母戦闘群を維持するコストだけで、ほとんどの国の国防予算の総額を上回っていることが分かる。大西洋あるいは太平洋を、どちらの海にも面していない国が支配することは、いかなる国の経済力をもってしても不可能なのだ。

　大西洋と太平洋に同時に権力を誇示できる大陸横断国の拠点たり得る大陸は、北米をおいてほかにない。だからこそ、北米が国際システムの重心だというのだ。北米の時代が幕を開けた今、アメリカは北米の中でずば抜けて有力な強国である。なんと言ってもアメリカは一九四四年から四五年にかけて、ヨーロッパと日本に同時に侵攻した国なのだ。その結果二つ

の海域を軍事的に支配し、今なお支配を維持している。これが、アメリカが新時代の指揮を執る立場にあるゆえんである。

だがかつてスペインがヨーロッパを支配し、ヨーロッパの時代の最初の一世紀の指揮を執ったことを忘れてはならない。本書では、北米が今後数百年にわたって世界システムの重心を占め、その北米が今後少なくとも一〇〇年間はアメリカの支配を受けると予測する。だがスペインと同様、北米が重心であるからといって、北米の支配者がつねにアメリカであるとは限らない。今後数百年の間に、たとえばアメリカで内戦が勃発し、国境を接する隣国が台頭し、その国との対外戦争で敗北するなど、さまざまなことが起こり得る。

だが短期的に見れば——ここでいう短期とは今後一〇〇年間のことだ——アメリカの力はとにかく圧倒的であり、経済的、技術的、文化的現実に深く根ざしている。したがって、アメリカはたとえ戦争や危機に打ちのめされようとも、二一世紀の間は影響力をさらに増していくと考えられる。

このことは、アメリカの自己不信と矛盾しない。アメリカは心理的に自信過剰と不安が奇妙に入り混じった状態にある。興味深いのは、これがまさに青年の心理状態を表す特徴だということだ。そしてこれこそが、二一世紀のアメリカの状態なのである。世界の覇権国たるこの国は、青年期の長いアイデンティティの危機に瀕しており、途方もない新しい力を持ちながら、不条理な感情の起伏に振り回されている。歴史的に見ればアメリカはとてつもなく若い、つまり未熟な社会なのだ。この時期のアメリカに、虚勢と絶望以外のものを期待できるわけがない。自分自身や、世界における自分の立ち位置について、青年がこのように感じるのはあたりまえではないのか？

だがアメリカをまだ歴史を刻み始めたばかりの青年と見なすならば、アメリカが今どのような自己像を持っていようと、その前途に成人期が待ち受けていることも分かる。一般に成人は青年よりも安定しており、力も強い。したがって現在のアメリカの勢力は、最も初期の段階にあると考えられる。アメリカはまだ完全に文明化されていない。一六世紀のヨーロッパのように、まだ未開である（これは単なる描写であって、道徳的判断ではない）。文化はまだ形を成していない。意志力は強い。そして感情によって、相矛盾する方向に突き動かされがちである。

文化は、次の三つの状態のいずれかにある。第一の状態は未開である。未開人は自分の村の慣行が自然法であり、異なる生活習慣を持つ人たちはとるに足らない存在で、救済するか、破壊するしかないと信じている。第三の状態は退廃だ。退廃人はこの世に絶対的なものなど存在しないと、皮肉っぽく考える。かれらが誰かをさげすむとすれば、それは何かを信奉する人だ。かれらには、戦う価値のあるものなどありはしない。

文明は、文化の第二の、そして最も稀な状態である。文明人は頭の中で、矛盾する二つの思想のバランスを取ることができる。真実は確かに存在し、自分たちの文化がその真実に近いと信じている。だが同時に心の中で、自分たちが誤っている可能性を留保しているのだ。確信と懐疑の組み合わせは、本質的に不安定である。文化は未開状態から文明状態を経たのち、懐疑によって自己確信が揺らぐと、退廃状態に至る。文明人は相手を選ぶが、効果的に戦う。もちろんどの文化にも未開人、文明人、退廃人が混在するが、どの文化もつねに一つの行動原理に支配される。

一六世紀のヨーロッパは未開状態にあり、キリスト教信仰の自己確信に突き動かされて初期の征服を行なった。一八世紀から一九世紀にかけて文明状態に入り、二〇世紀に退廃状態に陥った。現在のアメリカは、文化的にも歴史的にも、発展の初期段階にある。これまでのアメリカは、確固たる文化を生み出すほどの一貫性を持っていなかった。今や世界の重心になったことで文化を育みつつあるが、その文化は必然的に未開である。アメリカは、イスラム教徒をその信仰ゆえに軽蔑する右派と、同じイスラム教徒をその女性差別ゆえにさげすむ左派が併存するような国なのだ。この二つの観点は、一見相容れないように思われるが、自分たちの価値観が文句なしに最高だという確信によって結びついている。そしてあらゆる未開文化がそうであるように、アメリカ人は自分たちだけに通用する道理のために戦うことを厭わない。

青年を、青年であるという理由で批判することができないのと同じように、これはアメリカに対する批判のつもりではない。青年期は、必要かつ不可避な発展段階である。だがアメリカは若い文化であり、そのようなものとして、不器用で、直接的で、時に残酷であり、根深い内紛によって引き裂かれることも多い。またアメリカの反体制派は、自分たちの価値観が最高だという確信だけで団結している。こうしたことのすべてをひっくるめたものが、アメリカなのだ。だが一六世紀のヨーロッパと同様、アメリカは失敗を繰り返しているだけのように見えて、実は驚くほど高い能力を持っているのである。

第1章の概要

- アメリカの支配はまだ始まったばかりであり、二一世紀はアメリカの時代になる。
- 最も重要な点は、アメリカが世界の海洋を支配しているということ。
- アメリカはまだ若い国家であり、そのため本当の姿を知るのは難しいが、実は驚くほど強力だ。

第2章　地震——アメリカの対テロ戦争

アメリカの時代が始まったのは一九九一年一二月、つまりソ連が崩壊し、その結果アメリカが世界で唯一の地球規模の大国になった時である。だが二一世紀が本当の意味で始まったのは、その一〇年後の二〇〇一年九月一一日、世界貿易センターと国防総省に旅客機が激突した時だった。これがアメリカの時代に突きつけられた、初めての本物の試練だった。アメリカが実際にイスラム聖戦主義者たちとの戦いに勝利したかどうかは議論の分かれるところだが、戦略目標を達成したことは確かだ。またこの戦争が、すべての戦争と同様に、何らかの終結に向かっていることにも、疑いの余地はない。

この戦争は長期戦になりそうだとか、アメリカとイスラム教徒が今後一世紀にわたって戦い続けるなどと、世間では騒がれている。だが世の常として、いつまでも続くように思われることも、一時的な現象でしかない。本書でこれまで用いてきた二〇年展望に照らして考えれば、すぐに分かることだ。紛争は続くかもしれないが、アメリカの力に対する戦略的挑戦は、まもなく終わろうとしている。アルカイダは目的を果たすことに失敗した。アメリカは成功した。それは戦争に勝ったという意味ではなく、イスラム教徒の勝利を阻止したという意味である。そして地政学的には、それで必要にして十分なのだ。二一世紀はアメリカの成功とともに幕を開けた。だがアメリカは成功したとは言え、表面上は敗北したようにも、深い政治的、道徳的困惑を感じているようにも見える。

二〇〇一年にアルカイダが掲げていた目的は、ただアメリカを攻撃することではなかった。アメリカの弱さとアルカイダの強さを見せつけるような攻撃を行なうことだった。アメリカの弱さを露呈すれば、アメリカとの関係を利用して政権安定を図ろうとしているイスラム諸国、たとえばエジプト、サウジアラビア、パキスタン、インドネシアなどの政府をおとしめることができると、アルカイダは考えた。アルカイダはこれらの政府の転覆を狙っていた。自らの目的を果たすためにはアフガニスタン以外の国民国家を支配する必要があることを知っていたのだ。アフガニスタンはあまりにも弱く孤立していたため、一時的な拠点として使う以外には利用価値がなかった。

ソ連崩壊は、当然ながら国際システムに多大な影響を及ぼした。中でも特に思いがけない影響が一つあった。それまではソ連とアメリカがともに強大な力を有していたことが、これら超大国の間に均衡をもたらし、国際システムをかえって安定させていた。これが特に顕著だったのは、両陣営が一触即発状態にあった、ソビエト帝国の境界沿いの地域である。たとえば冷戦中ヨーロッパは身動きが取れなかった。ほんのちょっとした動きが戦争を触発するおそれがあったため、ソ連とアメリカはヨーロッパに少しの動きも許さなかった。事実、この冷戦の最も興味深い要素は、起こらなかったすべての戦争である。ソビエトによるドイツ侵攻はなかった。ペルシャ湾への襲撃もなかった。そして何より、核のホロコーストもなかった。

これまでの二〇年間のことは、注意深く検討する価値がある。この二〇年間が、今後一〇〇年間に起こることの土台になるのだから。そのため本章では、未来より過去に関することに多くの紙面を割くこととする。ソビエトの崩壊は、巨大な綱引きにたとえられる。一方が突然力を失い、綱を手放してしまった。綱を握り続けていた側は勝ったものの、バランスを崩したため、勝利にはひどい混乱と分裂が伴った。両側が引き合っていたために動かなかった綱は、いったん緩むと予測のつかない方法で動き始めた。特に両陣営の境界沿いの地域に、これが当てはまった。

中には平和裡に進められた変革もあった。ドイツが再統一し、バルト諸国が再び独立し、ウクライナとベラルーシもこれに続いた。チェコスロバキアはいわゆる「ビロード離婚」を経て、チェコ共和国とスロバキア共和国に分離した。その一方で暴力的な変化もあった。ルーマニアは激動の国内革命を経験し、ユーゴスラビアは完全に分裂した。

実際、旧ソ連と国境を接していた国々の中で、最も人工的な国がユーゴスラビアだった。ユーゴスラビアは国民国家ではなく、互いに敵意を持つ多様な国、民族、宗教から成る地域だった。第一次世界大戦の戦勝国が作り上げたユーゴスラビアは、さながらヨーロッパの最もたちの悪い敵対関係を閉じ込めた檻のようだった。バルカン半島における戦争を回避するためには、統一体を作り、その中にすべてを一つの国家としてまとめるべきだというのが、戦勝国の理論だった。興味をそそる理論である。しかしユーゴスラビアは古代の征服のあとに残された、化石化した諸国が掘り起こされた発掘現場であり、そこではそれぞれの国が異質なアイデンティティにいまだしがみついていた。

歴史を振り返ると、バルカン半島はつねにヨーロッパの火薬庫だった。この地はローマ人にとっては中東に通じる道であり、トルコ人にとってはヨーロッパに通じる道だった。第一次世界大戦はバルカン半島から始まった。過去の征服者は国または宗教を一つずつあとに残していったが、それらすべてが互いに憎しみ合っていた。それぞれの戦闘集団が、互いに対して途方もない残虐行為を働き、そうした行為の一つひとつがまるで昨日の出来事のように記憶されている。ここは過去のことを水に流すような土地柄ではないのだ。

ユーゴスラビアは第二次世界大戦中に分裂し、クロアチアはドイツ側に、セルビアは連合国側について戦った。その後この国はヨシップ・ブロズ・チトー率いるユーゴスラビア共産主義者同盟によって再統一された。ユーゴスラビアはマルクス主義を標榜していたが、反ソビエトだった。ソビエトの衛星国になることを望まず、むしろアメリカと手を結んだ。NATOとワルシャワ条約機構の間の力場にとらわれたユーゴスラビアは、いかに不安定であろうと、一つにまとまっていた。

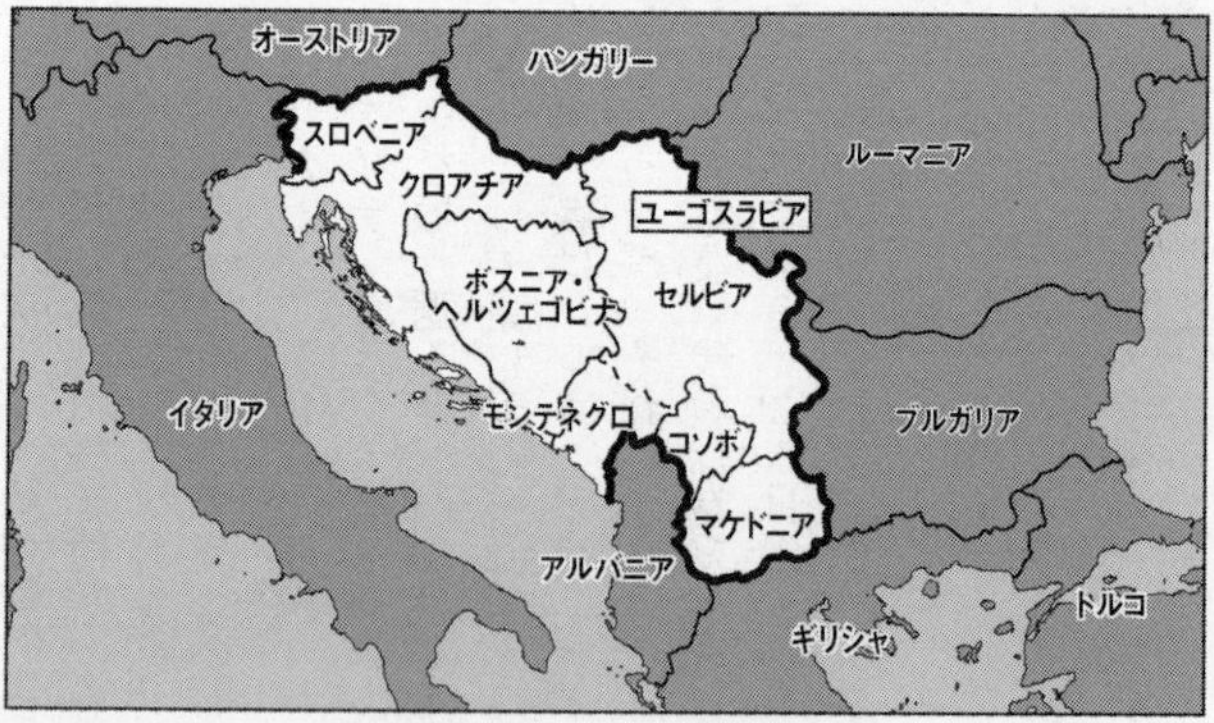

ユーゴスラビアとバルカン諸国

一九九一年になってこの力場が分解すると、それまでユーゴスラビアを構成していた各部分がバラバラに分裂した。まるで地質断層が大地震を引き起こしたかのようだった。埋もれたまま凍りついていた古来の国民意識が、いきなり解き放たれ策動の余地を得た。第一次世界大戦以来消息を絶っていたセルビア、クロアチア、モンテネグロ、ボスニア・ヘルツェゴビナ、マケドニア、スロベニアといった諸国が、突如として息を吹き返した。これらの国の内部では周辺国出身の少数民族も活気づき、多くの場合分離独立を要求した。かくして天地がひっくり返るような大混乱が起きた。これは、二一世紀の初期の構造形成における重要な瞬間となった。

これまでユーゴスラビア紛争は、単なる局所的な現象であり、特異な出来事であるかのように誤解されてきた。だが実のところこの紛争は、そのような言葉ではくくれないほど重要な意味を持つ出来事だった。この紛争は何よりもまず、ソ連崩壊に対する反応だった。五〇年もの間抑圧されていた熱情がいきなり呼び覚まされ、凍りついていた国境が液状化した。それは確かに局所的な出来事ではあったが、グローバルな力関係の変容が可能にした――かつ避けられないものにした――出来事だったのである。

さらに言えば、ユーゴスラビア紛争は特異な現象などではなかった。それは最初に崩れた断層線にすぎなかった。この断層線とは、アフガニスタンとパキスタン北部を占めるヒンドゥークシュ山脈まではるばる続いていた断層線が北に延びたものだった。ユーゴスラビアの爆発は、ソ連崩壊とともに始まった、ずっと大きな地震の前触れだったのである。

イスラムの地震

米ソの対立はソ連周辺部にも及んだ。冷戦末期、ソ連の国境は三つの区間に分かれていた。ノルウェーからドイツ・チェコ国境に至る、ヨーロッパ区間。アリューシャン列島から日本を経由して中国に至る、アジア区間。そして北アフガニスタンからユーゴスラビアに至る、第三の区間である。ソ連崩壊に最も大きな影響を受けたのは、この最後の区間だった。まずユーゴスラビアが崩壊し、その混乱はやがて区間全体に波及し、前線から離れた国々さえをも呑み込んだ。

ユーゴスラビアからアフガニスタン、パキスタンに至る地域は、冷戦時代はほとんど動きを封じられていた。もちろんイランの親米路線から反ソ反米路線への転換や、ロシアによる

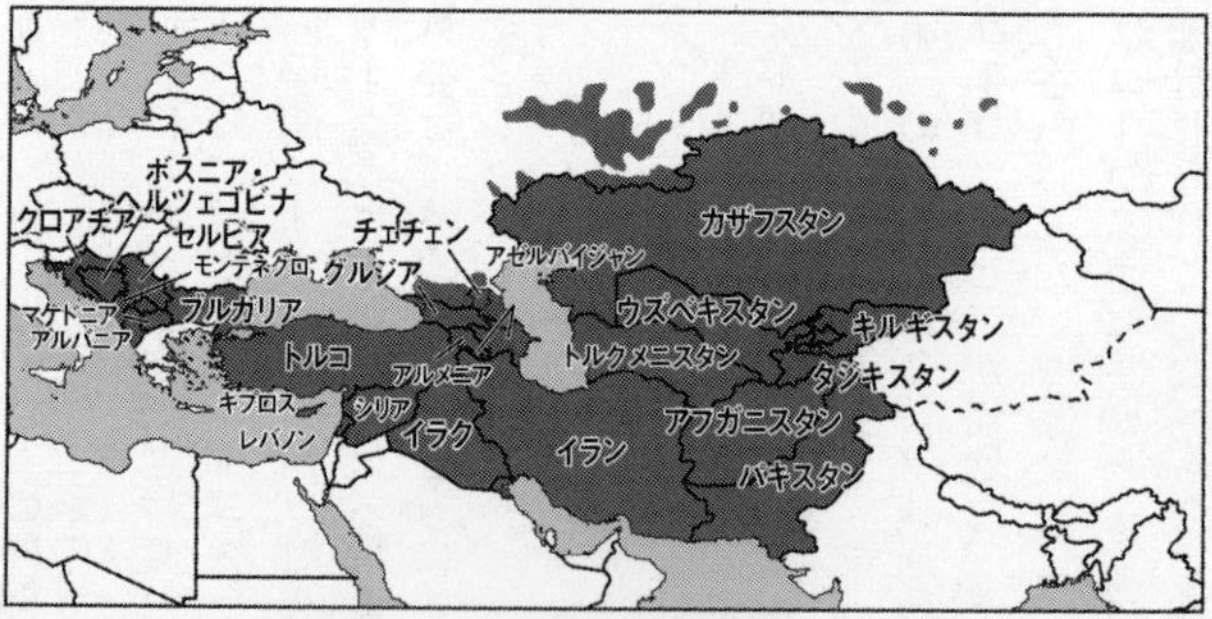

地政学的地震帯

アフガニスタン侵攻、あるいはイラン・イラク戦争などの単発的な動きはあった。だが不思議なことに、この地域は冷戦によってかえって安定していた。内部抗争がいくら起ころうと、国境を越えた本格的な紛争に至ることはなかった。

ソ連の消失を受けて、この地域は急激に不安定になった。ここは主としてイスラム地域である。ユーゴスラビアからアフガニスタンへ、そして南はアラビア半島にまで至る、広大で多くの国に分かれた、多様性に富むこの地域は、北アフリカ、東南アジアのイスラム地域と並んで、世界の三大イスラム地域と称される（次ページの地図を参照のこと）。もちろんここは、いろいろな意味で単一の地域とは言えないが、かつてソビエト包囲網の南方前線だったことから、本書では一つの地域として扱うこととする。

東西冷戦の境界線が、このイスラム地域を一直線に走っていたことを忘れてはならない。アゼルバイジャン、ウズベキスタン、トルクメニスタン、キルギスタン、カザフスタンはすべて、イスラム教徒が多数派を占める旧ソ連共和

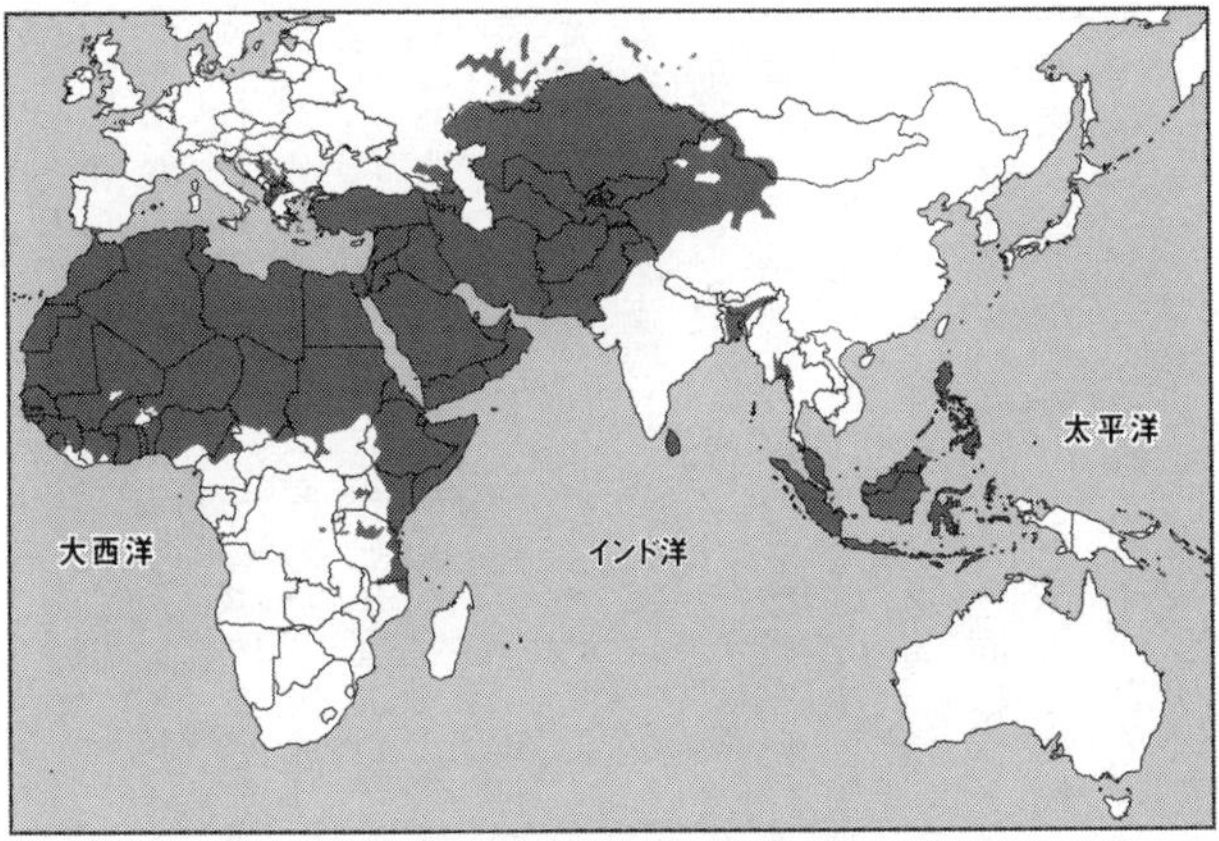

現代のイスラム世界

国である。またチェチェンなど、ロシア連邦内のイスラム教地域もここに含まれる。

この地域は全域にわたってこれまでずっと不安定だった。アレキサンダー大王からイギリス人に至るまでの征服者が利用した広大な交易路と侵略路が、地域を横断している。ここはいつの時代も地政学上の火薬庫だった。しかし火薬庫に本当の意味で火をつけたのは、冷戦の終結だった。ソ連が崩壊すると、六つのイスラム系共和国がいきなり独立した。南方のアラブ諸国はパトロンを失い（イラクとシリア）、あるいは敵を失った（サウジアラビアをはじめとする湾岸諸国）。インドはパトロンを失い、パキスタンは――少なくとも一時的に――インドの脅威から解放され自由を満喫した。国際関係のシステム全体が空中分解した。形をとどめていたわずかなものもすべて消失した。

ソ連は一九九二年にコーカサスと中央アジア

から撤退した。ソ連がまるで引き潮のように退くと、一〇〇年以上にわたって自由を剝奪され、自治の伝統も、場合によってはまともに機能する経済すら持たない国々が姿を現わした。その一方で、アメリカはこの地域に対する関心を失いつつあった。一九九一年の「砂漠の嵐」作戦以降は、アフガニスタンのような場所に関心を向けても、何にもならないように思われた。冷戦は終わったのだ。アメリカの国益に対する戦略的脅威がもはや存在しない以上、これからは自力で発展させればよい。

この地域、特にアフガニスタンが不安定化した経緯を、ここで詳しく説明する必要はない。ユーゴスラビアで起こったことを事細かに説明しても、大して参考にならないのと同じだ。そこで次のように簡単にまとめておく。七〇年代末からソ連崩壊までの間、アメリカはアフガニスタンを支援して、ソ連に対抗し得る勢力を生み出そうとした。これらの勢力は、ソ連が崩壊したとたん、アメリカに楯突くようになった。諜報技術を仕込まれ、アメリカの諜報プロセスに精通した男たちは、作戦行動を開始する。この行動が、いくつもの段階を経た後、二〇〇一年九月一一日に頂点に達したのである。アメリカはこれを受けて、この地域に大量派兵した。まずアフガニスタン、続いてイラクに派兵し、地域全体が瞬く間に崩壊した。

第二次世界大戦後のソ連と同様、アメリカは自らの目的のためにイスラム聖戦士を利用した結果、自らが生み出した怪物と戦わざるを得なくなった。だがこの問題自体はそれほど深刻ではなかった。それよりずっと危険なジレンマがあった。それは、地域の秩序をわずかながらも保っていた国家間の関係のシステムが、ソ連が崩壊したために混乱してしまったことである。アルカイダの存在如何にかかわらず、旧ソ連領内とその南方のイスラム勢力が不安定化するのは必然だったし、ユーゴスラビアと同様、その不安定が世界唯一のグローバルな大国であるアメリカを何らかの形で巻き込むのも必然だった。これは史上最大規模の嵐だった。オーストリア国境からヒンドゥークシュ山脈まで、地域は激震に見舞われた。アメリカは制圧にかかったが、控えめに言っても芳しい成果は得られなかった。

この情勢には、特に次章で論じる人口動態との関連で、注目に値する側面がもう一つあった。イスラム世界の内部には、とてつもなく大きな動揺が生じていたのである。慣習の変化──特に、人口構造の変化を受けて、女性の地位にまつわる慣習が変化しつつあった──に対するイスラム伝統主義者の抵抗が、安定を揺るがす要因の一つになっていた。伝統主義者と世俗主義者との争いで社会は混乱に陥り、世俗化を求める声が高まっているのはアメリカのせいだとされた。これはありきたりの表面的な解釈のように思われる。だがこれから見ていくように、この解釈には傍目よりずっと深く、幅広い意味が隠されていた。家族構成の変化と、その変化に対する抵抗、そして9・11テロ事件は、密接に結びついていたのである。

最も広い地政学的観点から見れば、9・11テロ事件は冷戦終結から次の時代──アメリカの対テロ戦争──が始まるまでの空白期間に終止符を打ったと言える。もし「勝利」がカリフ帝国、つまりイスラム帝国の再創造を意味するのであれば、聖戦士たちは勝利を収めることができなかった。イスラム世界の不和は深刻すぎて克服するには至らなかったし、アメリカは強力すぎて叩き潰すには至らなかった。混沌が聖戦士たちの勝利として凝結したはずはなかった。

現在起こっているのは、首尾一貫した動きではなく、力場が取り除かれた結果生じた局所的なけいれんである。イスラム世界の民族的、宗教的分裂を考えれば、たとえアメリカがこの地域から追放されたとしても、安定した政治基盤は現われようがない。イスラム世界は一〇〇〇年以上前から分裂した不安定な状態にあり、近い将来統一に向けた動きが出てくるとはとても思えない。その反面、たとえアメリカがこの地で敗北したとしても、その基本的なグローバルパワーが揺らぐわけではない。ベトナム戦争と同様、この敗北も単なる一過性の出来事として片付けられるだろう。

現時点では、アメリカとイスラム聖戦主義者との紛争はあまりにも壮絶で、計り知れないほど重要に思われるため、それがいつか立ち消えになるなど想像もできない。世間ではこの紛争が一世紀にわたって世界を揺さぶるといった説が真剣に取りざたされている。だが本書の冒頭で説明した二〇年展望に照らして考えれば、二〇二〇年になっても世界がまだアメリカの対テロ戦争の前に立ちすくんでいるなどということは、およそあり得ない。正直なところイスラム情勢は、つきつめればそれほど大きな問題ではない。アメリカの力がもしこのまま右肩上がりで拡大し続けるならば、二〇二〇年のアメリカはまったく違った挑戦に直面しているはずだ。

アメリカの基本戦略とイスラム戦争

アメリカの原動力をなしている要素として、取り上げなくてはならないものがもう一つある。それはアメリカの外交政策を動かしている基本戦略だ。アメリカの9・11テロ事件への対応は、まったく意味をなさないように思われたし、確かに表面上はその通りだった。それは支離滅裂で、行き当たりばったりの対応のように思われたが、実は予想通りの行動だったのである。一歩下がって大局を見れば、アメリカの一見行き当たりばったりの行動に、実は非常に大きな意味があったことが分かる。

一般に基本戦略は、政策立案が終わるところから始まる。たとえば一九四〇年にフランクリン・ルーズベルトが三期目に立候補しなかったらどうなっていたかを考えてみよう。この場合、日本やドイツの行動は変化していただろうか？　アメリカは日本が西太平洋を占領するのを黙認しただろうか？　ドイツがイギリスを艦隊もろとも破るのを甘受しただろうか？　細かな点は変わっていたかもしれないが、アメリカが参戦を見送ったり、戦争が連合国の勝利に終わらなかったとは考えられない。無数の細部は変わっていたかもしれないが、基本戦略をもとに決定された、この戦争の最も大まかな輪郭は変わらなかったはずだ。

またアメリカは冷戦中、ソ連を封じ込める以外の戦略を取り得ただろうか？　アメリカには東欧諸国を侵略することはできなかった。ソ連軍はあまりにも巨大で強力だった。それでいてアメリカは、ソ連に西ヨーロッパの占領を許すわけにはいかなかった。なぜならソ連が西ヨーロッパの工場を支配していたならば、いずれアメリカを圧倒することになったからだ。

封じ込めは、選択の余地のない政策だった。それはソ連に対してアメリカが取り得た、唯一の対応だった。

どんな国にも基本戦略はある。しかしだからといってすべての国が戦略目標を達成できるとは限らない。たとえばリトアニアが目指しているのは、外国による占領から解放されることだ。だが経済、人口動向、地理などの事情により、リトアニアが目標を達成することは、あったとしてもごく稀で、束の間のことでしかないだろう。アメリカは、これから説明する戦略目標のほとんどを達成している、世界でも稀な国家である。アメリカには経済と社会を挙げてこの取り組みに注力する態勢が整っているのだ。

国家の基本戦略はそのＤＮＡに深く刻み込まれており、あまりにも当たり前で、分かり切ったことのように思われるため、政治家や軍人はつねにそれをはっきり意識しているわけではない。かれらの思考は基本戦略によってあまりにも厳しく制約されているがゆえに、それが無意識の現実と化している。だが地政学的見地から見れば、国家の基本戦略と、その指導者を駆り立てている論理は自明である。

基本戦略は、戦争だけではなく、国力を構成するすべてのプロセスに関わるものだ。しかしアメリカの基本戦略は、実際に戦争や、戦争と経済生活との相互作用に、他国より大きな比重を置いている。歴史的に見てもアメリカは好戦的な国なのだ。

たとえばアメリカは、その歴史全体のおよそ一〇％の期間を、戦争に費やしている。この場合の戦争とは、一八一二年戦争（米英戦争）、アメリカ・メキシコ戦争（米墨戦争）、南北戦争、第一次および第二次世界大戦、朝鮮戦争、ベトナム戦争の大規模な戦争を指し、米西戦争や「砂漠の嵐」といった小規模な紛争は含まない。二〇世紀だけをとってみても、アメリカが戦争を戦っていた期間は一五％にあたる。二〇世紀後半に限れば、その割合は二二％にも上る。そして二一世紀が始まった二〇〇一年以来ずっと、アメリカは戦い続けている。戦争はアメリカの歴史の中核をなしており、アメリカが戦争を戦う頻度は高まる一方だ。戦争はアメリカ文化に組み込まれており、アメリカの地政学的状況に深く根ざしている。したがって、アメリカが戦争を行なう目的をはっきりと理解しておく必要がある。

アメリカは戦争の申し子であり、今なお加速するペースで戦い続けている。ノルウェーの基本戦略は戦争より経済に重きを置いているかもしれないが、アメリカの戦略目標および基本戦略の根源をなしているのは、恐怖心である。同じことがほかの多くの国についても言える。ローマ帝国は世界征服を目指していたわけではない。国の防衛を目指し、その目標に取り組むうちに帝国になった。初期のアメリカは、一八一二年戦争でそうだったように、イギリスに攻撃されて敗れる事態さえ防げれば十分満足だった。しかし恐怖は和らぐたびに、別の弱さと別の恐怖を生み出す。国家は持っているものを失う恐怖によって突き動かされている。これからの説明を、この恐怖という観点から考えて欲しい。

アメリカには五つの地政学的目標があり、それらが基本戦略を推進している。五つの目標を、スケール、野望度、難易度の低い順に説明する。

一、アメリカ陸軍が北米を完全に支配すること

もしもアメリカが、大西洋とアレゲーニー山脈〔アメリカ東部のアパラチア山系の支脈〕にはさまれた独立した州からなる国のままであったなら、今も国として存続しているかどうか非常に疑わしい。アメリカは結束してアレゲーニー山脈とロッキー山脈の間の広大な土地に領土を拡げる必要があった。これを達成したことで、アメリカは戦略的な深みを増すとともに、世界でも有数の肥沃な農地を手に入れることができた。さらに重要なことに、この土地には航行可能な優れた河川系があり、これを利用して余剰農産物を世界市場に輸送することができた。このようにして、歴史上類を見ない実業家兼農場主の階級が生まれた。

アメリカは一八〇三年にルイジアナを買収し、その所有権を得た。だがアメリカがこの地域を本当の意味で支配するようになったのは、一八一四年のニューオリンズの戦いで、アンドリュー・ジャクソン将軍（のちの大統領）がイギリスを破ってからのことである。ニューオリンズは、全水系のたった一つの隘路《あいろ》だったのだ。アメリカ独立戦争を終結させたヨークタウンの戦いがアメリカの国家成立を可能にしたというのなら、経済成立を可能にしたのは一八一二年戦争末期のニューオリンズの戦いだった。続いてニューオリンズから数百キロ西のサンジャシントでテキサス革命中に起こった戦いが、国の経済基盤を確立した。メキシコ軍はテキサス人に敗れ、二度とミシシッピ川流域を脅威にさらすことはなかった。メキシコ軍の敗北は、起こるべくして起こったわけではない。当時のメキシコはいろいろな意味で、

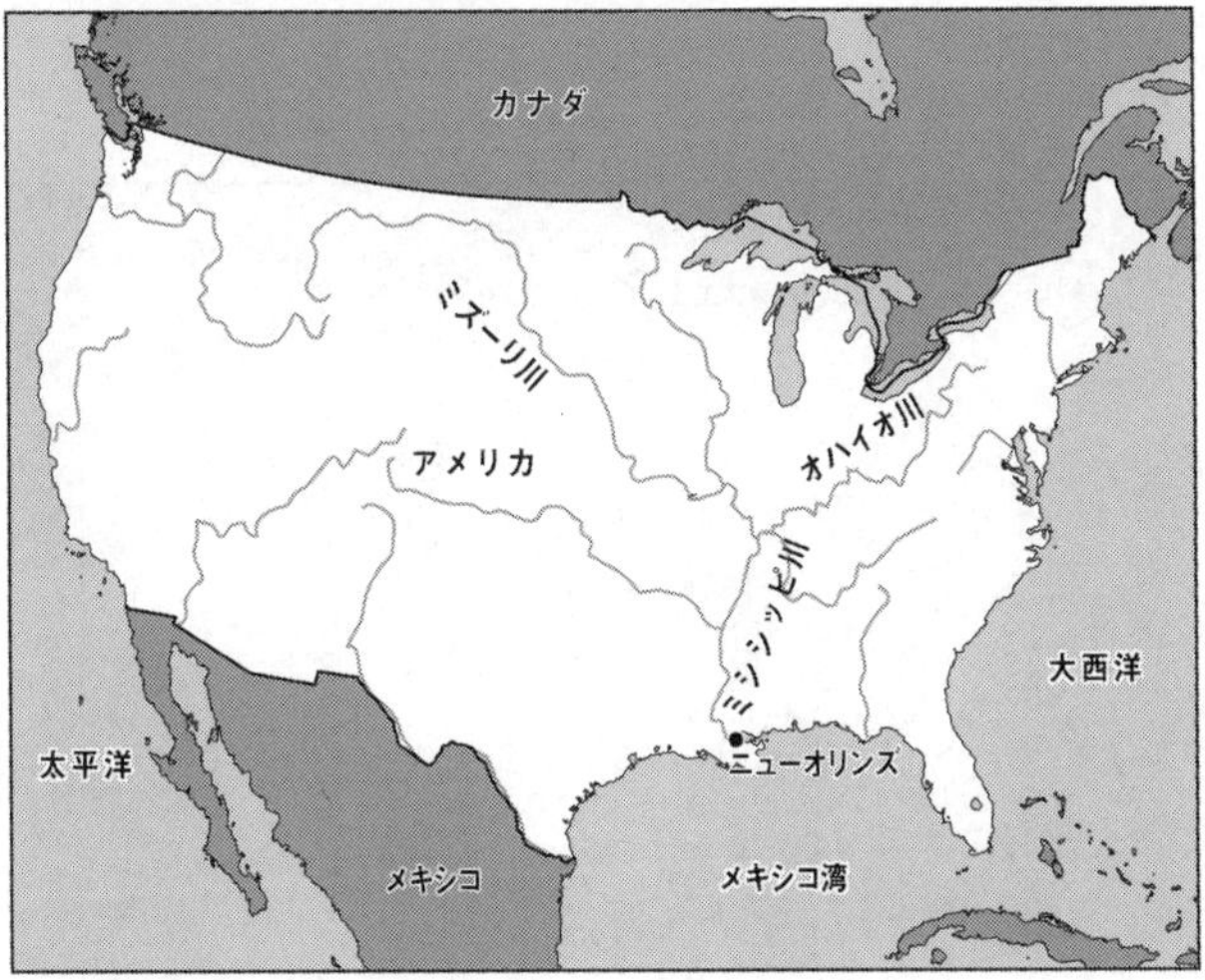

アメリカの河川系

アメリカよりも先進的で強力な国だった。その国を破ったことで、アメリカ軍は北米大陸の支配的勢力となり、大陸を確保することができた。かくしてアメリカは、いかなる国の挑戦も許さない、広大で豊かな国になったのである。

二、アメリカを脅かす強国を西半球に存在させないこと

北米を確保すると、当面の脅威として南米だけが残った。北米と南米は実は別々の大陸であり、本当の意味ではつながっていない。大規模な軍隊はパナマや中米を通過することができない。それに南米が一つの国家として統一される可能性は低い。南米の地図から通過不能な部分を取り除いてみると、大陸の端から端

ガイアナ
ベネズエラ
スリナム
仏領ギアナ
コロンビア
エクアドル
ブラジル
ペルー
ボリビア
南太平洋
パラグアイ
チリ
ウルグアイ
アルゼンチン
南大西洋

南米：通過不能な地形

までを支配する強国が現われるはずがないことが分かる（72ページの地図を参照のこと）。南米大陸は二つに分断されているのだ。したがって、南米諸国の中からアメリカに脅威をもたらす国が現われる可能性はない。

従来この地域の重大な脅威は、中南米やカリブ海に海軍基地を持つヨーロッパ列強、またはメキシコの地上部隊からやって来た。これがまさにモンロー主義の原点である。ヨーロッパ諸国の中南米進出を阻止できる力を持つはるか以前から、アメリカはモンロー主義に基づいてヨーロッパの阻止も戦略上の重要課題と位置づけていた。アメリカが本当の意味でラテンアメリカに脅威を感じるのは、外からやって来た強国がそこに拠点を持つ場合に限られる。

三、侵略の可能性を排除するため、アメリカへの海上接近経路を海軍が完全に支配すること

一八一二年にイギリス海軍がチェサピーク湾から川を上って、首都ワシントンを焼き討ちにした。イギリスが北大西洋の圧倒的支配を利用して、大西洋へのアクセスを遮断し、アメリカを苦境に陥れようとするのではないかという恐怖に、アメリカは一九世紀を通じて苛まれた。これはあながち被害妄想的な恐怖とは言い切れない。実際イギリスは、これを一度ならず検討していた。これと同じ種類の問題が、他の状況では、米西戦争から冷戦に至るまでのアメリカのキューバに対する妄執の原点となった。

アメリカは西半球を確保した一九世紀末以降、自国の境界線に向かうシーレーンに外国の海軍を入れないことを重視してきた。アメリカはまず最初に、太平洋への接近経路を確保した。南北戦争中にアラスカを買収し、一八九八年にはハワイを併合した。この二つの措置を講じることにより、艦隊に物資を供給する停泊地を排除し、敵艦が西方から大陸に接近する脅威を阻止できるようになったのである。アメリカは第二次世界大戦に乗じてイギリスの弱さにつけ込み、アメリカ沿岸からイギリス海軍を駆逐して大西洋を確保した。第二次世界大戦が終わるまでにアメリカが強力な艦隊を構築したため、イギリスはアメリカの承認なくしては大西洋で軍事行動を行なえなくなった。このようにして、アメリカは事実上いかなる侵略によっても打ち破れなくなったのである。

四、アメリカの物理的安全と国際貿易体制の支配を確保するため、全海洋を支配すること

第二次世界大戦終結時に、アメリカが世界最大の海軍を保有していたのみならず、世界各地に海軍基地を擁していたという事実が、世界のありようを変えた。前述の通り、アメリカ海軍はすべての航洋船を――ペルシャ湾から南シナ海までを航行する、商用、軍用を問わずすべての航洋船を――監視することができる。アメリカ海軍はいかなる航洋船をも意のままに見守り、遮り、沈めることができるのだ。第二次世界大戦終結以来、世界に存在する艦隊

をすべて合わせても、アメリカの海軍力には遠く及ばなくなった。

このことが、今日の世界における最も重要な地政学的事実を浮き彫りにする。それは、アメリカがすべての海洋を支配しているということだ。これは歴史上のいかなる強国も達成できなかったことである。海洋の支配は、アメリカの安全保障の基盤であるだけではない。アメリカが国際システムを方向づけることができるのは、海洋を支配しているからこそなのだ。アメリカの承認なくしては、海を渡ってどこへも行くことはできない。つきつめれば、世界中の海洋を支配し続けることが、アメリカにとって最も重要な地政学的目標なのである。

五、いかなる国にもアメリカのグローバルな海軍力に挑ませないこと

世界中の海洋を支配するという、前例のない偉業を達成したアメリカは、当然ながらその支配を維持したいと考えた。これを最も簡単に行なう方法は、他国に海軍を構築させないことだ。つまり海軍を構築する動機や資源を持たせなければよい。一方では「アメ」の戦略により、海軍を持たない国に海洋へのアクセスを確保してやる。他方では「ムチ」の戦略によって、仮想敵国を地上戦を主体とした紛争に釘付けにして、陸軍の兵力や戦車で軍事予算を吸い上げ、海軍に投入できる予算をほとんど残させない。

冷戦が終結してからも、アメリカは以前と変わらぬ関心を持ち、従来通りの戦略を取り続けた。変わらぬ関心とは、ユーラシアの強国を、海軍構築に資源を振り向けられるほど安泰

にしないことである。ユーラシア単一の覇権国という脅威はもはや存在しなくなったため、アメリカは地域安全を確保して海に乗り出す恐れのある、二番手の地域覇権国に焦点を当てた。地域覇権国になりそうな国を手一杯にさせておくために、いくつもの同盟体制を絶えず組み替えた。

アメリカはユーラシア大陸全体で、通常の介入に加えて、予期せぬ介入にも対応できる態勢を整える必要があった。ソ連が崩壊すると、アメリカは地域の勢力均衡を維持し、地域覇権国の台頭を防ぐために、多くの軍事作戦に従事した。初めての大規模な介入はクウェートにおけるものだった。ソ連が息絶えたがまだ葬り去られていない時期に、イラクの野心をくじいたのである。続いてユーゴスラビアに介入して、バルカン半島の主導権を握ろうとするセルビアを阻もうとした。次に行なった一連の介入はイスラム世界におけるもので、揺るぎないイスラム帝国を築こうとするアルカイダの野望を（または誰の野望であろうと）くじくことを目的としていた。アフガニスタンとイラクにおける介入は、いずれもこの取り組みの一環として行なわれた。

だがあれほど鳴り物入りで行なわれたにもかかわらず、これらの介入は大した出来事ではなかった。最大規模の作戦が行なわれたイラクでさえ、アメリカが投入した兵力は二〇万人足らず、犠牲者は五〇〇〇人に満たなかった。これはベトナム戦争の犠牲者の六％から八％、第二次世界大戦の犠牲者の一％程度でしかない。二億五〇〇〇万人を超える人口を抱える国にとって、この規模の占領軍を送るのは何でもないことだ。アメリカが小規模な介入をえてして大げさに誇張するのは、国家としてまだまだ未熟なためである（これは、イラクに二度従軍した息子の親としての意見である）。

以上の概要で、イスラムの攻撃に対するアメリカの反応や、それ以外に起こったことを大まかにご理解頂けたと思う。戦略目標を組織的に達成したアメリカは、ユーラシアに強国を存在させないという、究極の目標を掲げた。しかしこの目標は矛盾をはらんでいた。介入の狙いは——政治的にどのように喧伝されようとも——何かを達成することではなく、阻止することにあった。アメリカは強国が出現しそうな地域の安定を乱そうとした。アメリカが目指したのは、地域を安定させることではなく、不安定に陥れることだったのだ。そう考えれば、イスラムの「地震」に対するアメリカの反応に納得がいく。アメリカは巨大で強力なイスラム国家の出現を阻止しようとしたのである。

建前はともかく、アメリカにとってユーラシアの平和は最優先事項ではない。アメリカは戦争に完勝することにも興味がない。これらの紛争の目的は、ベトナムや朝鮮での紛争と同様、単に強国の出現を阻止し、地域を不安定に陥れることであって、秩序を打ち立てることではないのだ。いずれアメリカは完全な敗北さえ受け入れるだろう。だがユーラシアでの勢力均衡を維持するために、どうしても必要な場合に限り、必要最小限の武力を行使するという原則は、二一世紀を通して、また今後もずっと、アメリカ外交政策の推進力であり続ける。これからも思いがけない時と場所に、第二、第三のコソボやイラクが出現するだろう。アメリカの行動は不合理に思われるし、その目的がバルカン諸国や中東の安定化にあると考えるなら、確かに不合理だ。だがセルビアやアルカイダを妨害して不安定な状態に陥れることが主眼であれば、きわめて合理的な行動と言えよう。こうした介入は「解決」に近づくような成果を挙げることは決してないし、決定的な打撃を与えるには不十分な戦力をもってつねに遂行されるのである。

余震の後

現在の国際システムはひどくバランスを崩した状態にある。アメリカが元来強力になりすぎたため、それ以外の諸国がアメリカの行動を制することは不可能になった。国際システムは自ずと均衡に向かう傾向にある。バランスが失われた世界では、絶対的な力を持つ大国の脅威にさらされた弱小国が、大国の力に対抗するために同盟を形成することが多い。アメリカがベトナムで敗北した後で中国と手を組んだのも、当時強くなりすぎているように思われたソ連を制御するためだった。

だが二一世紀にあって、アメリカを封じ込める同盟を組織することは非常に難しい。弱小国にとっては、反米同盟に加わるより、アメリカと折り合いをつける方がずっと楽だ。同盟を組織し結束を図るのは並大抵のことではない。それにもしその同盟がご多分に漏れず破綻すれば、アメリカは巨大国家として容赦ない行動に出るだろう。

そんなことから、次の矛盾が明らかになる。アメリカは一方では深い恨みを買い、怖れられてもいる。しかしその一方で、個々の国はアメリカとうまくつき合っていく方法を模索している。この不均衡と、アメリカを封じ込めようとする取り組みとが、二一世紀の世界を支配するだろう。今世紀は、とりわけアメリカ以外の国々にとって、危険な世紀となる。

地政学には「誤りの許容範囲」と呼ばれる重要な指標がある。これはそれぞれの国に誤りを犯す余地がどれほどあるかを占う指標だ。誤りの許容範囲は、二つの要素によって決定される。国が直面する危険の種類と、国が持つ力の大きさである。誤りの許容範囲が非常に小さい国もある。こうした国は些細な失策が命取りになるという認識から、外交政策の事細かな点にまでこだわる傾向にある。イスラエルやパレスチナは、小国であることと位置関係のせいで、誤りの許容範囲が非常に小さい。これに対して、小国だが周りを国に囲まれていないアイスランドには、誤りを犯す余地がかなりある。

アメリカは誤りの許容範囲が非常に大きい。安全な北米大陸に位置し、強大な力を持っている。そんなわけで、アメリカは世界に対して不用意に力を行使することが多い。それはアメリカが愚かだからではなく、それほど注意を払う必要がないからなのだ。第一、注意を払っていると効率が落ちることが多い。いつか利益が出るだろうと不良貸付を行なう銀行のように、アメリカは他国の目には無謀とも映る行動に出ることをつねとしている。そのため他国に苦痛や、時には壊滅的な被害をもたらすことさえある。それでもアメリカは前進し、繁栄を続ける。

このような行動はベトナムでも見られたし、イラクでも見られる。これらの紛争はアメリカ史における孤立した事象にすぎず、後々まで重要な意味を持つことはない。もちろん、ベトナム人とイラク人にとってはそんなわけにはいかない。アメリカは若く、粗野な国だ。すぐに感情的になり、物事を歴史的にとらえることができない。このことは逆境を克服する起爆剤になる感情をもたらすため、かえってアメリカの力を高める結果となっている。アメリカはつねに過剰反応する。ある瞬間とてつもなく壊滅的に思われたことをバネにして、果断に問題を解決する。一般に新興国は過剰反応する。成熟した大国はうまくバランスを取ることができる。衰退に向かう大国は、一度失ったバランスを回復することができない。

アメリカは非常に若い国であり、世界の覇権国になってからの歴史はさらに浅い。若くて力強い若者と同じで、数年たてば記憶にも残らないような事件に、過度に感情的に反応することが多い。レバノン、パナマ、クウェート、ソマリア、ハイチ、ボスニア、コソボでの紛争はどれも、その時々にはこの上なく重要で、決定的な意味を持つようにさえ思われた。だが今となってみればこうした出来事を覚えている人はほとんどいないのが実情だ。たとえ覚えている人がいたとしても、アメリカがそもそも何をきっかけとして紛争に加わったのかをはっきり説明できない。一時の情動は、あっという間に醒めてしまう。

この現象には見逃してはならない裏の側面がある。それは、レバノン、パナマ、クウェート、ソマリア、ハイチ、ボスニア、コソボの人々は、アメリカの力と相まみえたことをいつまでも忘れないということだ。アメリカにとって一過性の出来事が、他国にとっては歴史上の決定的な瞬間たり得る。ここに、二一世紀始まって以来の決定的に重要な非対称を見ることができる。アメリカはグローバルな関心を持ち、世界各地で起こる無数の小競り合いに首を突っ込む。アメリカにとってはどの一つの関与として、決定的に重要ではない。だがアメリカが関心を向ける相手にとっては、あらゆる介入が、国を一変させるほどの力を持つ一大事なのだ。相手国はアメリカの行動の前に無力感を感じ、その無力感は、どんな状況にあっても、怒りをもたらす。怒りの矛先が向かう国、つまりアメリカが、無敵でありしかも無関心であることが、なおさら怒りをかき立てる。二一世紀には、自らの行動が招く結果に無頓着なアメリカと、そのアメリカに抵抗して怒りを向けるその他諸国という構図が生まれるのである。

まとめ

アメリカの対テロ戦争がじりじりと終局に向かうにつれて、イスラム国家そのものが、イスラム過激派に対する防御の最前線になるだろう。イスラム国家はアルカイダの究極のターゲットだ。それにアルカイダがイスラム教や西洋に対してどのような考え方を持っていようとも、イスラム国家はアルカイダに政治権力を引き渡すつもりは毛頭ない。むしろ国を挙げて、つまり諜報、安全保障、軍事面での能力を結集して、アルカイダを潰しにかかるだろう。

アルカイダが敗れさえすれば、アメリカは勝つ。イスラム世界が混迷して結束できなくなれば、アメリカは戦略目標を達成したことになる。二〇〇一年以降のアメリカが紛れもなく推進してきたのは、イスラム世界を混乱に陥れ、アメリカへの敵意を――そして将来おそらくアメリカを攻撃することになるテロリストを――生み出すことだった。しかし局所的な地震が融合して一つの地域覇権国になる兆しは見られない。それどころか、イスラム世界はかつてないほど分裂しており、そのことがこの時代に終止符を打つものと考えられる。アメリカがイラクとアフガニスタンで敗北するか、膠着状態に陥ることはほぼ確実であり、いずれの戦争もアメリカに後味の悪さを残して終結するだろう。アメリカがイラク戦争を遂行した方法が、不器用で、品位を欠いており、いろいろな意味で洗練されていなかったことは否めない。まったくのところアメリカは、物事を単純にしかとらえられない点や、その力の使い方という点で青臭かった。だがより広範な、戦略的なレベルから見れば、それは瑣末的なことだ。イスラム教徒が相争う限り、アメリカは戦争に勝ったと言える。

だからといって、アメリカの国益に挑戦する力を持つ地域覇権国に発展しそうな国民国家が、この先もイスラム世界に出現しないということにはならない。トルコはイスラム世界における歴史的大国であり、これからの章で見ていくように、今再び台頭しつつある。トルコの台頭は、ソ連崩壊による混乱ではなく、新しい力学の所産である。怒りは歴史を作らない。歴史を作るのは、力だ。力は怒りによって強められることもあるが、地理、人口動態、科学技術、文化といった、より根本に関わる現実的条件を拠り所とする。こうした条件の一つひとつがアメリカの力を規定すると同時に、アメリカの力が二一世紀を規定するのである。

第2章の概要

- 二〇年前のソ連崩壊により、冷戦時代は動きを抑えられていたイスラム地域が急激に不安定になった。
- アメリカの基本戦略を知れば、対テロ戦争がどのような結果に終わろうと、イスラム世界が混迷さえしていれば、アメリカは勝ったと言える。

第3章 人口、コンピュータ、そして文化戦争

オサマ・ビン・ラディンは、二〇〇二年に書いた「アメリカへの手紙」の中で、次のように述べている。「お前たちは、女性をまるで消費財であるかのように搾取し、まるで顧客に購入を呼びかける宣伝道具であるかのように利用する、そんな国だ。女性を使って乗客や観光客、よそ者たちにサービスを提供し、もうけを増やしている。それでいて、女性解放を支持するなどとぶちあげるのだ」。

この引用が示すように、アルカイダが戦いの大義として掲げているのは、伝統的な家族観である。それはかれらの計画の中の、些細な一部分などではなく、その中核をなしている。伝統的家族制度は、いくつかの明確な原則を中心に成り立っている。第一に、家庭は女性の聖域であり、家庭外の生活は男性の領分である。第二に、性的なことは家族内、家庭内にとどめられるべきで、婚姻外、家庭外のセックスは許されない。社会に進出する女性は、家庭の外にいるというだけで婚外交渉を促している。第三に、女性の主な務めは出産と次世代の

養育である。したがって家族と社会の一貫性を保つために、女性を厳しく律しなければならない。興味深いことに、すべてが女性に関わることであり、ビン・ラディンの手紙はまさにこのことをはっきり強調している。かれがアメリカを嫌うのは、アメリカがまったく異質の女性観や家族観を喧伝しているからにほかならない。

アルカイダのこの見解は、オサマ・ビン・ラディンやイスラム教徒だけのものではない。ここまで極端なのはこの集団だけかもしれないが、女性や家族に関わる問題に対する見解が、ほとんどの主要宗教を規定している。伝統的なカトリック教義、原理主義的プロテスタント、正統派ユダヤ教、そして仏教のさまざまな宗派が、これと非常によく似た立場を取っている。これらの宗教のすべてが、あらゆる社会と同様、内部で分裂している。いわゆる「文化戦争」〔価値観の違いから社会が分裂し対立する状況〕が起きているアメリカでは、家族とその定義をめぐって論争が繰り広げられている。あらゆる社会が、伝統主義者と、家族、女性、性を定義し直そうとする者たちとの間で大きく揺らいでいる。

二一世紀にこの対立は一層激化するが、伝統主義者は防戦に追われ、勝ち目のない戦いを続けるだろう。なぜなら過去一〇〇年間で人間の生活、特に女性の生活の構造そのものが変容し、それとともに家族構成が変化しつつあるからだ。ヨーロッパ、アメリカ、そして日本ですでに起こっていることが、世界中に広がっている。今後も多くの社会がこうした問題に引き裂かれるが、結局は家族の変容を止めることはできない。

これはこの変容が本質的に良いとか悪いという話ではない。世界の人口構造が大きく変化している現状では、この流れを止めることはできないというだけのことだ。現在の世界における人口動態上の最も重要な変化は、世界的に出生率が大幅に落ち込んでいることだ。もう一度言おう。世界で最も重大な意味を持つ統計事実は、出生率の全般的な低下である。女性が産む子の数は年々減少の一途をたどっている。これが意味するのは、単に二世紀に及んだ人口の爆発的増加が頭打ちになってきたということだけではない。女性の平均余命が急激に延びているにもかかわらず、女性が出産と育児にかける時間が大きく減少しているということなのだ。

これは何ということもない事実のように思われるし、ある意味では確かにそうだ。しかし本章では、なぜこれほど当たり前のことがアルカイダのような集団を生み出したのか、なぜこのような集団が今後もたくさん現われるのか、またなぜこうした集団に勝ち目がないのかを説明する。またこのことは、人口の恒常的増加（征服によるものであれ、多産によるものであれ）を踏み台として築かれたヨーロッパの時代が、人口不足という問題を当たり前のように受け入れてきた国であるアメリカの時代に取って代わられようとしている理由をも説明する。まず人口爆発の終焉から始めよう。

人口破綻

世界が深刻な人口爆発に直面していることは、数十年前から一般認識になっている。人口増加を抑制しなければ乏しい資源は枯渇し、環境は深刻な打撃を被るだろう。人口が増えれば、食糧、エネルギー、物資という形でますます多くの資源が必要になる。それがひいては地球温暖化や生態系の激変をもたらすと考えられた。人口が増加しているという大前提に関しては、異論は見られなかった。

だがこの図式はもはや成り立たない。先進工業国ではすでに変化が見られる。平均余命の延長と出生率の低下により、少数の若年労働者によって急増する退職者を支えるという状況が生じている。ヨーロッパと日本はすでにこの問題に頭を悩ませている。だが人口高齢化は氷山の一角であり、来るべき人口破綻が突きつける、最初の問題でしかない。

ヨーロッパの人口増加は減速しているが、途上国の出生率が高いため、世界全体として見れば人口は制御不能になるという見方もある。だが事実はその逆で、世界各地で出生率の急激な低下が見られるのだ。先進工業国の出生率が先頭を切って低下しているが、それ以外の国もすぐ後に続いている。そしてこの人口動態上の変化こそが、二一世紀を方向づける大きな要因になるのである。

世界の主要先進国の一角、たとえばドイツやロシアなどでは、人口の相当な割合が失われるだろう。現在のヨーロッパ全体の人口は七億二八〇〇万人だが、国連の予測によれば二〇五〇年には五億五七〇〇万人から六億五三〇〇万人程度にまで減少するという。これは驚くべき減少だ。下限の数字は、一人の女性が生涯に産む子どもの平均数を一・六人、上限の数字は同二・一人と想定している。今日のヨーロッパでは女性一人あたりの出生数は一・四人である。したがってこれからは下限の予測を中心にして議論を進めることにしよう。

これまで人口の減少は、国力の低下に直結した。ヨーロッパに関しては、今後もそうだろう。だがそれ以外の国、たとえばアメリカなどにとっては、今後一〇〇年にわたって政治的勢力を維持するためには、人口水準を保つか、さもなければ減少した人口を技術力で補強する方法を見出すことがカギとなる。

ここまで極端な前提にはそれなりの裏づけが必要だ。そこで人口減少が及ぼす影響について考える前に、いったん議論を中断して、データをもう少し詳しく見ることにする。これは人類史の重要な出来事であり、それが起きている理由をしっかり理解しておきたい。

まず簡単なところから始めよう。一七五〇年から一九五〇年までの二〇〇年間で、世界人口は約一〇億人から三〇億人に増加した。一九五〇年から二〇〇〇年までの五〇年間では、三〇億人から六〇億人に倍増した。ただ増加しただけでなく、増加のペースもすさまじい勢いで加速した。人口があのままの勢いで増え続けていれば、世界は破滅を迎えていただろう。

だが増加のペースは加速することはなく、むしろ大幅に鈍化した。国連によれば二〇〇〇年から二〇五〇年にかけて世界人口は増加するが、増加率はわずか五〇%、つまり過去五〇年間に比べて半減するという。今世紀後半にはさらに興味深いことが起きる。人口は増え続けるが、別の予測機関によれば増加率はわずか一〇%に低下するという。まるで急ブレーキをかけるような減速である。ちなみに（国連以外の）一部の予測は、人類の総人口が二一〇〇年までに減少に転じることを示唆している。

最も劇的な影響を受けるのは、人口が際立って減少する先進工業国である。ブラジルや韓国を始めとする中進国では、今世紀半ばまでに人口が安定し、二一〇〇年までに緩やかな減少に転じるだろう。コンゴやバングラデシュといった、世界で最も発展の後れた地域だけは、二一〇〇年まで人口増加が続くが、過去一〇〇年に比べて伸び率は鈍化する。どう見ても、人口爆発は終わろうとしている。

次に二・一という、重大な意味を持つ数字について考えてみよう。この数字は、世界全体で人口を維持するために、一人の女性が平均して産まなければならない子の数を表わしている。他の条件が一定であれば、一人あたり出生数がこの値を超えれば人口は増加し、この値に満たなければ人口は減少する。国連によれば一九七〇年に女性は一人あたり平均四・五人の子を産んでいた。二〇〇〇年に、この数字は一人あたり二・七人にまで減少した。しかもこれは世界の平均値だ。出生数は著しく減少しており、このことが、人口の増加は続いているが以前に比べて伸びが鈍化した理由を説明する。

国連の予測によれば、二〇五〇年になると世界全体の女性一人あたり出生数は二・〇五人に減少するという。これは世界人口を一定に保つのに必要な二・一人という数をわずかに下回っている。国連は異なる前提で、同一・六人という予測値も示している。つまり入手可能な最高のデータを持つ国連が、二〇五〇年までに人口が安定するか、劇的に低下すると予測しているのだ。わたしの考えでは、後者の方が実態に近い。

世界の先進地域である四四の最先進国に目を向ければ、さらに興味深い事態が浮き彫りになる。現在これらの国で、女性は平均して一・六人の子を産んでいる。つまり、人口はすでに減少していることになる。中進国の出生数は二・九人にまで落ち込み、さらに減少傾向にある。後発発展途上国でさえ、かつての同六・六人から現在は五・〇人に減少しており、二〇五〇年には三・〇人にまで減少すると見られている。問題は、その原因である。原因をたどると、そもそも人口爆発が起こったのはなぜかということに行き着く。ある意味で、人口爆発は自ら止まったのだ。

人口爆発には、二つの同じくらい重要な、はっきりした原因があった。第一が乳児死亡率の低下、第二が平均余命の延長である。いずれも近代医学の発達、食糧供給量の増加、一八世紀末以降の基本的公衆衛生の導入がもたらした成果である。

一八〇〇年の出生率に関して、信頼できる統計データは存在しないが、最良の推定値は六・五人から八・〇人程度と考えられる。一八〇〇年にヨーロッパの女性は、現在のバングラデシュの女性と同じ数の子を産んでいたが、人口は増えていなかった。一八〇〇年に産まれた子どもの大半は、子を産める年齢に達する前に亡くなった。当時も二・一ルールが当てはまり、子どもが八人生まれても、そのうち六人が思春期を迎える前に亡くなっていた。

その後の医学、食糧、衛生事情の改善が、乳幼児死亡数の劇的な減少をもたらし、一九世紀末にはほとんどの子どもが自分の子どもを持つまで生き延びるようになった。乳幼児死亡率は低下したが、家族構成は変化せず、以前と変わらぬ数の子どもが生まれていた。

その理由を理解するのは難しいことではない。まず人間はセックスが好きで、避妊せずにセックスをすれば子どもができるという事実がある。それに当時避妊法はなかった。だがこの頃の人々は、たくさん子どもを持つことを厭わなかった。子どもは富の基盤だったからだ。農耕社会では人手が富をもたらす。読み書きやコンピュータをプログラミングする能力は、草取り、種蒔き、刈り入れには必要ない。老年を迎えるほど長生きした人にとって、子どもたちは老後のよりどころでもあった。社会保障はなくても、子どもたちが面倒を見てくれることを当てにできた。これは慣習ではあったが、経済的にも理に適っていた。土地の所有権や耕作権を持っていたのは父親だった。子どもたちは生活のために土地を利用する許可を父親から得なくてはならず、父親が全権を握っていた。

子どもは家族に繁栄と老後の収入をもたらす存在だったため、できるだけ多くの子を産むことが女性の主な仕事になった。女性が子を産み、母子ともに出産を乗り越えられれば、一家の暮らし向きは良くなった。これは運試しのようなものだったが、家族という観点、あるいは家族を支配する男たちの観点からすれば、試す価値のある賭けだった。情欲と強欲で一杯の人間には、子どもを作らない理由などまずなかった。

慣習はそう簡単には変わらない。家族連れが大挙して都市に移り住むようになってからも、子どもは貴重な資産だった。子どもが六歳になれば、親は旧式の工場に働き手として送り込み、賃金を受け取った。初期の工業社会では、工場労働者といっても農業労働者に毛が生えたようなもので、大した技能は必要とされなかった。だが工場が複雑になるにつれ、六歳児では用をなさなくなった。やがて教育を受けた労働者が必要になり、後にはＭＢＡを取得した経営者が必要になった。

産業の高度化とともに、子どもの経済的価値は低下した。子どもは経済的に役立つ存在でいるために、学校に行って学ばなくてはならなくなった。子どもは家族の所得を増やすどころか、金食い虫になった。衣食住に金がかかる上、子どもが必要とする教育の量も劇的に増えていった。今日の「子どもたち」は二〇代半ばまで学校に通い、それでもまだ一文の稼ぎもない有様だ。国連によれば、世界の先進二五カ国の平均的な学校教育期間は、一五年から一七年間にも及んでいる。

子だくさんの風潮は一九世紀末から二〇世紀初め頃まで続いた。われわれの祖父母や曾祖父母の世代には、一〇人兄弟という人も珍しくなかった。二世代前は、子どもが一〇人いても、そのうちの三人が生き延びれば良い方だった。今ではほとんどの子どもが生き延びる。だが一九〇〇年の経済社会では、子どもは思春期までに全員家を出て仕事を見つけることができた。それがほとんどの子どもの身の振り方だった。

一〇人の子どもは、一八世紀のフランスでは天の恵みだったかもしれない。だが一九世紀末のフランスでは重荷だった。そして二〇世紀末のフランスでは破滅を意味した。現実が十分理解されるまでには時間がかかったが、子どもがほとんど死ななくなったこと、そして子どもを育てるにはとても金がかかるということが、やがて明らかになった。そのようなことから少子化が進み、経済的利益よりも、子どもを持つ喜びのために、子育てがなされるようになった。避妊などの医学の進歩も寄与したが、出生率の低下を促したのは、子どもを産み育てるのにかかる莫大な費用だった。かつて子どもは富の生産者だった。だが今や養育費は顕示的消費〔財力を誇示するための消費〕の最たるものになった。かくして親たちは子どもを育てる必要を、一〇人ではなく、一人の子どもで満たすようになったのである。

さて次に平均余命について考えてみよう。当然ながら、いつの時代にも寿命が延びれば延びるほど人口は増える。平均余命の急激な延びは、乳児死亡率の低下と時を同じくして起こった。一八〇〇年のヨーロッパとアメリカの平均余命は四〇歳程度と推定されるが、二〇〇〇年にはほぼ八〇歳になった。平均余命は過去二〇〇年で実に二倍に延びたのである。

今後もおそらく平均余命は延び続けるが、さらに倍に延びると予想する人はさすがにほとんどいない。二〇〇〇年に七六歳だった先進工業国の平均余命は、二〇五〇年には八二歳になると、国連では予測している。最貧国でも五一歳から六六歳に延びる見込みである。これは確かに延びではあるが、幾何級数的な延びではないし、人口増加率と同じく先細りである。このことも人口増加を抑制する要因として働く。

先進工業世界で数十年前に始まった人口減少のプロセスは、今や後発発展途上国でも進行している。サンパウロで一〇人の子どもを持てば、経済的自滅への道をまっしぐらに進むことになる。慣習が変わるには幾世代もかかるかもしれないが、いつか必ず変わるだろう。そして子どもを現代的な労働力として教育するプロセスがさらに長期化し、教育費用がさらに高騰する中にあって、古い慣習がよみがえることはない。出生率の低下と平均余命の延びの鈍化により、人口増加は終わらざるを得ないのだ。

人口破綻はわれわれの生き方をどう変えるか

ここまでの話は、二一世紀の世界の勢力図とどんな関係があるのだろうか？　これからの章で見ていくように、人口破綻はあらゆる国に影響を及ぼす。それだけでなく、そこに暮らす人々のライフサイクルにも影響を与える。人口が減少すれば、戦闘可能な兵力から、労働力人口、国内の政治闘争に関与する人の数に至るまで、あらゆることに影響が及ぶ。ここで問題にしているプロセスは、一国の人口だけに影響を与えるものではない。その国に暮らす人々の生き方や、ひいては国家の行動をも決定づけるのである。

まず三つの基礎事実をおさらいしよう。一、先進工業国の平均余命は過去最長の八〇歳に届こうとしている。二、女性が生涯に産む子の数は減少している。三、教育期間がますます長期化している。先進国では大学教育が社会的、経済的成功の最低条件と見なされる。大学を卒業する年齢は二二歳が一般的だ。その後ロースクールや大学院に進めば、二〇代半ばまで労働人口に加わらないことになる。もちろん全員がこのパターンに従うわけではないが、従う人の割合はかなり高く、しかも国の政治経済を動かす将来の指導者層の大半がその中に含まれる。

こうしたことを受けて、結婚行動が大きく変化している。晩婚化が進み、出産年齢はさらに上がっている。このことが女性に与える影響について考えてみよう。二〇〇年前の女性は一〇代前半から子供を産み始めた。女性は出産と育児に追われ続けた。子どもを死なせることも多く、このような生活が死ぬまで続いた。それは家族と社会の幸福のために必要な仕事だった。女性の人生の大部分が、出産と育児で占められていた。

二一世紀に、このパターンは一変する。女性が一三歳で思春期に達し五〇歳で閉経を迎えるとすれば、寿命が昔の人の倍近くなった今では、生殖不能な期間が人生の半分以上を占めることになる。二人の子を産むとすれば、妊娠期間は合計一八カ月間、つまり人生の二％程度でしかない。よくあるパターンとして、たとえば女性が三年おいて二人の子を産み、下の子が五歳になって学校に上がると同時に、再び外に働きに出ると仮定しよう。

この場合、女性が出産と育児に専念する合計期間は、人生のうちの八年間になる。平均余命を八〇歳とすれば、この期間が人生に占める割合は、一〇％という驚異的な水準にまで低下する。かつて女性の主要な活動だった出産は、今では数ある活動のうちの一つにすぎない。また一人しか子どもを産まない女性が多いことや、子どもが五歳にならないうちに保育園などの集団託児施設に預ける人が多いことを考え合わせると、女性の人生の成り立ちそのものが変容していることが分かる。

これが、人口動態から見たフェミニズムの原点である。女性が出産と育児に費やす時間が減少するにつれて、五〇年前と比べても男性への依存度は著しく低下している。未婚女性が子を産むことは、昔なら経済的破滅を意味した。だが特に高学歴の女性を取り巻く事情は様変わりしている。経済的必要から結婚を強いられることはなくなった。

そんなわけで結婚をつなぎとめるものは、必要性から愛情に変わった。愛情の問題点は、移ろいやすいことである。愛情ははかないものだ。結婚を続ける理由が感情だけになれば、当然離婚は増える。経済的必要が薄れれば、結婚生活を安定させていた強力な要因が失われる。愛情は長続きするかもしれないし、実際長続きすることも多いが、経済的必要と結びついた場合に比べ、単独では拘束力が弱い。

かつて結婚は、「死が二人を分かつまで」続くのが当たり前だった。昔は死別は早く、頻繁に訪れた。生き延びた子どもが一家庭に一〇人もいた移行期には、結婚生活が五〇年に及ぶことも珍しくなかったが、それ以前は死が結婚生活に早く終止符を打ち、残った方は再婚しなければ経済的に立ちゆかなかった。ヨーロッパには男やもめ（女性が産褥で亡くなることが多かったため、たいてい男性が残った）が生涯に何度も再婚を繰り返す、連続的複婚の慣習があった。一九世紀末から二〇世紀初めになっても、まだ結婚は習慣から非常に長い間持続していた。二〇世紀後半になると新しいパターンが生じ、連続的複婚の風潮が盛り返した。だがこの風潮を増長したのは、死ではなく、離婚だった。

これに別のパターンを重ね合わせてみよう。昔は配偶者の少なくとも一方が一〇代前半で結婚することが多かったが、今の人たちは二〇代後半から三〇代前半に結婚することが多い。また昔は一四歳頃に結婚するまで性体験がないのが当たり前だったが、今では三〇歳で結婚する人に、結婚するまで処女童貞を通すことを期待するのは、非現実的というものだ。思春期を迎えてから一七年間も性的活動をせずに過ごすなどあり得ない。

このようにして、性的に活発だが経済的に自立できない時期が、人生に組み込まれるようになった。そのほか、自活できて性的にも活発だが、意図的に子供を持たない時期もある。伝統的なライフパターンそのものが崩れつつあり、それを置き換えるパターンはまだはっきり現われてはいない。昔は同棲は正式な法的結婚と結びついていたが、今では完全に切り離されている。出産さえもが結婚から切り離され、おそらく同棲からも切り離されているのだろう。平均余命の延長、出生率の低下、そして教育期間の長期化のすべてが、従来の人生や社会生活のパターンの崩壊に寄与している。

この流れを押し戻すことはできない。女性が産む子の数が減っているのは、工業化社会では子だくさんが経済的自滅をもたらすからだ。この事情が変わることはないだろう。子どもの養育には金がかかるし、六歳児を働かせる方法が見つかるはずもない。また乳幼児死亡率が上昇することもない。したがって二一世紀にも、多子化ではなく、少子化の傾向が続くだろう。

政治的影響

ライフパターンが最も多様化したのは、高学歴層である。その一方で、最貧層は産業革命が始まって以来、家庭が家庭として機能しない世界に暮らし続けている。かれらにとってはいつの時代も、計画性のない子作りが当たり前だった。だが大学出の専門家や実業家の階級と、下層階級の間には、人口動態の変容をまだ部分的にしか経験していない、大きな社会階級が存在する。

ブルーカラー労働者やピンクカラー労働者（低賃金で働く現場労働者や女性労働者）には、違うパターンが見られる。中でも最も重要な特徴は、教育期間が短いことだ。そのため思春期から出産までの期間が短い。この集団は若くして結婚し、子どもを持つ傾向にある。夫婦は経済的に深く依存し合っているため、離婚は深刻な経済的ダメージをもたらすことが多い。結婚に感情以外の要素が絡むため、離婚は不倫や婚前交渉などと並んで、非常にゆゆしい問題とされる。

社会的保守派という、小規模だが強力な社会集団を構成するのは、主にこの階層である。なぜこの集団が強力かといえば、それはかれらが伝統的価値観を代表しているからだ。高学歴層が経験している混乱は、まだ価値観とは言えない。かれらのライフスタイルが一貫性のある道徳体系として落ち着くまでには、あと一〇〇年はかかりそうだ。伝統という権威ある立場に立って、首尾一貫した議論を展開できる社会的保守派は、本質的に有利なのである。

だが前述の通り、男女の伝統的な区別は曖昧になっている。女性の寿命が延び、少子化が進むにつれて、女性は都市化や産業化が進む以前に担っていた伝統的な女性の役割を、必要から押しつけられることがなくなった。また家族はかつてのような、重要な経済的手段ではなくなった。離婚はもはや経済的破滅ではなくなり、婚前交渉は避けられなくなった。同性愛や、生殖を前提としない同性婚は、異常なことではなくなった。結婚の基盤が感情にあるのならば、ゲイ同士の結婚も異性婚と同じくらい正当なものになる。結婚が生殖から切り離されるのであれば、ゲイ同士の結婚も論理的に理解することができる。こうした変化はすべて、人口爆発の終焉の一環として生じた、ライフパターンの激変によってもたらされたのである。

したがってカトリック、ユダヤ教、イスラム教など、あらゆる宗教団体の伝統派が、伝統的な生殖パターンへの回帰に重きを置いているのは、偶然ではない。伝統派は決まって大家族を擁護し、それを実践する者も多い。このような文脈においては、早婚や貞操、永続的な結婚などの伝統的な期待や、伝統的な女性の役割を維持することは理に適っている。大切なのは子どもの数を増やすことであり、それが伝統派の信条となっている。それさえあれば、あとはついてくる。

この問題が持ち上がっているのは、先進工業国だけではない。たとえば反米主義者が拠り所とする主張の一つに、アメリカの社会が不道徳をもたらし、女性の不品行を招き、家族を破壊しているというものがある。このテーマはオサマ・ビン・ラディンの声明の中でも、何度となく繰り返されている。世界は変化しており、これまで道徳的と見なされていた行動パターンから遠ざかりつつある。かれはこのプロセスに歯止めをかけたがっているのだ。

こうした問題が、世界各地で論争を呼び起こすと同時に、ほとんどの先進工業国、特にアメリカの国内政治を大きな混乱に陥れている。一方には既存の宗教組織を土台とする、組織化された政治的勢力がある。そして他方には、自らの行動が政治に与える影響に無頓着な、政治的勢力というよりはただもう圧倒的な行動パターンがある。この行動パターンを促しているのが、人口動態上の必要なのである。もちろん、こうした展開のさまざまな側面を擁護する動きはある。ゲイの権利擁護などがそうだ。だがこの変容は計画されたものではない。ただ単に起こっているのだ。

コンピュータとアメリカ文化

今度は視点を変えて、これを科学技術の観点から考えてみよう。アメリカの時代が幕を開けると、アメリカは世界の伝統的な社会生活のパターンを破壊することに利益を見出すようになった。それによって少なからぬ不安定をもたらし、作戦行動の余地を拡げることができるからだ。アメリカ文化は、聖書とコンピュータ、伝統的価値観と過激な革新がぎこちなく融合したものである。だが人口動態と並んでアメリカ文化を作り替え、アメリカの文化的覇権の本当の意味での基盤をなしているのは、コンピュータなのだ。このことが、今後一〇〇年の間にとてつもなく重要な意味を持つようになる。

コンピュータは従来技術からの劇的な脱却であり、理性の新しいとらえ方でもある。コンピュータは定量的データ、つまり数字を操作することを目的としている。データを操作する機械として、他に類を見ない技術である。音楽、映画、書き言葉など、あらゆる情報を数字に還元することから、コンピュータは理性のユニークなとらえ方であるとも言える。

コンピュータは、二進（バイナリ）論理をベースにしている。つまりコンピュータは、正または負の電荷（0または1として扱われる）を読み出す。非常に単純に思われることも、すべてこうした二進数の数字列を使って表わされる。たとえば大文字のAは０１０００００1と表わされる。小文字のaは０１１０００01だ。これらの数字列はマシン語に変換され、そのマシン語は、ベーシック、C++、Ｊａｖａといった言語のいずれかで書かれたコンピュータ・コードによって管理される。

話が少し複雑になってきたので、さしあたって次のことだけを心に留めておいて欲しい。コンピュータにとっては、画面上の一文字から楽節に至るまで、あらゆるものが数字である。どんなものも0か1かに還元される。このコンピュータを操るために、完全に人工的な言語が生み出された。こうした言語の目的は、コンピュータを使って与えられたデータを扱うことにある。

しかしコンピュータは、二進コードで表わせるものだけしか扱えない。曲を再生することはできても、曲を作ったり（少なくともまだ上手にはできない）、その美しさを説明したりすることはできない。詩を記憶することはできても、その意味を説明することはできない。ありとあらゆる本を検索することはできても、正しい文法と誤った文法を区別することは、少なくともうまくはできない。コンピュータは自分にできることはずば抜けてうまくやるが、人間の精神に可能なことの大部分を排除する。しょせん道具にすぎないのだ。

コンピュータは強力で魅惑的なツールだ。だが理性をなしている、ほかのより複雑な要素が欠落した論理を使って仕事をする。コンピュータは、数字で表わすことができるものに徹底的にこだわる。そうすることによって、知識のその他の側面が実在しない、あるいは重要ではないと、人間に思わせるのだ。コンピュータは理性を、物事を熟考するための手段ではなく、物事を達成するための手段として扱い、人間が理性によって意味すること、意図することの幅を著しく狭めている。しかしその狭い範囲の中でなら、驚くべきことができる。

プログラミング言語を学んだ人は誰でも、この言語の持つ論理的厳密さと不自然さを理解している。この言語は、自然な言語のアンチテーゼであると言える。後者が文脈や推論によって決定される機微やニュアンス、複雑な意味に満ちているのに対し、論理のツールはこういったものをすべて排除しなくてはならない。コンピュータの二進論理にそれを扱う能力がないからだ。

アメリカ文化は、コンピュータが使われるようになる以前から存在した。プラグマティズム（実用主義）という哲学概念のもとになっているのは、たとえばプラグマティズムの父、チャールズ・パースの次のような考え方である。「知的概念の意味を究明するためには、その概念の真理性からどのような実践的な効果が必然的に生じるかを考えなくてはならない。こうした効果を足し合わせたものが、概念の意味のすべてである」。言い換えれば、思想の意義は、それがもたらす実践的な効果にあるということだ。裏を返せば、実践的な効果のない思想には意味がないということになる。「観念的理性はそれ自体目的である」という考えそのものが排除されるのだ。

アメリカのプラグマティズムは、ヨーロッパの形而上学に対する、実用性のなさを根拠とした攻撃だった。アメリカ文化は実用性にこだわり、形而上学を軽視した。コンピュータやコンピュータ言語は、理性の実利的概念を完璧に表現したものである。どの命令行も実践的な効果をもたらすものでなければならない。そこでは機能性が唯一の基準となる。命令行がその有用性ではなく、本質的な美しさのために高く評価されるようなことはあり得ない。

プラグマティズムという思想は、C++のような言語に発展したことからも分かるように、理性の領域を徹底的に単純化し、縮小したものである。このような理性が扱うものは限られており、また扱われるものはすべて実践的な効果によって評価される。実践的な効果を持たないものは、理性の領域からことごとく排除され、下位の領域に送られる。つまりアメリカ文化は、真実や美を扱うのが得意ではないということだ。何かを達成することや、自らの行動の意義について考え込まないことが、良しとされる。

このことがアメリカ文化に、絶対的な真理性と、とてつもない推進力を与えている。実用性を他のどんな形態の真理をも超える高みに引き上げたことが、アメリカ文化の罪過とされる。この批判はもっともだが、単純化の持つ力を正しく評価していない。実用性こそが歴史を作るのだ。

アメリカ文化の真髄は、哲学としてのプラグマティズムだけでなく、プラグマティズムの具体的な現われとしてのコンピュータにも見ることができる。コンピュータ以上にアメリカ文化をよく表わしているものはない。そしてコンピュータの到来ほど、世界を急速かつ徹底的に変容させたものはない。コンピュータは自動車やコカコーラなどよりもずっと明確に、アメリカの考える理性と現実を、独特の方法で表現しているのである。

またコンピュータ文化は本質的に粗野である。粗野とはつきつめれば、文化をいかなる逸脱も競争をも許さない、単純な推進力に還元することだ。コンピュータの設計、プログラミング、進化の過程には、還元主義の強力な力が作用している。コンピュータは、自らの複雑さについて深く考え込むような理性ではなく、自らをこの上なく単純な形に変え、自らの存在理由を実践的な効果によって正当化する理性なのだ。

プラグマティズム、コンピュータ、そしてマイクロソフト（を含むすべてのアメリカ企業）は、徹底的なこだわりを持ち、徹底的に実利的で、きわめて効率性が高い。アメリカ文化は確かに分裂しているが、この分裂はコンピュータの粗野な性質と、コンピュータを最終的に活用し方向づける主体である企業という形に、ゆっくりと変容しつつある。企業組織は、ヨーロッパの概念をアメリカ風に仕立て直したものだ。アメリカ版の企業は、一つの生き方と化している。アメリカの企業も、アメリカ文化を成している他の要素と同じくらい分裂している。だが企業はその多様性を通して、アメリカのすべてのイデオロギーと同じ自己確信を表明しているのである。

まとめ

アメリカは社会的には模倣され、政治的には糾弾される。アメリカは国際システムの観念的な断層線上にあるのだ。生殖パターンの変化を受けて人口が減少するにつれて、アメリカは根本から定義し直された社会生活形態の中心地になる。コンピュータや企業ぬきの現代経済はあり得ないし、コンピュータ・プログラムを設計するには、コンピュータの言語である英語ができなくてはならない。この流れに逆らおうとする者は、アメリカの生活、思考様式を意識して避けなければならない。だが他方では、アメリカの様式を採り入れなければ、現代経済の恩恵に与ることはできない。このことがアメリカに力を与え、そしてアメリカを批判する者たちをつねに苛立たせるのである。人口減少は家族や日常生活のあり方を変容させる。コンピュータは人間の思考様式を変容させ、単純化し、集中させる。企業はわれわれの仕事のやり方をひっきりなしに変える。この三つの要素が、愛情、理性、そして日常生活の変容をもたらしており、アメリカはその変容を通じて力を伸ばしているのだ。

古い制度は砕け散ったが、それに代わる新しい制度はまだ現われていない。二一世紀にはいくつもの新しい制度、道徳体系、慣習が、ためらいがちに現われ始める。世界各地で起こる激しい社会的抗争が、二一世紀前半を特徴づけるだろう。そしてこうしたことのすべてが、二一世紀の国家間の闘争を形作るのである。

第3章の概要

- 人口爆発は終焉し、世界の人口構造は大きく変化する。
- 人口の減少は、人々の生き方や国家の行動にも影響を及ぼす。
- アメリカでは人口減少やコンピュータなどが新しい社会を形作り、それは今後世界中に否応なしに広まるだろう。

第４章 新しい断層線

次の地政学的大地震が起こる場所はどこだろうか、そしてその地震はどのようなものになるだろうか？　この疑問に答えるには、二一世紀の地政学的断層線を検証しなくてはならない。地質学的断層線と同様、地政学的断層線もたくさんある。その中で摩擦が高じて紛争に至る地域を特定するには、そのうちのどれが、言うなれば活断層なのかを見極める必要がある。イスラム世界への関心が薄れていくなか、これからの時代に世界で最も不安定な地点になるのはどこだろうか？

現時点で可能性が高いのは、次の五つの地域だ。第一が、きわめて重要な環太平洋地域である。太平洋を支配するのはアメリカ海軍だ。環太平洋アジア諸国はすべて、公海へのアクセスを生命線とする交易国であり、それゆえアメリカに依存している。そのうちの二国、中国と日本が、アメリカの覇権に挑戦し得る大国である。アメリカは一九四一年から四五年まで、環太平洋地域をめぐって日本と戦った経緯があり、この地域の支配は今なお潜在的な争点となっている。

第二に、ソ連崩壊後のユーラシアの命運について考えなくてはならない。この地域は一九九一年以降、分裂と衰退の途をたどっている。ソ連の後継国であるロシアはこの時期をくぐり抜け、新たな自信をもって浮上しつつある。とは言えロシアの地政学的地位は、非常に不安定である。奮起して勢力圏を築かなければ、ロシア連邦そのものが分裂するおそれがある。その一方で勢力圏を生み出せば、欧米との紛争を招きかねない。

第三に、ヨーロッパの最終的な枠組がどのようなものになるかという問題には、また答えが出ていない。ヨーロッパではこれまで五世紀にわたって絶え間ない戦争が繰り広げられてきた。過去六〇年間のヨーロッパは、占領されていたか、そうでなければ戦争の再発を阻止するための連合作りに精を出しているかだった。将来ロシアの復活や、アメリカの横暴や、域内の緊張に再び向き合わなくてはならない時期が来るかもしれない。紛争の火種は確かに残っている。

第四が、イスラム世界だ。この地域に関して気がかりなのは、地域が不安定に陥ることではなく、イデオロギーにとらわれない同盟の基盤たり得る国民国家が出現することである。トルコは歴史的に、イスラム世界の権力中枢として最も成功を収めている国だ。しかも活力に満ちた、近代化をひた走る国でもある。トルコは、そしてイスラム諸国は今後どうなるのだろうか？

第五に、メキシコとアメリカの関係という問題がある。本来ならメキシコの地位は、地球規模の断層線のレベルにまで上昇することはないが、北米大陸に位置することで、表面的な力以上に重要な存在になっている。またGDP規模で世界第一五位（二〇一一年時点）の国として、侮れない実力を秘めている。メキシコはアメリカとの間に根深い歴史的問題を抱えており、今後一〇〇年の間に、いずれの国の政府にも手に負えない社会的勢力を生み出す可能性がある。

今後起こるであろう出来事を正確に特定するために、まずは今あげた出来事のうち、どれが、どの順序で起こる可能性が高いかを検証してみたい。断層線があっても、地震が起こるとは限らない。数千年前から断層線が存在するのに、たまの弱震が起こるだけという場合もある。だがこれだけ多くの大きな断層線があれば、二一世紀に紛争が起こることはほぼ確実である。

環太平洋地域

太平洋西岸地域は、過去半世紀に世界で最も急速な成長を遂げている地域だ。世界有数の経済大国である、日本と中国もここに含まれる。日本と中国は、他の東アジア諸国と同様、海洋貿易への依存度がきわめて高く、ペルシャ湾や環太平洋地域から原材料を輸入し、欧米に製品を輸出している。物品の流れが妨害されれば打撃を被り、妨害が長期に及べば壊滅的な被害を受けかねない。

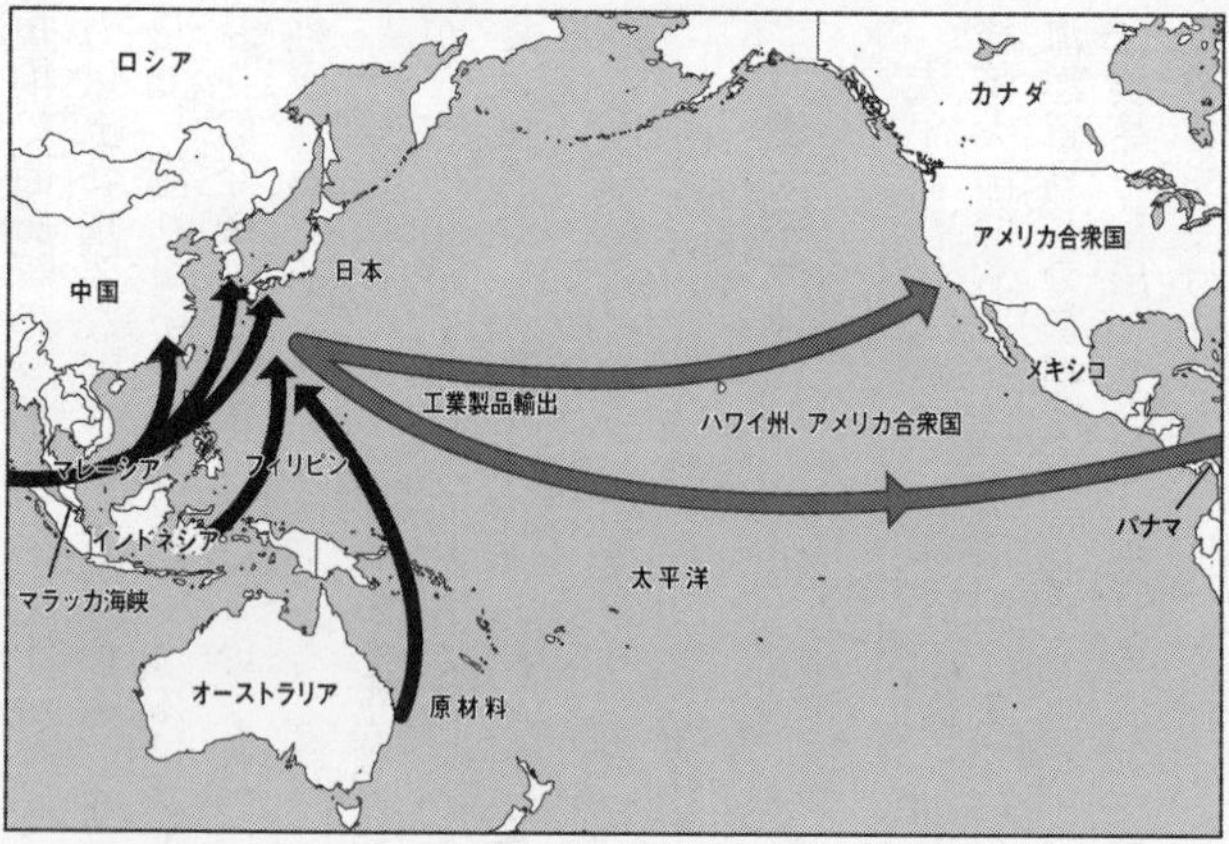

太平洋交易路

世界有数の経済大国であり、主要工業国の中ではこれといった天然資源を産しない唯一の国である、日本について考えてみよう。日本は石油からアルミニウムに至るまで、主要な鉱物資源をすべて輸入に頼っている。こうした輸入品、特に石油がなければ、日本の産業は数カ月のうちに立ちゆかなくなる。日本が一九四一年に真珠湾を攻撃した理由が、アメリカに原材料の確保を阻まれたためだったことを考えれば、こうした物品の流れが日本にとっていかに重要であるかが分かる。

中国もここ数十年にわたって主要経済国をはるかに上回るペースで成長を続け、工業大国として台頭した。中国は今や環太平洋地域の主要国である。一昔前まで、一次産品に関しては日本よりずっと自給率が高かったが、成長するにつれて国産資源では賄えなくなり、原材料の純輸入国に転じた。

そのようなわけで今や環太平洋地域には、経済を動かすための輸入と、経済を成長させるための輸出に大きく依存する、アジアの大国が二つある。日本と中国は、韓国と台湾などと同様に、太平洋へのアクセスなくしては、原材料や製品を輸送することができない。その太平洋をアメリカ海軍が支配することから、両国は経済的繁栄をアメリカに依存していることになる。これは他国に握らせるにはあまりにも大きい命運である。

この問題には別の一面がある。アメリカはアジア諸国の工業製品を大量に消費しており、そのことは国内の消費者に安価な商品を提供するという点で、全体として見ればアメリカの利益になっている。その反面、この貿易パターンはアメリカの国内産業を弱体化させ、特定の経済部門や地域に壊滅的打撃を与えている。消費者にとって利益になることが、他方では失業と低賃金を招き、その結果国内に複雑に絡み合ういくつもの政治潮流が生まれている。アメリカの特徴の一つに、外交政策の自由度が非常に大きいために、国内の政治問題に過敏に反応するということがある。したがってアジア諸国との貿易が全体として利益をもたらしているにもかかわらず、国内の政治的配慮を優先するあまり、対アジア輸入に関する方針の変更を強いられる状況に陥るかもしれない。この可能性がどれほどわずかであれ存在することが、東アジアの利益を深刻に脅かしている。

中国の輸出のほぼ四分の一が、アメリカ向けである。もしもアメリカが中国製品を締め出したり、中国製品の競争力を損なうような関税を適用するようなことがあれば、中国は深刻な経済危機にさらされる。同じことが日本やその他のアジア諸国についても言える。経済破綻に瀕した国は予測不能になる。他の市場の開放を求めて、場合によっては政治的、軍事的圧力を行使して、強引な行動に出かねない。

だが軍事面では、アメリカは他国の太平洋へのアクセスを意のままに遮断することができる。経済面では、アメリカはアジアとの貿易に依存しているものの、その度合いはアジアの対米依存度の比ではない。そしてアメリカは、アジアからの安価な輸入品によって過度に不利益を被る集団からの政治的圧力に弱い。このように、アメリカが国内の政治的圧力から、環太平洋地域との経済関係を見直す可能性がある。こういった場合にアメリカが取り得る措置の一つに、軍事力をバックにした保護貿易法の発動がある。東アジアはアメリカの軍事的、経済的措置に対抗できる有効な手段を持たない。

アジア諸国からすれば、紛争だけは何としても避けたい。だが客観的に見て、ここには圧倒的な勢力不均衡が存在する。アメリカのわずかな政策変更が東アジアに大打撃を与えかねず、実際そうなる可能性は十分ある。アメリカが中国に、たとえば石油輸入を制限するなどの制裁を課すおそれが、中国の国益を大きく損ねている。そのようなわけで、中国は高まる経済力を背景に、アメリカに対抗するための軍事的手段を拡大する必要に迫られる。これは「最善を期待し、最悪に備えた計画を立てよ」という、戦略計画の基本原則に沿った行動にすぎない。

過去五〇年の間に西太平洋地域は飛躍的に経済力を高めたが、軍事力を高めてはいない。この不均衡が、東アジアを脆弱にしている。したがって中国と日本にとって、今後一世紀の間に軍事力の増強を図る以外に道はない。そしてアメリカはこの動きを、自らの西太平洋の制海権に対する潜在的脅威と見なすだろう。つまり、守りの手を攻めの手と解釈するのだ。主観的な意図がどうあれ、客観的にはそう思われても仕方がない。さらに韓国と台湾という、発展を続ける二国が加わることから、この地域が二一世紀の火薬庫になることは間違いない。

それ以上に、石油価格の急騰を現実的な可能性として認識するアジア諸国にとって、アメリカによるエネルギー略奪の脅威は決して無視できるものではない。これは近い将来、つまり今後二〇年から五〇年以内に、きわめて現実的なシナリオになるだろう。理性あるアジアの強国は、これに備えなければならない。アメリカに海上で挑戦できる資力を持つ国は、中国と日本の二国をおいてほかにない。両国は反目し合っているが、エネルギー価格が急騰した場合にアメリカが取り得る行動に対して、同じ懸念を抱いている。

太平洋の支配には、より具体的な問題が絡んでいる。それはエネルギー輸送のためのシーレーン確保という問題だ。石油価格が高騰すればするほど、また非炭化水素燃料の実現が遠ければ遠いほど、シーレーンをめぐって対立が生じる可能性は高まる。この地域における勢力不均衡は深刻である。この著しい不均衡と、エネルギー輸送とアメリカ市場へのアクセスにまつわる問題とが相まって、環太平洋地域は地政学上の巨大な断層線になっているのだ。

ユーラシア地域

二〇世紀後半の大部分を通じて、ユーラシア——中央ドイツから太平洋まで、南はコーカサス山脈とヒンドゥークシュ山脈にまで及ぶ地域——を支配していたのは、ソ連だった。ソ連が崩壊すると、その西部国境は、西ドイツ国境からロシアとベラルーシの国境まで、ほぼ一五〇〇キロメートル東方に後退した。南部国境はヒンドゥークシュ山脈から北へ約一五〇〇キロに位置する、ロシアとカザフスタンの国境にまで後退した。ロシアはトルコ国境から北に、北コーカサス山脈まで押し戻され、今もこの地域における足場を必死に守ろうとしている。ロシアの勢力圏は、過去数世紀になかったほど東方に後退している。冷戦中は、かつてないほど西方にあった。境界は今後数十年の間に、この二つの線の間のどこかに落ち着くだろう。

二〇世紀末にソ連が解体すると、外国勢力が進出してロシア経済を搾取し、ロシアに混沌と貧困の時代をもたらした。またこれらの国は、できるだけ多くの旧ソ連構成国を自らの勢力圏に組み入れようと、すばやく行動を起こした。東欧諸国はNATOとEUに、バルト諸国はNATOにそれぞれ吸収された。アメリカは特に9・11テロ事件後、アフガニスタンで戦争を始めるためにこの地域にアメリカ軍を送り込むことをロシアに許可させて以来、コーカサス地方のグルジアや、中央アジアの多くの「スタン」諸国と密接な関係を結んでいる。中でも重大な意味があったのは、ウクライナが親米路線を打ち出し、ロシアから離反したことである。これはロシア史における一つの限界点だった。

ロシアにとって冷戦後の世界が本当の意味で終焉を迎えたのは、二〇〇四年一二月から二

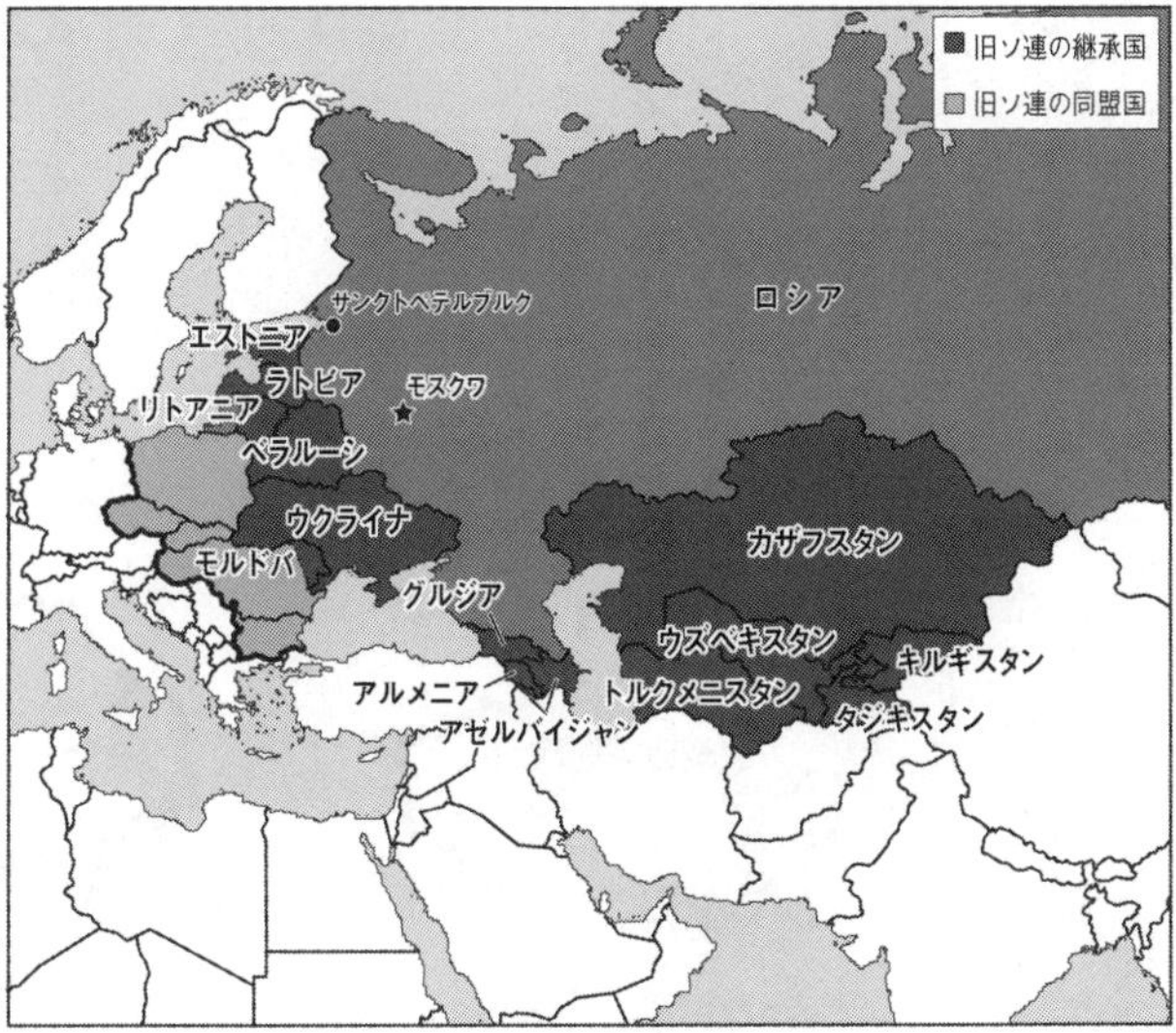

ソビエト連邦の継承国

〇〇五年一月にかけて、ウクライナでオレンジ革命が起きた時である。ロシアはウクライナでのこの出来事を受けて、アメリカがウクライナをNATOに抱き込み、ロシア崩壊の地ならしを図ろうとしていると考えた。率直に言って、ロシアの見方はあながち誤りではなかった。

もしもこの時、西側諸国がウクライナの支配に成功していたなら、ロシアは防衛不能に陥っていただろう。ベラルーシの南部国境と、ロシアの南西部国境が無防備になっていたはずだ。それにウクライナとカザフスタンの西端はわずか四〇〇キロメートルほどしか離れておらず、しかもロシアはこのすき間からコーカサスに勢力を誇示している（上の地図を

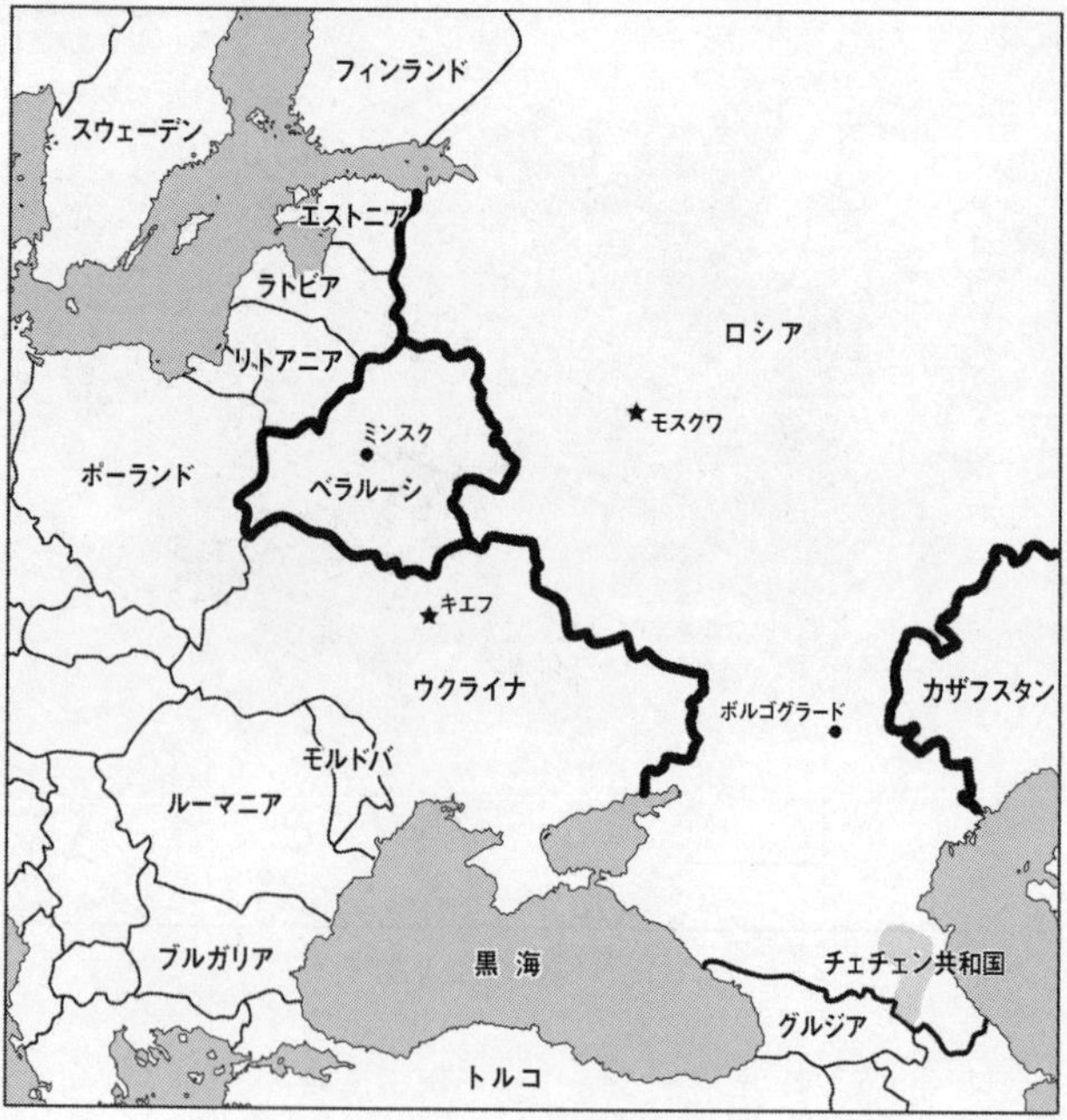

ウクライナの戦略的重要性

参照のこと)。そのため、もしこのような事態が起こっていれば、ロシアはコーカサスを支配する力を失い、チェチェンからさらに北方へ後退せざるを得なくなっていたはずだ。そうなれば、ロシアは連邦そのものが解体し、ロシア本体の南縁もきわめて脆弱になっていただろう。ロシアは分裂を続け、中世当時の境界にまで後退していたはずだ。

もしロシアがこれほどまでに分裂していたなら、ユーラシアに混乱が生じていただろう。そして、アメリカとしてはそのような展開に何の異存もなかったはずだ。前述の通りアメリカの基本戦略は、制海権を守るための最初の防衛線として、いつの時代もユーラシアの分裂を目指してきた。したがってアメリカにはこのプロセスを促す正当な理由があり、ロシアにはそれを阻止する正当な理由があった。

この出来事を、ロシアの弱体化を図るアメリカの試みとして受け止めたロシア政府は、旧ソ連圏での影響力回復を目指す戦略に回帰した。ロシアの影響力の大撤退は、ウクライナで止まった。現在ロシアは、中央アジア、コーカサス、そしてもちろん西方のバルト諸国と東欧諸国の、三方に向かって影響力を拡大している。ロシアにとっては今後十数年間、つまり二〇二〇年頃まで、国家再建とこの地域における勢力回復が最大の関心事になるだろう。

興味深いことに、この地政学的転換は、経済的転換と時を同じくして起こっている。ウラジミール・プーチンは、ロシアを工業大国というより、原材料、とりわけエネルギー資源（特に天然ガス）の輸出国として見ている。エネルギー産業を直接支配ではないにせよ、国家の統制下に置くことで、外国権益を締め出し、輸出志向型（特にヨーロッパ向け輸出）産業への転換を図ろうとしている。エネルギー価格の高騰は、国内経済の安定に役立った。だがプーチンの取り組みは、エネルギー産業の改革に留まらない。ロシアの農産品、木材、そして金やダイアモンドを始めとする鉱物資源を積極的に活用することで、ロシアを貧窮化した失敗国から、貧しいが生産性の高い国に変身させようとしているのだ。またプーチンは、ヨーロッパを威圧する手段をロシアにもたらした。それは、天然ガスパイプラインのバルブである。

ロシアは国境全体を押し戻そうとしている。中でも中央アジアに徹底的に狙いを定めており、この地域ではいずれ成功を収めるだろう。だがそれよりさらに重要なコーカサスでは苦戦を強いられる。ロシアは共和国の連邦離脱を一切許すつもりはない。その結果、ロシアが勢力を回復するにつれて、特に今後一〇年にわたってアメリカや地域の国々との間に摩擦が生じるのである。

だが本当の引火点は、おそらくロシアの西部国境にある。ベラルーシはロシアと再び統合することになる。ベラルーシは旧ソ連構成国の中で経済改革や政治改革が最も遅れ、またソ連の継承国を何らかの形で再現することに最も強い関心を抱いている国である。ベラルーシはロシアと何らかの形で結びつき、ロシアの力を旧ソ連国境に戻すだろう。

バルト諸国から南に向かってルーマニア国境までの地域は、歴史的に国境が曖昧で、紛争が頻発している地域である。この地域の北部には、ピレネー山脈からサンクトペテルブルクまで伸びる細長い平原が横たわっている。ヨーロッパの大きな戦争が戦われたのは、ここだった。ナポレオンとヒトラーが、ロシア侵略を目指して兵を進めたのもこの場所だった。ここには自然の防塞がほとんどない。したがってロシアは国境をできる限り西に押し広げ、緩衝地帯を作る必要がある。第二次世界大戦後、ロシアはこの平原を通ってドイツの中央部に乗り込んだ。今日ロシアは東方に後退している。この地を回復し、国境をできるだけ西方へ移動させなくてはならない。つまりバルト諸国とポーランドは、かつてのように、ロシアにとっていつか片をつけなくてはならない問題になっているのだ。

ロシアの影響力の限界をどこに定めるかという問題には、容易に結論が出ない。アメリカ――と旧ソ連圏諸国――は、ロシアの止めどない拡大を望まない。バルト諸国は、再びロシアの支配下に入ることは何としても避けたがっている。北ヨーロッパ平原の南に位置するカルパチア山脈周辺諸国も同じだ。旧ソ連衛星国、特にポーランド、ハンガリー、ルーマニアは、ロシア軍が国境に戻れば自国の安全保障が脅かされることを当然認識している。またNATO加盟国であるこれら諸国の利害は、必然的にヨーロッパとアメリカの利害に影響を与える。ロシア西方のどこに線を引くかという問題には、まだ答えが出ない。これは歴史的問題であり、過去一〇〇年にわたるヨーロッパの主要課題だった。

ロシアが今後一〇〇年間で世界的な強国になることはない。だがロシアには地域覇権国を目指す以外に道は残されていない。つまり、ロシアがヨーロッパと激しく衝突することは避けられないということだ。ロシアとヨーロッパの境界は、いまなお断層線なのである。

ヨーロッパ

帝国を失い、二度にわたる壊滅的な世界大戦を経験したヨーロッパは、今も再編の途上にある。再編が平和裡に進むかどうかは予断を許さない。ヨーロッパが帝国を取り戻すことはないが、ヨーロッパ域内の戦争が完全に終結したという楽観的な見解は、鵜呑みにはできない。この議論の中心となっているのが、ヨーロッパが死火山なのか、ただの休火山なのかという問題だ。欧州連合（EU）全体のGDPは一四兆ドルを超え、アメリカのそれを一兆ドル近くも上回っている。これほどの富——と富の格差——を抱える地域が紛争を免れる可能性はなくもないが、その保証はない。

ヨーロッパを一つの統一体として扱うことは、実情にそぐわない。欧州連合は存在するが、ヨーロッパの実態は統一体ではない。ヨーロッパを構成するのは、争いを好む多くの主権国民国家である。ヨーロッパと呼ばれる一般実体はあるが、四つのヨーロッパに分けて考えた方が実情に合っている（地理的にはヨーロッパに入るが、ヨーロッパとはまったく異なる力学で動いている、ロシアと旧ソ連諸国は除いた）。

●大西洋ヨーロッパ——大西洋と北海に面する諸国。過去五〇〇年にわたって帝国列強として君臨した。

●中央ヨーロッパ——基本的にドイツとイタリアから成る。これらの国が近代的な国民国家として統一されたのは一九世紀末である。この二国が国益を主張したことによって、二〇世紀の二度の世界大戦がもたらされた。

●東ヨーロッパ——バルト海と黒海にはさまれた諸国。第二次世界大戦中にソビエト軍に占領され、このときの経験を通して国家としてのアイデンティティを醸成した。

●第四が、それほど大きな影響力を持たない、スカンジナビア諸国である。

二〇世紀前半を通じて、大西洋ヨーロッパは世界の輝かしい中心地だった。中央ヨーロッパは後発国であり、挑戦者だった。そして東ヨーロッパは犠牲者だった。二度の世界大戦によって引き裂かれたヨーロッパは、根源的な問題にぶち当たった。ヨーロッパの体制に、ドイツをどのような形で組み込むべきだろうか？　大西洋ヨーロッパの築き上げた帝国主義体制から締め出されたドイツは、体制を覆すことで優位を見せつけようとした。しかし第二次世界大戦の結果、ドイツは荒廃し、分割占領され、東側をソビエト、西側をイギリス、フランス、アメリカの支配下に置かれたのである。

アメリカとＮＡＴＯの同盟諸国にとって、西ドイツは対ソ防衛の要衝だった。だがドイツ軍の復活は、当然ながらある問題を提起した。ドイツの強大化が二度の世界大戦の端緒を開いたというのなら、ドイツの再軍備を促すにあたって、一体何をもってすれば三度目の欧州大戦を阻止できるだろうか？　この答えは、ドイツ軍をＮＡＴＯに組み入れることにあった。つまりドイツ軍を、戦場では事実上アメリカ軍の指揮下に置くことだ。だがより一般的な対策として、ドイツをヨーロッパ全体に統合する必要があった。

ＮＡＴＯが発足した一九五〇年代には、欧州経済共同体（ＥＥＣ）も設立された。これを母体としてできた欧州連合（ＥＵ）は、言うなれば統合失調症の統合体である。ＥＵの主な

四つのヨーロッパ

目標は、加盟国の手に主権を残しつつ、経済統合を実現することにある。その一方でEUは、議会と専門の官僚機構を持つ中央政府の統治する連邦制ヨーロッパへの踏み台と見なされている。そこでは国家主権は地域的問題に制限され、防衛、外交政策に関する主権は全体に委譲されることになる。

　ヨーロッパはこの目標をまだ達成していない。自由貿易圏を創設し、一部の加盟国が採用するヨーロッパ単一通貨を導入したものの、憲法の制定には至らず、各国はまだ独立を保っている。そのためヨーロッパは統一的な防衛、外交政策を打ち出したことが一度もない。防衛政策は、協調政策については NATOに委ねられているが、NATO加盟国には（アメリカを筆頭に）非EU加盟国も含まれる。またソビエト帝国の崩壊後、東欧諸国にもEUとNATOへの加盟が認められた。

要約すれば、冷戦後のヨーロッパは穏やかな混乱状態にあると言える。これまでに生み出されたとてつもなく複雑で曖昧な制度的関係を、ここではとても明らかにすることはできない。ヨーロッパの歴史から見てこれほどの混乱は、本来なら戦争に発展してもおかしくなかった。だがヨーロッパには、旧ユーゴスラビアを別とすれば、戦争を起こす気力も、不安定を求める気持ちも、もちろん紛争への渇望もなかった。ヨーロッパは驚くべき心理的変容を遂げていた。一九四五年以前は殺戮と闘争が、何百年もの間なかば気晴らしのように行なわれていたのに対し、一九四五年以降は欧州機構の概念的混乱でさえ、レトリックを超えた衝突を生み出すことはなくなったのである。

EUの水面下では、ヨーロッパの旧来の国家主義が、ゆっくりとではあるが頭をもたげている。このことはEU加盟国間の経済協議にも表われている。たとえばフランスは国内農業を過当競争から保護する権利や、財政赤字抑制を定めた条約に従わない権利を主張した。したがって、地政学的に見ればヨーロッパはまだ超国家的な連合体にはなっていないのである。

このような理由から、ヨーロッパをアメリカや中国のような一つの統一体として扱うことは実情にそぐわない。ヨーロッパは第二次世界大戦、冷戦、そして帝国喪失の戦争神経症からいまだ立ち直れずにいる、国民国家の集合体なのだ。どの国もきわめて偏狭で、自国の利益をもとに取るべき地政学的行動を決定している。また世界とのつきあいではなく、ヨーロッパ諸国同士のつきあいに重きを置いている。この意味でヨーロッパは、一つの大国というよりは、むしろラテンアメリカに近い行動を取る。たとえばラテンアメリカのブラジルとアルゼンチンは、世界に対して限られた影響力しか持たないことを自覚し、二国間の関係を主な関心事としている。

ヨーロッパにとって、ロシアは差し迫った戦略的脅威である。ロシアの関心はヨーロッパの征服ではなく、旧ソ連諸国に対する支配の回復にある。ロシアからすれば、これは最小限の勢力圏を確立しようとする理にかなった試みであり、実質的な防衛策だという話になる。だがたとえ防衛策であっても、今やヨーロッパの諸機構に組み込まれたバルト三国には直接的な影響が及ぶ。

東欧諸国は当然、ロシアの復活を阻止したいと考えている。だが本当に考えなくてはならない問題は、その他のヨーロッパ諸国、特にドイツがどのような行動に出るかということだ。現在ドイツはロシアとの間に緩衝地があるため、国内の経済、社会問題に好きなだけ専念できる、居心地の良いポジションにいる。その上ドイツには、第二次世界大戦の負の遺産が重くのしかかっている。したがってドイツは単独にではなく、統一ヨーロッパの一翼として行動することを望む。

ドイツがどのような立場を取るかは、予測がつかない。ドイツはその地政学的な立場上、国益を主張することがこの上なく危険であることを、身をもって学んだ国である。一九一四年と一九三九年には地政学的脅威に果断に立ち向かったが、そのつど壊滅的な結末を招いた。そんなことからドイツは、広範な協調体制を離れた政治的、軍事的策略に携われば、重大な危険にさらされると分析するだろう。また大西洋ヨーロッパ諸国は、ドイツをロシアに対する緩衝国と見なしているため、バルト諸国におけるいかなる脅威も、自分たちの利害には無関係と見なすだろう。そんなわけで大西洋ヨーロッパ諸国は、ドイツがロシアに立ち向かうために必要とする同盟に加わろうとしない。したがってドイツは静観し、アメリカは限定的に関与し、ロシアの力はヨーロッパとロシアの国境地帯に徐々に戻る、という筋書きが最も実現する可能性が高い。

だがシナリオはもう一つある。このシナリオでは、ロシアがバルト諸国を支配すればポーランドが重大な危険にさらされることを、ドイツが認識する。ポーランドを国家安全保障の要衝と見なすドイツは、バルト諸国の防衛を通してポーランドを守ろうとする前進政策を実行に移す。ドイツはバルト海沿岸部の支配へと動くが、ロシアが黙ってこの地を放棄するはずもない。その結果、ドイツはポーランドとカルパチア地域での勢力拡大をめぐる、ロシアとの長引く紛争に巻き込まれるのである。

このようにドイツは必要に迫られて、攻撃的な過去とも、他のヨーロッパ諸国とも決別する。関わり合いを避けようとする他のヨーロッパ諸国をよそ目に、ドイツは昔ながらの武力外交を展開する。そうするうちに実力、潜在力ともに蓄え、心理状態も変化していく。統一ドイツは突如として、自己の存在を主張し始める。防衛として始まったことが、予期せぬ形で展開するのである。

このシナリオが実現する可能性はそれほど高くない。だがドイツは状況次第では昔ながらの役回りに戻って、ロシアを重大な脅威ととらえ、ポーランドを始めとする東欧諸国を自らの勢力圏の一部として、またロシアから身を守るための手段としてとらえるようになるかもしれない。これが実際に起こるかどうかは、ロシアがどれほど攻撃的な動きに出るか、バルト諸国がどれほど粘り強く抵抗するか、ポーランドがどれほどのリスクを取る覚悟があるか、そしてアメリカがどれだけの距離を置こうとするかによって決まる。最後に、ドイツの国内政治によっても決まる。

ヨーロッパは内面的には弱々しく、喪失のショックからいまだ立ち直れずにいる。だがイスラム系移民や、ロシアの帝国再建の動きといった外部の力が、古い断層線をさまざまな形でよみがえらせる可能性はある。

イスラム世界

本書ではこれまでイスラム世界全体を、一本の断層線として説明してきた。当面の危機は食い止められようとしているが、イスラム世界は全体としてまだまだ不安定である。不安定な状態が凝固してイスラム教徒の一斉蜂起に帰着することはないものの、イスラム系国民国家がこの不安定や他国に潜む弱さにつけ込み、地域覇権国として名乗りを上げる可能性は確かに高まっている。世界最大のイスラム国家であるインドネシアは、自己の存在を主張するような状態にない。パキスタンは世界第二のイスラム国であり、核保有国でもあるものの、国内に深刻な分裂を抱えることから、主要国に発展するとは考えがたい。地理的に見ても、西をアフガニスタン、北を中国とロシア、東をインドに包囲されているため、勢力を伸ばすことは難しい。この不安定な状態と地理的状況を考えれば、パキスタンがイスラム教の主要国として台頭することはないはずだ。

インドネシアとパキスタン以外に、主要なイスラム系国民国家は三つある。規模の大きい順に挙げると、人口八〇〇〇万人のエジプト、七一〇〇万人のトルコ、そして六五〇〇万人のイランである。

三国の経済規模を見ると、トルコのGDPは約六六〇〇億ドルで世界第一七位、イランは三〇〇〇億ドル弱で二九位、そしてエジプトが約一二五〇億ドルで五二位につけている。トルコ経済は過去五年間にわたって、年五％から八％のペースで成長を続けており、主要国でも屈指の持続的成長率を誇っている。イランも一時的に景気が後退した二年間を除けば、五年にわたって六％を上回るGDP成長率を維持しており、エジプトも同様である。だがこの二国は成長著しいとはいえ、もともとの経済基盤ではトルコに及ばない。他方トルコはヨーロッパではすでに第七位の経済規模を誇り、ほとんどのヨーロッパ諸国を凌駕するペースで成長を続けている。

もちろん経済規模がすべてではない。地政学的に見れば、イランがこの三国の中で最も攻撃的であるように思われる。だが実はこのことはイランの根本的な弱点でもある。イランはアメリカ、イスラム教スンニ派、そして反イランのアラブ諸国（イランはアラブ国家ではない）から体制を守るために、つねに時期尚早に強引な行動を取らざるを得ない。そうするうちにアメリカの注意を引くことになり、アメリカは必然的にイランを危険な勢力と見なし、イランに関心を移すのである。

イランはペルシャ湾とイラクに権益を有することから、イランの目標はアメリカの目標とかち合う。その結果イランは、地域覇権国になるために経済を急速に発展させなくてはならないその時期に、アメリカからの攻撃の危険性から身を守ることに資源を振り向けざるを得なくなる。ここで重要なのは、イランがアメリカを苛立たせるということだ。アメリカは十分危機感を募らせれば、イランを壊滅させることもあり得る。イランはまだ地域覇権国の座につく準備ができていない。いつもまだ機が熟していない時に、力を分散せざるを得ないのだ。世界最強の国に一挙手一投足を注視されながら地域覇権国を目指すことは、控えめに言っても容易なことではない。

地理的な問題もある。イランはこの地域の周縁部に位置する。東に控えるアフガニスタンからは、ほとんど得るものがない。北に少しでも勢力を伸ばそうものなら、ロシアとぶつかる。イラクの方向に動くことはできるが、やはりアラブ諸国とアメリカの反撃の集中砲火を浴びて、泥沼に陥るおそれがある。イランがこの地域で勢力を拡大するのは容易なことではない。どう動いたところで、価値に見合わない代償を支払う羽目になる。

エジプトはアラブ世界最大の国にして、伝統的リーダーである。ガマル・アブデル・ナセルの下で重要な働きを担ったことで、アラブ世界のリーダーにのし上がった。だがアラブ世界は深く分裂しており、エジプトはサウジアラビアなどの主要国を、図らずも敵に回してしまった。一九七八年のイスラエルとのキャンプ・デービッド合意成立後、エジプトは勢力拡大をやめた。どのみち成功したはずもなかった。エジプトの経済状況や、相対的な孤立性、偏狭性を考えると、この国が近い将来地域覇権国になるとは考えがたい。むしろトルコであれ、アメリカ、ロシアであれ、他国の勢力圏に入る可能性の方が高い。それが、過去数世紀にわたってエジプトが実際にたどってきた運命なのである。

トルコの場合はまったく事情が異なる。トルコは近代的な経済大国であるばかりか、地域でずば抜けて大きな――イランをも凌駕する――経済規模を有している。おそらくイスラム世界唯一の近代的な経済国家でもある。そして何よりヨーロッパ、中東、ロシアにはさまれた、戦略上有利な場所に位置する。

トルコは隔離されても封じ込められてもおらず、いくつもの方向に動くことができる。また最も重要なことに、トルコはアメリカの国益に挑戦しないため、アメリカの脅威に絶えずさらされずにすむ。つまりアメリカを阻止することに資源を振り向ける必要がない。トルコは現在の経済成長をもってすれば、近いうちに旧来の役割に立ち返り、地域覇権国として再び浮上するはずだ。

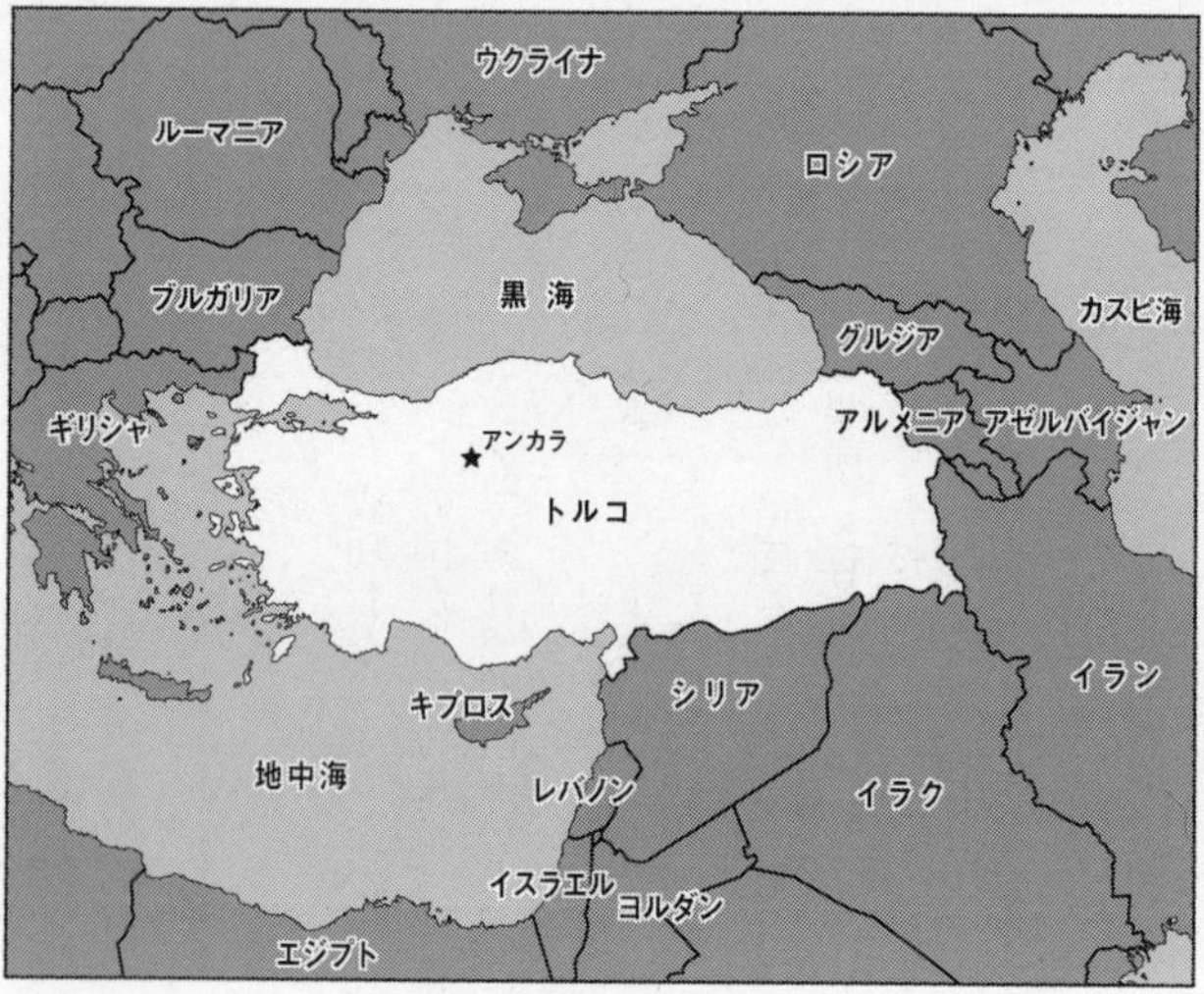

2008年のトルコ

トルコが第一次世界大戦まで大帝国の中枢だったことを忘れてはならない（左ページ上の地図を参照のこと）。帝国を喪失してからは、イスラム教徒の国民を統治する世俗主義国家になった。だがトルコは一九一八年まで、世界最強のイスラム国家だったのである。オスマン帝国は、一四世紀から一六世紀の全盛期には広大な領土を支配し、強大な力を持っていた。

一六世紀になると地中海の覇権国として、北アフリカやレバント地方〔東部地中海沿岸地方〕のみならず、南東ヨーロッパ、コーカサス、アラビア半島をも支配に組み入れた。

トルコは世俗政権と、その政権を守ることを憲法によって定められた軍隊、そして高まりつつあるイスラム主義運動を

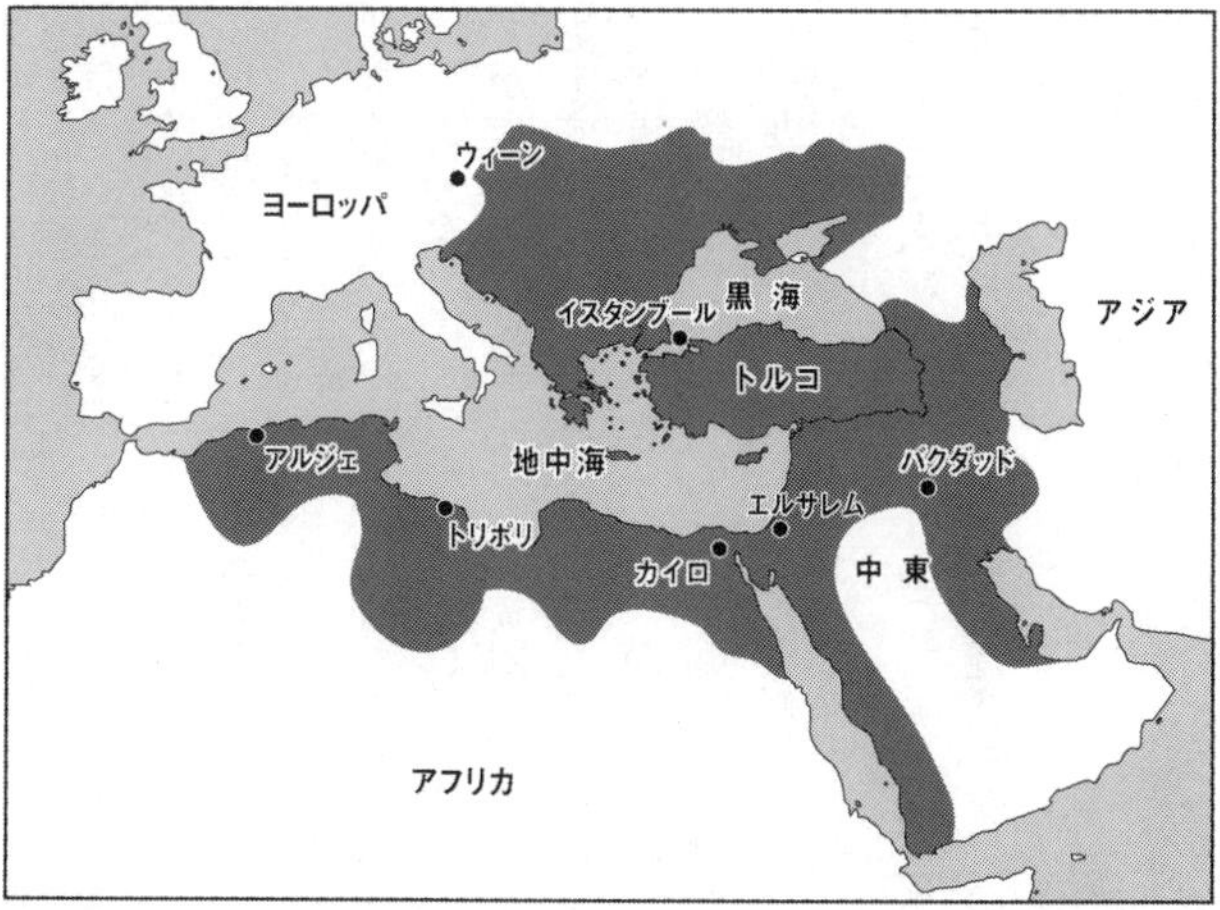

オスマン帝国

抱える、内面的に複雑な社会である。最終的に国内がどのような形で統治されるかは予断を許さない。しかし二〇〇三年のアメリカのイラク侵攻後にイスラム世界が大破したことを踏まえ、この地域で侮れない国になるのはどの国かを考えれば、それがアメリカの同盟国であり、地域最大の経済国である、トルコをおいてほかにないことは明らかである。

メキシコ

一九五〇年に、今から半世紀後には、日本とドイツが世界第二位と三位の経済大国になっていると予測した人は、世間の失笑を買ったことだろう。一九七〇年に、中国が二〇〇七年までに世界第四位の経済大国になると予測した人は、さらに笑い飛ばされたことだろう。だが一八〇〇年には、アメリカが一九〇

○年までに世界の主要国になるという予測も、同じように荒唐無稽に感じられたはずだ。状況は絶えず変化するため、つねに不測の事態を予測しなければならない。

したがってメキシコが二〇〇七年に世界第一五位という、オーストラリアに肉薄する経済規模を持っていたことを忘れてはならない。もちろん一人あたり国民所得で見ると順位は大きく下がり、国際通貨基金（ＩＭＦ）の推計によれば約一万二〇〇〇ドルでトルコと並んで世界六〇位だが、それでも押しも押されもせぬ大国である中国のはるか上位に位置する。

一人あたり国民所得は確かに重要だ。だが国際的な影響力にとっては、経済全体の規模の方がより一層重要である。貧困はもちろん問題だが、軍事関連費に充当できる原資の規模を決定するのは、経済規模なのだ。ソ連と中国は、どちらも一人あたり国民所得は低かったが、経済規模がとてつもなく大きかったために、強国になることができた。実際歴史を振り返れば、貧しくても巨大な経済と莫大な人口を併せ持つ国が、侮れない国になっている。

一九五〇年に約二七〇〇万人だったメキシコの人口は、その五〇年後に一億人、そして二〇〇五年には一億七〇〇〇万人にまで急増した。国連の予測では、二〇五〇年の人口は一億一四〇〇〇万人から一億三九〇〇万人の間になるという（前者の方が可能性が高いとされる）。過去五〇年間で約四倍に増えたメキシコの人口は、今後五〇年間で基本的に安定するだろう。だがメキシコは先進工業国と違って人口減少に悩まされることはなく、発展に必要な労働力を確保することができる。これがメキシコの強みになる。したがって人口という規模から言えば、メキシコは小国ではない。麻薬やカルテルに苦しむ不安定な国ではあるが、中国でさえ一九七〇年には混沌としていた。混沌は克服できる。

メキシコと似たような国でも、重大な地政学的断層線と見なされていない国はたくさんある。だがメキシコは、そうしたブラジルやインドのような国とは根本的に異なる。メキシコの位置する北米大陸は前述の通り、今や国際システムの重心である。またメキシコは大西洋と太平洋の両方に面し、長く緊張をはらんだ国境をアメリカと接している。メキシコは北米の支配をめぐってアメリカと過去に大きな戦争を戦い、敗北を喫した。メキシコの社会と経済はアメリカのそれと複雑に結びついている。このように戦略的に有利な位置を占めていること、そして国家としての重要性を増していることが、メキシコを潜在的な断層線にしているのだ。

断層線の性質を理解するために、国境地帯という概念に簡単に触れておこう。隣り合う二国の間には、長年の間に両国の係争地となった地域が存在することが多い。こうした地域には、多様な国籍や文化を持つ人たちが暮らしている。たとえばフランスとドイツの間のアルザス・ロレーヌ地方には独特の混合文化があり、また住民によってどちらの国に忠誠を誓うかが異なる。フランス語、ドイツ語、そして両方が混じる方言が話されている。現在はフランスがこの地方を支配している。だがどちらの国に支配されようとも、この地域が二つの文化と、その根底に潜む緊張を抱える国境地帯であることに変わりはない。世界にはこのような国境地帯がたくさんある。たとえばイギリスとアイルランドの国境地帯と考えられる、北アイルランドがある。カシミールは、インドとパキスタンの国境地帯だ。そのほかロシアとポーランドの国境、コソボの国境、セルビアとアルバニアの国境、そしてフランス系カナダとアメリカの国境などにも例が見られる。これらは緊張の度合いこそ違えど、すべて国境地帯である。

アメリカとメキシコの間にも、メキシコ人とアメリカ人が混合文化を織りなす国境地帯がある。国境地帯は正式な国境の両側に広がっている。国境のアメリカ側は、アメリカのほかの地域とは趣を異にするし、メキシコ側もメキシコのほかの地域とは異質である。他の国境地帯と同じように、ここも独特の場所ではあるのだが、ほかと違う点が一つだけある。国境のどちら側に住んでいようと、メキシコ人はメキシコと深く結びつき、アメリカ人はアメリカと深く結びついているのだ。異なる経済と文化が混じり合う陰には、絶えまない政治的緊張がある。特にこの地域にこの傾向が強いのは、メキシコ人がたえず国境地帯へ、そして国境を越えてアメリカ全土に移動しているからだ。国境を南下してメキシコに移住するアメリカ人は、この限りではない。

ほとんどの国境地帯で領有国が何度も変わっているのに対し、アメリカ・メキシコ国境地帯はこれまで一度しか変わっていない。

メキシコの北部地方は、一八三五年から三六年にかけて起こったテキサス革命以降、一八四六年から四八年のアメリカ・メキシコ戦争（米墨戦争）で決着がつくまでの間に、徐々にアメリカに吸収された。この地域が、今日のアメリカ南西部にあたる。国境はリオグランデ川と定められたが、後に西方に移され、アリゾナ州南部がアメリカに組み入れられた。メキシコ先住民は強制排除されたのではない。かれらはこの地域に住み続けたが、その後数の上ではるかに多いアメリカ人開拓者が東方から押し寄せ、地域を占領するようになった。二〇世紀後半になるとメキシコから国境地帯へ、そして国境地帯を越えてアメリカ国内へと向かう別の人口移動が起こり、人口構成はさらに複雑になった。

一般的な移住と、国境地帯に見られる人口移動とは、まったく別物である。通常、移民集団は異国にやって来ると、自国から物理的に引き離され、子どもたちをいつしかその国の文化や経済に引きずり込む、強力な力に取り囲まれる。だが国境地帯への移動はこれとは違う。それは故郷を拡張する動きであって、故郷からの離脱ではない。国境は単なる政治的境界であって、文化的、経済的境界ではなく、移民は生まれ故郷から距離的にそれほど離れるわけではない。物理的にまだ母国とつながっているため、かれらの忠誠心は複雑で移ろいやすい。

国境地帯に移り住むメキシコ人は、たとえばシカゴに住むメキシコ人とは行動パターンが異なる。シカゴのメキシコ人は、むしろ一般的な移民に似た行動を取る。だが国境地帯のメキシコ人は、外国ではなく、占領地に住んでいるという意識を持つ場合がある。革命以前にテキサスに住んでいたアメリカ人開拓者も、同じような意識を持っていた。かれらはメキシコの住民ではあったが、自分たちが基本的にアメリカ人だという自意識を持っていた。かれらの始めた分離独立運動が、テキサスをメキシコから分離させたのである。

ある時点で、国境地帯の領有状態は、軍事力と政治力で決まるようになる。国境地帯は強い方の側に属し、どちらが強いかという問題には、戦場で決着がつけられる。政治的境界は

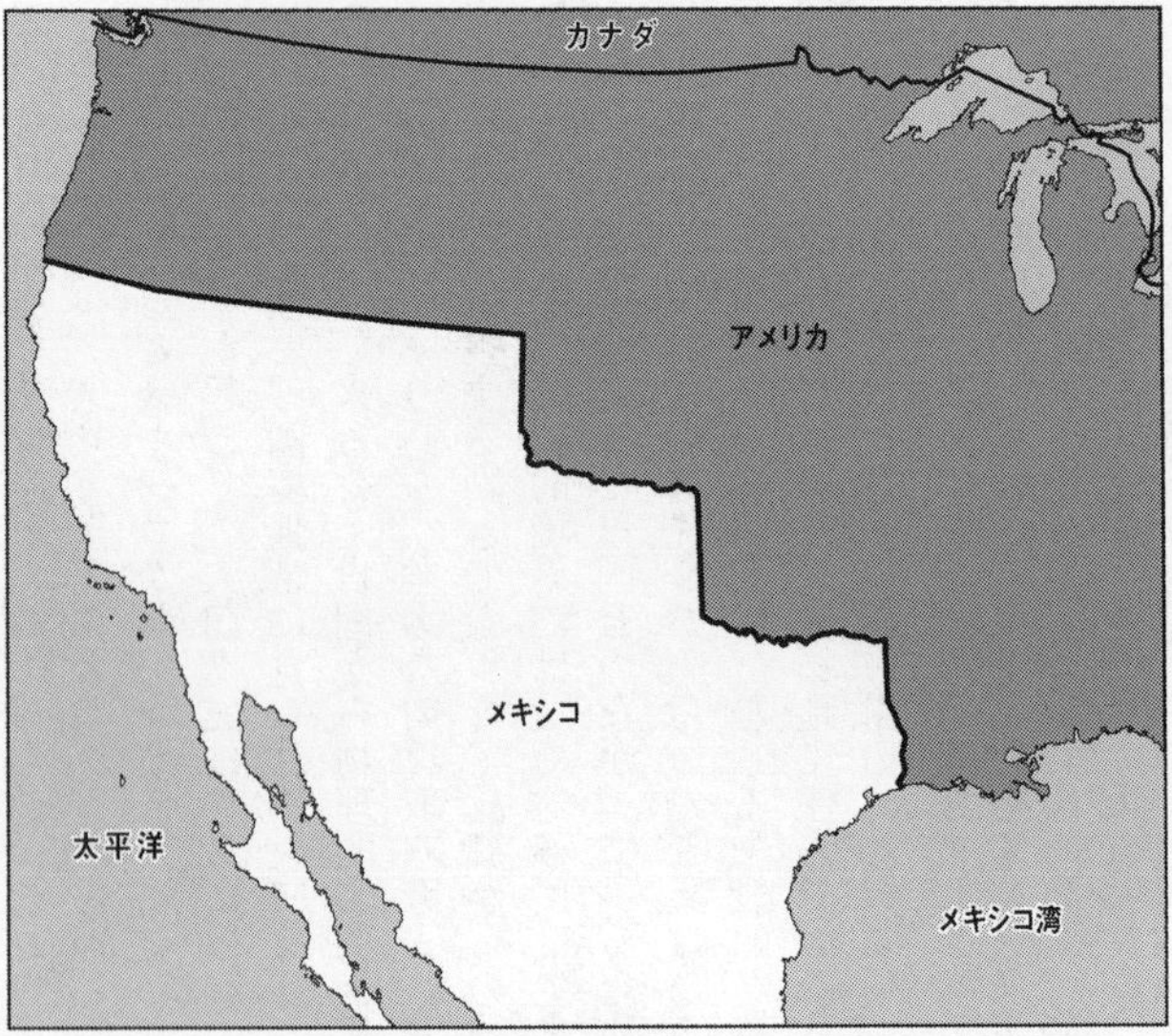

テキサス革命以前のメキシコ

一八四八年以降、アメリカの圧倒的な力をもって固定されている。国境を越えて住民は移動し、密輸も行なわれる。だが政治的境界は、軍事的現実によって固定されている。

今世紀末には、国境が現在の位置に定められて二〇〇年が経過したことになる。その頃にはメキシコが再び力を高め、国境地帯のアメリカ側の人口構成が激変して、政治的国境が持ちこたえられなくなっているかもしれない。メキシコは世界第一五位の経済大国どころか、余裕で十傑入りしている可能性が十分ある。これより数奇なことはいくらでも起きているのだ。アメリカとの自由貿易もメキシコの躍進を助けるだろう。現在メキシコより上位にランクされている国の多くは、深刻な人口問題を抱えるヨーロッパ諸国である。
アメリカ・メキシコ国境における衝突がどれほどの激震をもたらすかを考えれば、この国境が侮れない断層線であることに疑問の余地はない。

まとめ

アメリカの対テロ戦争後、次に挑戦をもたらすと考えられる場所は二つある。メキシコとトルコは、明らかにまだ世界で重要な役割を担う準備ができていない。ヨーロッパは今後も内向きで分裂した状態が続き、さまざまな出来事に反応することはあっても、自ら事を起こすことはないだろう。となれば残る断層線は二つ、太平洋とユーラシアである。そして二〇二〇年という文脈で考えれば、浮上する可能性のある国は二つ、中国とロシアだ。第三の可能性として、二〇二〇年という文脈に限ればそれほど可能性は高くはないものの、日本が挙げられる。だが日本の行動は、中国の行動に大きく左右される。したがって注意深く検証する必要があるのは、中国とロシアの地政学的立場ということになる。これを検証することにより、どちらが先に活断層になるのか、また今後一〇年の間にどちらがアメリカにより大きな挑戦を呈するかを予測することができる。

ここまで地政学的観点から論じてきたのは、いわゆる「組織的」紛争についてである。冷戦は組織的紛争だった。それは国際システムそのものを規定するようなやり方で、二つの超大国を対立させた。ほかにも紛争はあったが、そのほとんどがこの重大な紛争の渦に呑み込まれた。アラブ・イスラエル戦争からチリの政争、コンゴの独立運動まで、すべての紛争が冷戦に呑み込まれ、冷戦によって方向づけられていた。二度の世界大戦も、こうした組織的紛争だった。

このような紛争には当然ながら、その時々の地政学的覇権国が関わることになる。つまりアメリカは確実に関わらざるを得なくなる。それに当然ながら、アメリカはあらゆる重大な対立に、自ら進んで関与するだろう。万一ロシアと中国が対立することになった場合、アメリカが無関心でいたり、中立を守るようなことは到底考えられない。対立の結果は、アメリカにきわめて大きな影響を及ぼすからだ。さらにいえばロシアと中国は、アメリカが戦争に関わらないという絶対的な保証がない限り、戦を交えることはない。アメリカはあまりにも強力であり、どちらか一方と同盟を組めば、もう一方の敗北が確定する。

アメリカとの対立を招くような行動を取る可能性が高いのは、中国とロシアのどちらだろうか？　前述のアメリカの基本戦略を考えれば、アメリカは自ら紛争を始めようとはしないはずだ――分裂したユーラシア大陸で、アメリカの利益を脅かすほど揺るぎない立場に立つ、攻撃的な地域覇権国に直面しない限りは。したがってこれからの数十年を展望するには、中国とロシアの性向について考える必要がある。まずは誰もが最も重要視する強国から始めよう。そう、中国だ。

第4章の概要

- 次の紛争の火種になりそうな場所は、東アジア（中国、日本）、旧ソ連圏、ヨーロッパ、イスラム世界（特にトルコ）、メキシコである。
- 二〇二〇年という文脈では、中国とロシアが最重要となる。

第5章 二〇二〇年の中国
——張り子の虎

未来に関するいかなる議論も、まず中国を論じないことには始まらない。世界の人口のほぼ四人に一人が中国に住んでいる。また中国が今後グローバルな強国になるかどうかという問題をめぐって、幾多の議論が繰り広げられている。中国はここ三〇年で飛躍的な経済成長を遂げ、今や紛れもない主要国である。だが成長が三〇年間持続したからといって、この先もずっと成長が続くということにはならない。むしろ、中国がこのペースで成長を続ける確率が低下しているというのが実際のところだ。そして中国の場合、成長が減速すれば、社会的にも政治的にも重大な問題が生じる。わたしは中国が世界の主要国になるという説には賛成しないし、中国が統一国家として持ちこたえるとさえ考えていない。だが中国を論ぜずして、未来のことは論じられないという意見には賛成する。

地理的条件からすれば、中国が活断層になる可能性は低い。中国が紛争地帯になることがあるとしても、それは中国から攻撃を仕掛けたというよりは、むしろ他国に弱みにつけ込ま

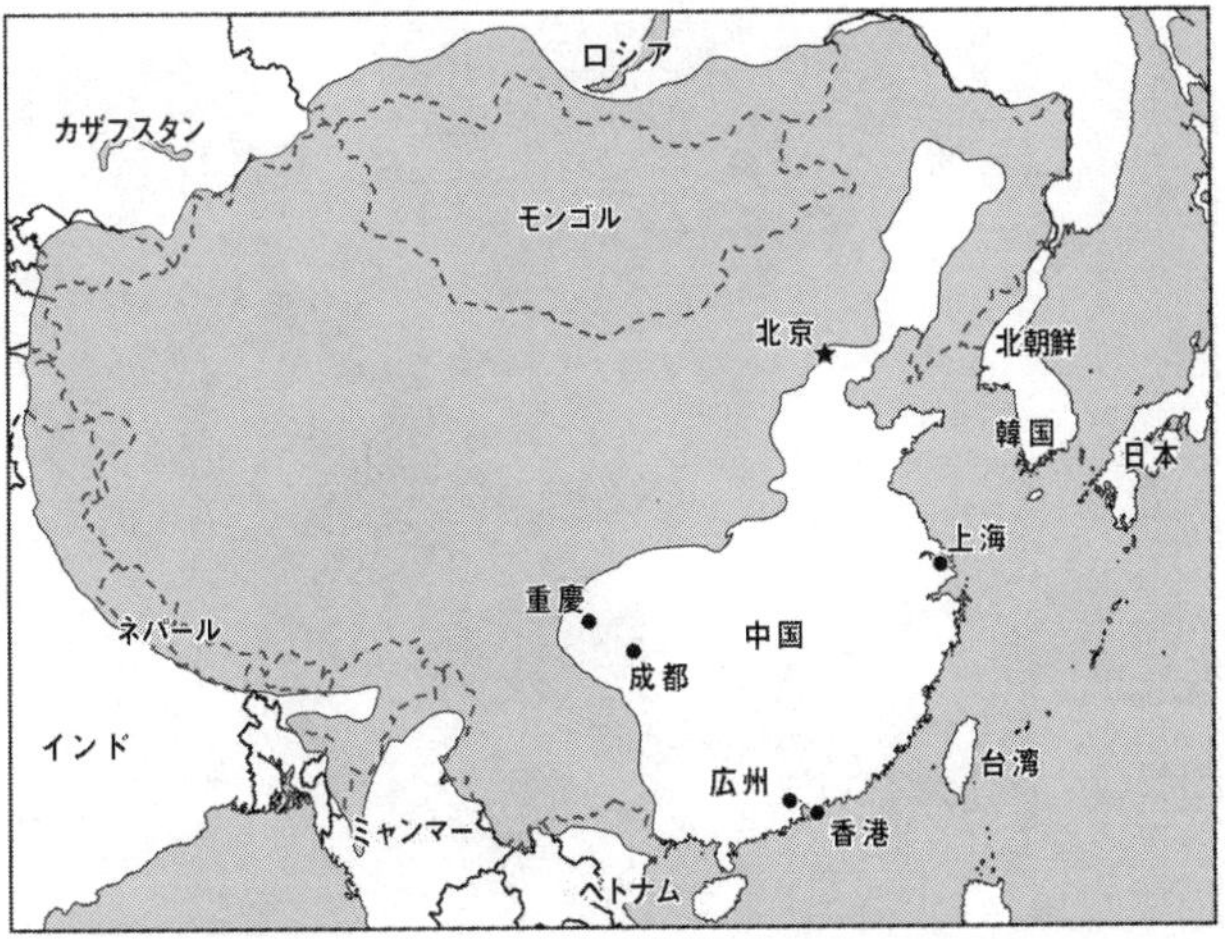

中国：通過不能な地形

れ餌食にされた場合である。中国の経済基盤は見かけほど強固ではない。またこの国の政治的安定は、急成長が持続するかどうかに大きく依存するため、さらに不確かである。それでも中国が重要なのは、近い将来世界的な挑戦国になる可能性が——少なくともわたし以外の人には——最も高いように思われるからだ。

ここでも地政学という枠組を使って、まず基本事項を確認しておこう。

第一に、中国は「島国」である。もちろん四方を海に囲まれているわけではないが、通過不能な地形や荒れ地に囲まれており、他の地域から事実上隔離されている（上の地図を参照のこと）。

中国の北方には人口まばらで横断が困難な、荒涼としたシベリアとモンゴルの大草原地帯が控えている。南西には通過不能な

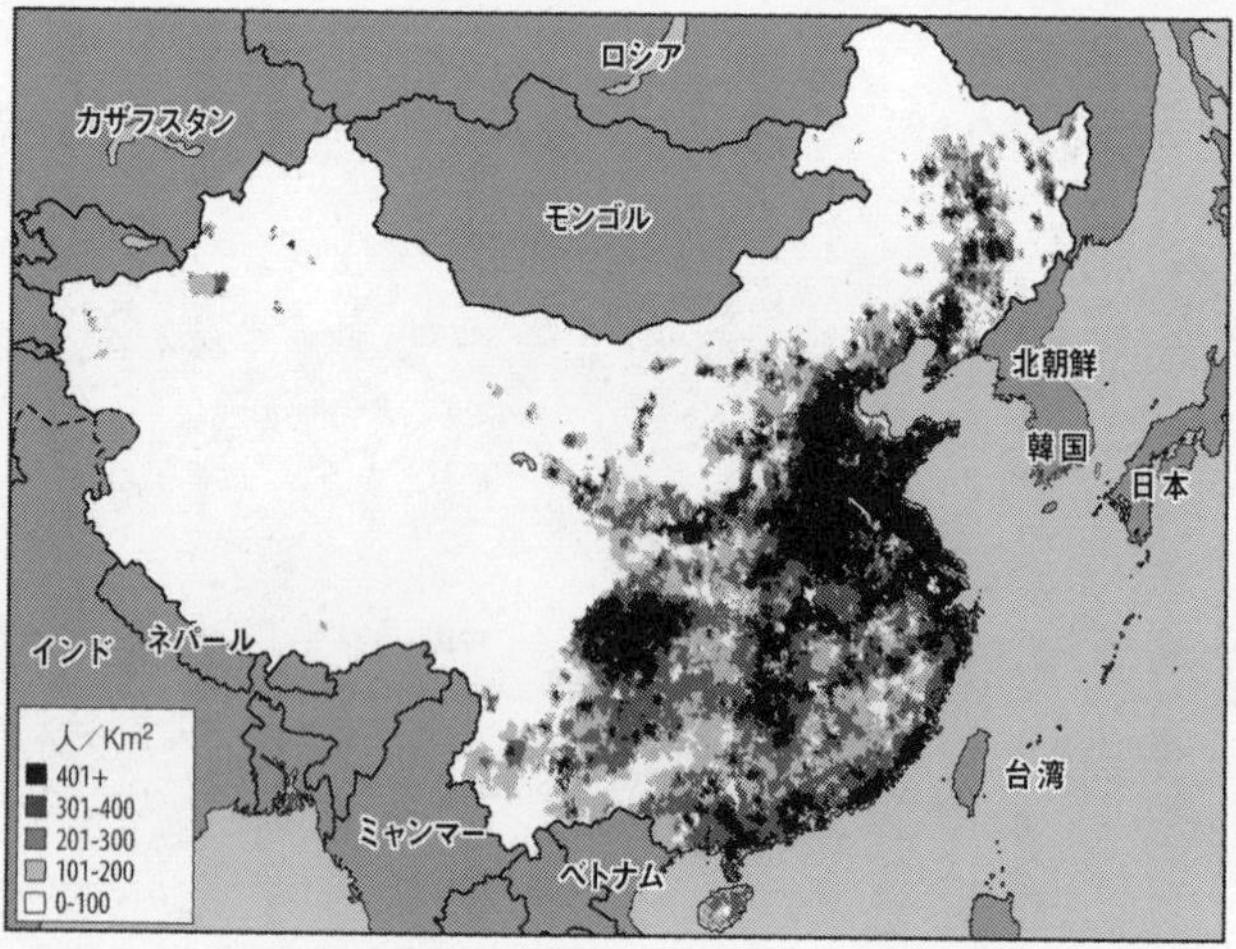

中国の人口密度

ヒマラヤ山脈がある。ミャンマー、ラオス、ベトナムと接する南部国境は山あり密林ありで、東には大洋が広がる。カザフスタンと接する西部国境だけが大人数の移動が可能だが、それでも、中国史ではめったに報われることがないほどの労苦をかけなければ移動できない。

中国の人口の大半が沿岸から一五〇〇キロメートル以内、つまり国土の東三分の一に集中しており、残りの三分の二は人口密度が著しく低い（上の地図を参照のこと）。

中国が完全に征服されたことは一度しかなく――一二世紀にモンゴル民族の征服を受けた――現在の国境を越えて勢力を拡大したことはほとんどない。歴史を振り返ってみると、中国は攻撃的な国ではなく、外の世界とは断続的にしか関わりを持っていない。中国がつねに国際貿易に携わってき

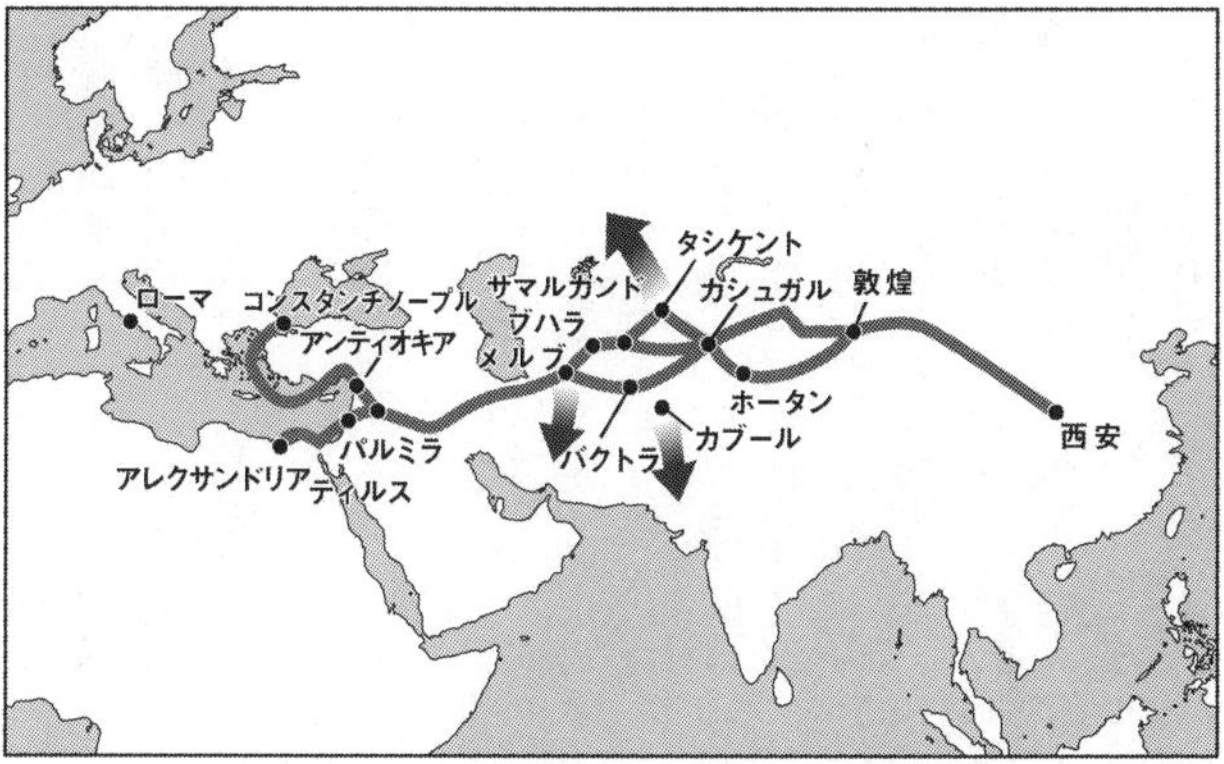

シルクロード

たわけでなく、周期的に鎖国を行ない、外国との接触を避けていることを忘れてはならない。中国は貿易に従事する時期には、中央アジアを通るシルクロードなどの陸路や、東部の港から出航する商船を利用している（上の地図を参照のこと）。ヨーロッパが遭遇した一九世紀半ばの中国は、鎖国期に入っていた。統一こそされていたが、まだまだ貧しかった。ヨーロッパは中国を侵略し、沿岸部に盛んに貿易を行なわせた。これには二つの影響があった。一つは、貿易に従事した沿岸部の富が飛躍的に増大したこと。もう一つは、沿岸部と貧しい内陸部の貧富の差が大幅に拡大したことである。このような不均衡が生じた結果、沿岸地域では中央政府の支配が弱まり、不安定と混乱が広がった。沿岸地域はヨーロッパと緊密な関係を結ぶことを（支配を受けることすら）望んだ。

一九世紀半ばに始まった混乱期が終わったのは、共産党政権が樹立した一九四九年のことである。当初毛沢東は上海を始めとする沿岸都市で革命を扇動しようとした。これに失敗すると、内陸部にかの有名な長征を行ない、そこで貧しい農民の軍隊を組織し、内戦を戦って沿岸部を奪還した。そしてかれは中国をヨーロッパ人が到来する前の鎖国状態に戻したのである。一九四九年から毛沢東が亡くなるまでの間、中国は統一され、強い政府に支配されていたが、孤立し、貧窮していた。

中国の賭け

毛沢東の死をきっかけに、後継者たちは中国古来の夢に今ひとたび挑んだ。国際貿易で富を得つつも、強力な単一政府の下で統一を維持するという夢だ。毛沢東の後を継いだ鄧小平は、中国がいつまでも孤立したまま安全な状態ではいられないことを知っていた。中国の弱体化した経済につけ込もうとする国が必ず現われる。そこでかれは賭けに出た。中国は国境を開放し国際貿易に従事するが、今度こそは内紛に引き裂かれはしないと。

沿岸部は再び繁栄し、外部の強国と密接な関係を結んだ。安価な製品の輸出は、上海を始めとする沿岸部の大都市に富をもたらしたが、内陸部は相変わらず貧しいままだった。地域間の緊張は高まったが、中央政府はうまく調整を図り、どの地域の支配を失うこともなく、過度の抑圧で反乱を招くこともなく、統治を続けた。

この状態がかれこれ三〇年ほど続いている。しかし三〇年という期間はどのような尺度から見ても（中国の尺度から見ればなおさら）長いとは言えない。中国が台頭しつつある内部勢力に対処できるかどうかという問題には、まだ答えが出ていない。以上を踏まえた上で、中国について、また中国が二一世紀の国際システムに与える影響について考えてみよう。中国は今後も世界貿易体制にとどまるのだろうか？　もしそうなら、今回もまた自壊するのだろうか？

二一世紀初頭の中国は、いつまでも綱渡りを続けられることに賭けている。この前提となっているのが、沿岸部の抵抗や内陸部の不穏を招かずに、豊かな沿岸地域から内陸部へ、富を徐々に再配分できるという考えである。中国政府は地方の不満を買わないよう、あらゆる手段を講じている。

この問題の根底には、深刻でさらに大きな脅威を呈する、もう一つの問題がある。中国は私有財産制や銀行などで資本主義の体裁を整え、一見すると資本主義国家のように見える。だが資本配分が市場で決定されないという点で、本当の意味で資本主義的ではない。中国では優れた事業計画より、人脈がものを言う。アジア的な家族制度や社会的人脈、共産主義の政治的人脈など、事業の真価とは大して関係のない、さまざまな理由から融資が決定される。その結果当然のごとく、こうした融資案件の相当数が焦げ付いている——銀行用語で言えば不良債権化している。不良債権の総額は六〇〇〇億ドルから九〇〇〇億ドルの間と推定される。これは中国のGDPの四分の一から三分の一の間に相当する、驚異的な金額である。

こうした不良債権は、安価な製品の輸出を牽引力とする、急激な経済成長を通じて処理されてきた。世界には安価な輸出品に対する莫大な需要があり、各国から流入する現金のおかげで、莫大な負債を抱える企業は破綻を免れている。だが価格を低く設定すればするほど、利益は少なくなる。儲けのない輸出は、経済エンジンをフル回転させているだけで、何の成果ももたらさない。製品を原価割れで販売する企業にたとえると分かりやすい。巨額の現金が流れ込むが、入ってきたときと同じくらいの速さで流れ出てしまう。

これは東アジアで現在進行中の問題であり、日本の経験が教訓に富んでいる。一九八〇年代の日本は経済超大国の呼び声も高かった。日本企業はアメリカの実業界に深刻な打撃を与えていた。ＭＢＡの学生は日本から学べ、日本の商慣行に倣え、と教えられた。確かに日本は急成長を遂げていたが、それは日本の経営手法より、銀行制度に負うところが大きかった。

日本の銀行は政府規制の下で、預金に対して極端に低い利息しか支払わなかった。さまざまな法のせいで、ほとんどの日本人には、銀行を兼ねていた郵便局に金を預ける以外に選択の余地はなかった。郵便局は、わずかながらもましな金利を支払った。政府は預金者から集めた資金を、これまた国際基準をはるかに下回る金利で日本の大手銀行に貸し出し、銀行はその資金を系列企業にやはり低い金利で融資した。たとえば住友銀行が住友化学株式会社に貸付を行なうといった具合である。アメリカ企業が二桁の金利を支払って資金を調達していた一九七〇年代に、日本企業はその数分の一の金利で融資を受けていた。

日本企業がアメリカ企業より業績が良かったのは、驚くにあたらない。資金コストがはるかに低かったのだから。日本人の貯蓄率が極度に高かったことも、驚くには値しない。当時の日本には公的な年金制度はないも同然で、企業年金もほとんど当てにできるようなものではなかった。日本人は老後に備えて貯蓄に励んだ。日本人は質素だったわけでなく、ただ危機感を抱いていたのだ。そしてこの危機感を抱いた預金者たちは、極端に低い金利で預金する以外に選択肢はなかった。

欧米では高い金利が経済に規律を課し、脆弱な企業を淘汰した。これに対し日本の銀行は、人為的低金利で友好企業に融資を行なった。日本には本当の意味での市場は存在しなかった。資金は潤沢に流れたが、そこでものを言うのは人脈だった。その結果、莫大な不良債権が発生した。

日本企業の資金調達は、株式市場での資金調達ではなく、銀行借入が主流だった。企業の取締役会は従業員出身者や銀行家によって構成され、利益よりキャッシュフローを重視した。破綻を免れ、負債を返済するには、キャッシュフローが必要だった。日本の資本収益率は工業国の中でも最低水準だった。だが経済規模は、こうした経済システムに助けられて、めざましいペースで拡大していった。日本は輸出でもっていた。

日本にはほかに道がなかった。日本の経済システムは極端に高い貯蓄率を原動力としていたため、平均的な日本人の消費性向は低く、したがって内需主導の経済成長は望めなかった。投資家ではなく、関係者や銀行家が支配する日本企業は、キャッシュフローを増やすことに余念がなかった。利益は――少しでも上がるとすればだが――それほど重視されなかった。このようにして日本は安価な製品の輸出攻勢をかけた。ますます多額の融資が行なわれ、ますます多額の現金が必要とされ、ますます多くの製品が輸出された。経済は大きく成長した。

だが水面下では危機が進行していた。

日本の銀行のずさんな融資体制は、巨額の不良債権、つまり返済の見込みのない融資金を生み出した。問題のある多くの事業計画に融資が行なわれた。日本の銀行は不良債権の償却を進めて企業を倒産させる代わりに、倒産を回避させるために追加融資を行ない、急場をしのいだ。融資は急増したが、預金者の金はシステムを維持するのに使われていたため、キャッシュフローを増やすには輸出に頼るしかなかった。システムには巨額の資金が流入したが、水面下では生命維持装置につながれた無数の企業が——利益などお構いなしに、キャッシュフローを増やすことに必死な企業が——金融システム全体を弱体化させていたのである。輸出は急増したが、ほとんど利益を生んでいなかった。システム全体が、ただ破綻を免れるためにフル回転していた。

日本は傍目には急成長を遂げ、安価で優れた製品で市場を占有しているように映った。日本企業はアメリカ企業のように利益に取り憑かれておらず、未来を手中に収めているように思われた。だが事実はその正反対だった。日本は政府の管理する低利資金の遺産を食いつぶしていた。安価な価格設定は、銀行システムの維持に必要なキャッシュフローを確保するための苦肉の策だった。

やがて負債構成が悪化し、輸出では支えきれなくなった。銀行は破綻し、政府によって救済された。だが政府は大幅な景気後退に目をつぶって、規律を課す代わりにあの手この手の再建策を講じて極端な痛みを逃れようとした。その結果、日本経済は今も長い停滞から脱却できずにいる。成長率は大幅に低下し、市場も暴落した。興味深いことに、一九九〇年代初めに日本が危機に見舞われても、欧米では多くの人が日本経済が失速したことに何年もの間気づかなかった。九〇年代半ばになってもまだ日本経済の奇跡的成長が話題に上っていたほどだ。

この話が中国とどう関係するのだろうか？　中国は、いわばステロイド漬けの日本である。中国は経済的規律よりも社会的関係を重視するアジア国家であるばかりか、資金を政治的に配分し、経済統計を操作する共産主義国家でもあるのだ。またこの国では、現金を追求する銀行家や役人が、利益を追求する株主より大切にされる。どちらの国の経済も、輸出依存度がきわめて高く、驚くほど高い成長率を誇り、成長率がわずかでも鈍化すれば破綻の危機にさらされる。日本の一九九〇年頃の不良債権残高は、GDPの二割程度に達していたと推定される。現在の中国は控えめに見積もって同二五％ほどだが、実態は四〇％近いのではないかとわたしは考えている。だが二五％だったとしても、とてつもなく高い水準と言わざるを得ない。

中国経済は傍目には健全で活力に満ちているように見え、経済成長率だけとってみれば驚異的ですらある。だが成長率は、検証すべき要素の一つにすぎない。より重要な問題は、その成長が利益をもたらしているかどうかだ。中国の成長の大部分が、銀行を満足させるだけの十分な現金を生み出す、正真正銘の成長である。だがこの成長は、経済を本当の意味で強化しているわけではない。たとえばアメリカの景気後退などで成長が頭打ちになれば、システム全体が急速に瓦解するおそれがあるのだ。

これはアジアでは今さら始まったことではない。一九八〇年代の日本は、世界経済の成長エンジンだった。当時は日本がアメリカを葬り去るという説が、通説としてまかり通っていた。しかし現実には、日本経済は急成長を遂げていたものの、その成長率は維持し得ないものだった。成長が鈍化すると日本は深刻な金融危機に陥り、二〇年ほどたった今も、まだ完全に立ち直ってはいない。東アジアの経済が一九九七年に内破した際にも、それまでの成長がめざましかっただけに、多くの人が驚きをもって受け止めた。

中国は過去三〇年にわたってとてつもない発展を遂げている。これほどの成長が無期限に、あるいは永久に続くというのは、経済の基本原則を無視した考え方だ。いつか景気循環が醜い頭をもたげて脆弱な企業を淘汰するはずであり、実際そうなるだろう。そして技術力を持った労働者の不足が、持続的成長にいずれ終止符を打つだろう。成長には構造的限界があり、中国はその限界に達しつつある。

中国の政治危機

日本は数十年に及ぶ低成長を受け入れることで、問題を解決した。日本には社会不安を起こさずにこれを断行できるだけの、政治的、社会的規律があった。東アジア諸国の対応は二手に分かれた。韓国や台湾など、痛みを伴う措置を講じた結果、前にも増して経済を強化した国もあるが、これは厳しい措置を強制できる、強力な政府を持つ国にしかなし得ないことだった。インドネシアのように、まだまだ立ち直っていない国もある。

中国にとっての問題は、政治的な問題である。中国を一つに結びつけているものは、イデオロギーではなく、金だ。景気が悪化して資金の流入が止まれば、銀行システムが収縮するだけでなく、中国社会の骨組み全体が揺らぐだろう。中国では、忠誠は金で買うか、強制するものだ。金がないなら、強制するしかない。景気低迷時には企業倒産や失業が多発するため、一般に社会不安が起こる。貧困が広く存在し失業が蔓延する国に、景気悪化の圧力が加われば、政情不安が広がる。

中国がイギリスに侵略されてから毛沢東が勝利するまでの間に、沿岸部と内陸部に分裂していった経緯を思い出して欲しい。対外貿易と外国資本によって繁栄した沿岸部の企業は、中央政府の支配を逃れようとするうちに、外国資本との距離を縮めていった。こうした沿岸部企業の手によって、中国に経済権益を持つヨーロッパの帝国列強——とアメリカ——が引き入れられた。今日の中国もおそらく似たような状況にある。たとえば上海のとある実業家は、ロサンゼルス、ニューヨーク、ロンドンの企業と利害をともにしているとしよう。早い話が中国政府との関係よりも、外国企業との関係から、よほど大きな利益を得ている。中国政府は実業家を取り締まろうとするが、かれは政府の支配を逃れようとするばかりか、自分の身と外国権益を守るために外国勢力を引き入れようとするだろう。他方では、貧困にあえぐ内陸部の住民が沿岸都市に流れ込んだり、沿岸部への課税を強化して内陸部に富を分配するよう政府に迫るようになる。板挟みになった中国政府は、弱体化して支配を失うか、あるいは手綱を締めすぎて毛沢東時代のような鎖国主義に回帰するかもしれない。ここで重要なのは、どちらの方が起こる可能性が高いかということだ。

中国政府が拠り所としている柱は二本ある。一本目の柱は、国家を運営する巨大な官僚機構であり、もう一本の柱は、国家と共産党の意思を執行する軍事安全保障機構である。三本目の柱、共産党のイデオロギー的信条は、過去のものになってしまった。平等主義、無私無欲、人民への奉仕は、今も教え説かれてはいるが、信じる人も実践する人もいない、廃れた価値観である。

国家、党、安全保障機構は、一般社会と同じように、イデオロギーの衰退に影響を受ける。共産党の役人は新しい体制から個人的な恩恵を受けている。そのため中央政府が沿岸地域を抑えつけようとしても、その出先機関がそれほど積極的に動くとは考えがたい。なぜならこうした機関自体が沿岸地域に富をもたらす体制に加担しているのだから。一九世紀にも同様の問題が生じた。沿岸部の役人は外国とビジネスを行なう側についていたため、中央政府の命令を執行する意思を持たなかった。

深刻な経済危機が現実のものになった場合、中央政府は共産主義に代わるイデオロギーを見つけなくてはならない。人民が犠牲を払うのは、信奉する対象があればこそだ。そして中国人ならば、共産主義を信奉できなくても、中国国家なら信奉できるはずだ。中国政府は国家主義《ナショナリズム》と、国家主義とは切っても切り離せない外国嫌悪を煽ることで、分裂を食い止めようとするだろう。中国では歴史的に外国人に対する嫌悪感が根強い。党は経済問題の責任を負わせるスケープゴートを必要とする。毛沢東が中国の弱体と貧窮を外国のせいにしたように、党は中国の経済問題の責任を再び外国になすりつけるだろう。

中国への経済投資を守ろうとする外国との間に、経済問題をめぐって大きな対立が生じているこの頃は、国家主義に訴えやすい環境にあるはずだ。「偉大なる国、中国」という思想が、失われた共産主義イデオロギーにとって代わるだろう。外国との争いには、中国政府のステータスを高める効果がある。中国政府は問題の責任を他国に転嫁し、外交的手段や高まる軍事力を背景に外国政府と対決することで、政権への支持を集める。これが起こる可能性が最も高いのは、二〇一〇年代である。

対立の相手国としてうってつけなのは、日本とアメリカのいずれか、または両方である。いずれも中国の宿敵であり、今もすでに不和がくすぶっている。ロシアが敵扱いされることはまずない。ただ、日本やアメリカとの間に軍事衝突が起きる可能性は限られている。中国にとっては、いずれの国も積極的に交戦できる相手ではない。中国の海軍は弱く、アメリカとの対決に耐えられない。したがって台湾侵攻は、理論上は魅力的に思えても、実現する可能性は低い。中国の海軍力では、台湾海峡を強引に突破することも、もちろん台湾の戦場に物資を輸送する船団を護衛することもできない。中国は今後十年以内にアメリカに挑戦できる海軍力を持つまでには至らない。海軍を構築するには長い年月がかかるのだ。

そんなわけで中国の歩む道筋として、次の三つが考えられる。第一が、いつまでも驚異的なペースで成長し続けるというものだ。だがかつてこれを成し得た国はないし、中国が例外になるとも思えない。三〇年間続いた驚異的な成長は、中国経済に莫大な不均衡と非効率をもたらしており、それは必ずや是正されなくてはならない。いつか中国も、アジア諸国が経験したような痛みに満ちた調整を強いられるだろう。

あり得るシナリオの二つめが、中国の再集権化である。景気低迷をきっかけに相反する諸勢力が台頭するも、強力な中央政府が秩序を打ち立て、地方の裁量を狭めることによってこれを抑え込む。このシナリオの方が実現する可能性が高いが、中央政府の出先機関の役人が集権化と対立する利害を持つため、成功させるのは難しい。政府は規則を徹底する上で役人の協力を当てにできるとは限らない。政府が国内の統一を保つために使える手段は、国家主義しかない。

第三の可能性は、景気悪化がもたらすひずみにより、中国が伝統的な地方の境界線に沿って分裂するうちに、中央政府が弱体化して力を失うというものだ。これは中国ではいつの時代にも現実性の高いシナリオであり、富裕階級と外国資本に利益をもたらすシナリオでもある。これが実現すれば、中国は毛沢東時代以前と同じ状況に陥る。地域間の競争や、紛争さえ起きるなか、中央政府は必死に支配を維持しようとするだろう。中国経済がいつか必ず調整局面に入ること、そしてどんな国でもそうだが、これが深刻な緊張をもたらすことを踏まえれば、この第三のシナリオが中国の実情と歴史に最も即していると言える。

日本の場合

世界の先進工業諸国は二〇一〇年代に人口が減少し始め、人件費の高騰に直面する。これらの国の中には、固定化した価値観のせいで、移民受け入れが選択肢になり得ないか、少なくとも非常に難しい国がある。日本でも、移民に対する拒否反応が強い。だが日本はそれでも統制の取れた、かつ高齢の労働者を補助する負担に耐え得る労働力の供給源を海外に求めなくてはならない。しかし海外の労働者は他に選択肢がある場合、まず日本は選ばない。日本は帰化を希望する外国人に非常に冷たいからだ。在日韓国人は日本国民ではない。日本で生まれ育ち、日本で働いていても、日本の警察によって「朝鮮」（北でもなく、南でもなく）と表記された外国人登録証を交付されている。

しかし中国は大量の割安な労働力の供給源である。中国人が日本に来ないなら、日本がかつてのように中国に出向くだろう。日本企業の中国拠点が現地の中国人労働力を活用することが、移民に代わる手段になる。またこの手段を選ぶのは日本だけではない。

中国政府がこれと時を同じくして国家支配を強化することを忘れてはならない。歴史を振り返ると、中国では中央政府が国家統制を強化する際には、経済成長の鈍化もやむなしとされる。密集した大規模な日本のビジネス拠点が中国人労働力を吸い上げることは、現地の企業家や地方政府にとって、そして中国政府にとってさえも、経済的には大きな利益がある。

しかし政治的にはほとんど利益をもたらさず、むしろ中国政府の政治的利益に真っ向から対立する。日本は、中国政府が投資資金を自らの目的のために用いることを好まない。それではこの取り組みのそもそもの目的が損なわれてしまう。

二〇二〇年頃になれば、日本は中国に協力者を得て、自らに有利な条件で投資を推進しているはずだ。沿岸地方は日本からの投資を奪い合い、中央政府の圧力や国家主義的イデオロギーに抵抗する。内陸部は日本企業の進出に恩恵を受けることはないかもしれないが、沿岸部の企業や地方政府は大いに利益を得る。日本企業は、内陸部の要求をかなえるために必要な犠牲を払いたがらない沿岸都市の中から、巨額の投資を餌に協力者を集める。このようにして沿岸地域のいくつかが日本と協力関係を結び、中国政府の権力に対抗するだろう。日本が注ぎ込む莫大な資金が、党そのものの急速な分裂を引き起こし、沿岸都市に対する中央政府の統制力を弱めるのである。

人口問題の重圧にさらされながらも、大規模な移民を受け入れることができない日本のような国は、問題の解決策を中国に求めるようになる。だが残念ながら、タイミングが良くない。この頃中国政府は経済の避けがたい低迷を受けて、ますます強引になり、国家主義的傾向を強めている。だが中央政府そのものも、金の腐敗作用によって弱体化しているはずだ。中国は表向きは統一を維持するが、権力は地方に分散していく。

二〇二〇年の中国にとってきわめて現実性の高いシナリオは、古い悪夢が現実になることだ。相克する地方の指導者たち、この状況を利用して自らに有利な経済ルールを設定できる地域を確保しようとする外国資本、そして国内統一を維持しようとするが徒労に終わる中央政府の間で、国が分裂するというシナリオだ。第二の可能性が、新・毛沢東主義の台頭である。つまり経済発展を犠牲にした集権化だ。そして例によって最も可能性が低いのは、現在の状況がいつまでも続くというシナリオである。

すべてを考え合わせると、こういうことになる。中国が今後二〇年の間に地政学的断層線になることはない。中国の地理的条件を考えれば、いかなる状況でも中国が断層線になる可能性は低いし、この地理的限界を克服するためには、一〇年以上の年月をかけて軍事力を増強しなくてはならない。中国の経済と社会のひずみは、政府がまともに対処できる水準をはるかに超えた問題をもたらし、政府には思い切った外交政策を取る余地がほとんどなくなる。中国は外部の強国と関わる限り、相手に対して力を誇示するどころか、侵略から国を守らなくてはならない状況に陥るのである。

第５章の概要

- 大方の予想に反して、中国が世界的国家となることはない。
- 中国の最もありそうなシナリオは、日本をはじめとする強国が中国に経済進出を活発化させるうちに、中央政府が力を失い、分裂するというもの。

第6章

二〇二〇年のロシア

――再戦

地政学では、重大な紛争は繰り返される。たとえばフランスとドイツは、これまで幾度となく戦争を繰り返している。ポーランドとロシアもそうだ。一度の戦争で、その根底に巣くう地政学的問題が解決されなければ、それが最終的に解決されるまで戦いは繰り返される。戦争が再発しなくても、少なくとも緊張と対立は続く。重大な対立は基本的現実に根ざしており、それゆえ簡単に消え去ることはない。バルカン半島の地政学が、一〇〇年前に戦われた戦争の再発をあっけなく招いたことを肝に銘じたい。

ロシアはヨーロッパの東部分を占めていることから、ヨーロッパ諸国と過去に何度も衝突している。ナポレオン戦争、二度の世界大戦、冷戦は、いずれもロシアの地位やロシアとヨーロッパ諸国との関係を、少なくとも争点の一つとしていた。そしていずれの戦争も、この問題を最終的に解決することはなく、最終的には独立した統一ロシアが生き延びるか、勝利を収めるかしている。問題は、統一ロシアの存在そのものが、ヨーロッパに重大な潜在的挑戦を呈することだ。

ロシアは膨大な人口を抱えた、広大な地域にまたがる国である。他のヨーロッパ諸国に比べればまだまだ貧しいが、土地と天然資源という二つの資産に恵まれている。そのためヨーロッパの強国は、東方に規模と富を拡張する機会として、つねにロシアに誘惑を感じている。だが歴史を振り返ると、ロシアを侵略したヨーロッパの国は、きまって壊滅的な結末を迎えている。たとえロシアに敗北しなくても、ロシアとの戦いで疲弊した結果、別の国に敗北を喫している。時にロシアは西方に勢力を拡大し、その圧倒的な大きさでヨーロッパに脅威を与えることがある。普段は消極的でないがしろにされているロシアは、弱みにつけ込まれることも多い。だがロシアを甘く見た国は、必ずしっぺ返しを喰らうのである。

冷戦はロシアをめぐる問題を解決したように思われたが、それは見せかけにすぎなかった。もしロシア連邦が一九九〇年代に崩壊し、この地域がいくつもの小国に分裂していたなら、ロシアの影響力は消失し、それとともにロシアの力がヨーロッパにもたらす難題も消え去っていたはずだ。そしてもしアメリカ、ヨーロッパ、そして中国が最後のとどめを刺していたなら、ロシアの問題は最終的な解決を見ていただろう。だが二〇世紀末のヨーロッパ諸国はあまりにも弱く分裂しており、中国はあまりにも孤立して国内問題にとらわれ、二〇〇一年九月一一日以降のアメリカはあまりにもイスラム戦争にとらわれていたため、いずれも決定的な行動を取ることができなかった。アメリカが実際に取った措置は不十分で、まとまりを欠いていた。実際のところ、こうした措置に唯一効果があったとすれば、それはアメリカが重大な危険になり得ることをロシアに警告したことであり、それが結果としてロシアの反撃を保証することになったのである。

ロシアが分解しなかったというだけでも、ロシアの呈する地政学的問題は間違いなく再浮上する。そしてロシアが再び力を蓄えていることを考えれば、問題は案外早く浮上するだろう。第一次大戦がナポレオン戦争の繰り返しではなかったように、この紛争も冷戦の繰り返しにはならない。だがこの紛争は、ロシアをめぐる問題を改めてわれわれに突きつけることになる。ロシアが統一された国民国家であるならば、その境界はどこに引かれるのだろうか？　またロシアと隣国たちとの関係はどうなるだろうか？　この問題は、世界史における次の重要な段階を象徴する問題となる。この段階が始まるのは、二〇二〇年までの数年間である。

ロシアの力学

ロシアの行動と意図を理解するために、まずロシアの根本的な弱点である境界、特に北西部境界について考えてみよう。たとえウクライナがロシアの支配下にあり（何世紀も前からそうである）、ベラルーシとモルドバがロシア帝国の一部であっても、北方に自然の境界線はない。北西部境界は、中央から南をカルパチア山脈によって、北はスロバキアとポーランドの国境に至るまでしっかり固定されており、その東方には通過不能なプリピャチ沼沢地が広がる。だがこの境界の北側と南側（カルパチア以南）には、ロシアを、あるいはロシアの隣国を守る強力な障壁は存在しない。

境界がどこに引かれようと、ロシアは北ヨーロッパ平原では攻撃を受けやすい。この平原のどこにも大した自然の防塞は存在しない。たとえロシアが一九四五年に行なったように西部境界をドイツの中にまで押し進めたとしても、ロシアの境界に物理的な拠り所は得られない。ロシアの持てる唯一の物理的な強みは、奥行きだ。ロシアの境界がヨーロッパに向かって西方に移動すればするほど、征服者がモスクワに到達するために旅しなければならない距離は伸びる。そのためロシアはつねに北ヨーロッパ平原を西方に向かって、またヨーロッパはつねに東方に向かって侵攻しようとする。

このことは、ロシアの境界の他の部分には当てはまらない。ちなみにここで言う「ロシア」には、旧ソビエト連邦を含むものとする（一九世紀末以降のロシアとほぼ同じ領域である）。南方には安全な自然の境界がある。黒海はコーカサス山脈につながり、ロシアをトルコとイランから分離している。イランとの間にはこれ以外にもカスピ海と、アフガニスタン国境沿いからヒマラヤ山脈に至るトルクメニスタンのカラクム砂漠という緩衝地がある。ロシアはイラン・アフガニスタン地域に関心を持っており、これまで何度か試みたように、南進する可能性がある。だがロシア側がこの国境を侵略されることはない。また中国との国境は長く脆弱に見えるが、それはあくまで地図上の話だ。シベリア侵略は現実的に不可能である。シベリアは果てしない荒野なのだ。中国の西部国境沿いには脆弱性が潜んでいるが、それほど重大なものではない。したがってロシア帝国は、どのように形を変えようと、地理的な弱点と強力なヨーロッパ諸国という最大の危険にさらされている北ヨーロッパを除けば、比較的安全と言える。

ロシアは共産主義崩壊後に、心臓部をむき出しにされた。ロシアの至宝サンクトペテルブルクは、一九八九年にはNATO軍から一五〇〇キロメートルほど離れていたが、二〇〇八年時点でその距離は二〇〇キロにも満たない。モスクワは一九八九年にロシア勢力圏の境界から二〇〇〇キロ弱離れていたが、今その距離は四〇〇キロほどだ。モスクワの南方でウクライナが独立したため、ロシアの黒海に対する支配力は弱まり、コーカサス山脈の北限にまで後退した。アフガニスタンは暫定的にであれ、アメリカによって占領されており、ロシアがヒマラヤ山脈に下ろしていた錨は失せてしまった。侵略に関心を抱く軍隊にとって、ロシア連邦は無防備も同然である。

ロシアの戦略上の問題は、国土が広大な割に輸送機関が貧弱なことだ。周縁部全体を同時に攻撃されれば、どれほど大規模な軍隊を持っていても、防衛は難しい。複数の前線に軍隊を動員、配置することはできないため、事前配備可能な大規模な常備軍を維持しなくてはならない。この重荷は、ロシアに莫大な経済的負担をかけ、経済を弱体化させ、内部崩壊をもたらすだろう。これがまさにソビエト国家に起こったことだった。もちろんロシアが危機に陥るのは、この時が初めてではない。

ロシアが今日抱える問題は、国境の防衛だけではない。ロシアは深刻な人口危機に直面しているとことを十二分に自覚している。ロシアの現在の人口は約一億四五〇〇万人だが、二〇五〇年には九〇〇〇万人から一億二五〇〇万人程度に減少すると考えられる。ロシアは時間と戦っている。やがて戦略上必要な兵力にも事欠くことが問題になるだろう。また内訳を見ると、他の民族集団に比べてロシア人人口の減少が大きく、対策が急がれる。現在の地理的状況を考えれば、いつ危機が訪れてもおかしくない。現在の人口動向からすれば、二〇年も放置すればもう手遅れになり、指導部もそのことは承知している。世界を征服する必要はなくても、緩衝地帯、つまり旧ソ連国境地帯の支配を回復する必要はある。

地政学、経済、そして人口動態上の問題から、ロシアは根本的な転換を迫られている。ロシアは過去一〇〇年にわたって、工業化を通じて国の近代化を図り、ヨーロッパ諸国に追いつこうとしてきた。だが努力が実を結ぶことはなかった。そこでロシアは二〇〇〇年前後に戦略を転換した。過去一世紀間にわたって重点的に取り組んできた工業開発に見切りをつけ、エネルギー資源を中心とする天然資源のほか、鉱物、農産物、木材、貴金属などの資源輸出国として生まれ変わったのだ。

工業開発から原材料に重点を移すことで、ロシアはそれまでとはまったく異なる、発展途上国にありがちな発展経路をたどった。だがエネルギーと商品価格の予期せぬ高騰によって、ロシア経済はこの措置を通じて救われたばかりか、強化され、特定産業の復興を推進できるまでになった。そして何より重要なことに、天然資源の生産は工業生産ほど労働集約性が高くないため、ロシアは人口が減少しても維持できる経済基盤を手に入れたことになる。

またロシアは国際システムに影響力を行使する手段をも手に入れた。ヨーロッパはエネルギーを渇望している。ロシアはヨーロッパに天然ガスを供給するパイプラインを建設することで、ヨーロッパのエネルギー需要を満たすと同時に、自国の経済問題を解決し、ヨーロッパをロシアに依存する立場に置いたのである。エネルギー不足の世界にとって、ロシアの輸出するエネルギーはヘロインのようなものだ。手を出したが最後、やめられなくなる。ロシアはすでに周辺国を意のままに操る手段として、天然ガス資源を利用している。この力はヨーロッパの心臓部にまで及んでいる。今やドイツと東欧の旧ソ連衛星国のすべてが、ロシアに天然ガスを依存している。それ以外の資源を合わせれば、ロシアはヨーロッパに多大な圧力をかけることができる。

だが依存は諸刃の剣になりかねない。軍事力の弱いロシアは、周辺国に圧力をかけることができない。かえって周辺国に富を強奪されるおそれがあるからだ。したがってロシアは軍事力を回復しなくてはならない。金持ちで弱いというのは、国家として非常にまずい状態だ。天然資源に恵まれたロシアがヨーロッパに資源を輸出するには、富を守り、自らを取り巻く国際環境を規定するだけの力を持たなければならない。

今後一〇年間でロシアは(少なくとも過去に比べれば)ますます豊かになるものの、地理的には不安定な状況に陥る。したがって資源輸出で得た経済力を背景に、自らの権益と緩衝地帯を——続いて緩衝地帯のための緩衝地帯を——他国から守れるだけの十分な軍事力を構築するだろう。ロシアの基本戦略の一つは、北ヨーロッパ平原沿いに奥行きのある緩衝地帯を作る一方で、周辺国を分裂させて操り、ヨーロッパに新しい勢力バランスを築くことである。ロシアが断じて許容できないのは、緩衝地帯のない緊迫した境界を、周辺国が団結して守るような状況だ。ロシアが将来取る行動が攻めの手に見えても、実は守りの手だというのは、こういうわけである。

ロシアは三段階に分けて行動を起こすだろう。第一段階では、旧ソ連圏で影響力と実効支配を回復し、ソ連がこの地域に提供していた軍事緩衝体制の再建に取り組む。第二段階では、旧ソ連国境の向こう側に、二層めの緩衝地帯を設ける。この際、冷戦時代にソ連の首を絞めることになった、堅牢な「抵抗の壁」を作らないよう留意する。そして第三段階では――実際には第一段階から並行して進められることになるが――反ロシア同盟の形成を阻止する。

ここで一歩下がって全体を俯瞰し、旧ソ連が二〇世紀後半に統一を保っていた理由を考えてみよう。ソ連をつなぎとめていたものは軍事力だけではなく、経済的関係のシステムでもあった。ソ連も、その前身のロシア帝国も、このようなシステムによって支えられていた。旧ソ連諸国は、同じ地理的条件を抱えている。広大で、ユーラシア大陸の中心部に位置し、周囲をほとんど陸地に囲まれている。国内の輸送機関はきわめて貧弱である。これは河川の体系が農業体系と調和しない、内陸地域によく見られる特徴だ。そのため食糧輸送が困難であり、工業化後は製品輸送に支障を来す。

旧ソ連を、ユーラシア大陸の一部として考えてみよう。ユーラシア大陸のうち旧ソ連が占めていたのは、太平洋沿岸部から西に向かい、中国の人口密集地帯の北方に広がる荒れ地と北西ヒマラヤを経て、中央および南アジアとの境界に沿って進み、カスピ海とコーカサス山脈にまで及ぶ一帯だった。ソ連の緩衝地帯となっていたのは、黒海とカルパチア山脈だった。北部地域はすべて北極圏である。この空間に、経済力の乏しい共和国を擁する、広大な陸塊があった。

ソ連を、地理的に孤立し経済的なハンデを負った国々の自然なまとまりとして考えれば、連邦を一つにつなぎとめていたものが何であったかが分かる。旧ソ連構成国は、必要に迫られて結びついていたのだ。これらの国々は、世界のほかの地域には経済的に太刀打ちできなくとも、国際競争から隔離されていたために、補い合い、助け合うことができた。これら諸国はロシアによる支配を進んで受け入れた、自然なまとまりだったのである。カルパチア山脈の西側に位置する諸国（第二次世界大戦後ソ連に占領され、衛星国にされた諸国）は、この自然なまとまりに含まれない。ソ連の軍事力がなければ、これらの国はロシアではなく、ヨーロッパ諸国との関係を深めていたはずだ。

旧ソ連構成国は、他に行き場のない国々だった。こうした古くからの経済的な結びつきが、今も地域を支配している。ロシアにエネルギー輸出という新しい経済モデルが導入されてから、ロシアへの依存度は以前にも増して高まっている。ウクライナはヨーロッパに惹かれはしたが、ロシアと自然な経済的結びつきを持っていたせいで、ヨーロッパと競い合うことも、手を結ぶこともできなかった。ウクライナはロシアにエネルギーを依存しており、最終的にはロシアによって軍事的にも支配されようとしている。

ロシアはこの力学を利用して、勢力圏を回復しようとするだろう。ソ連がモスクワから運営していた公式の政治体制を、ロシアがそのまま再現するとは限らない――もちろん、あり得ない話ではない。だがそれよりはるかに重要なのは、今後五年から一〇年の間に、この地域におけるロシアの支配力が高まることだ。これについて考えるために、この地域を三つの作戦区域に分けよう。コーカサス、中央アジア、そしてバルト諸国を含むヨーロッパ区域である。

コーカサス

コーカサス地方はロシアとトルコの勢力の境目にあり、歴史的に二つの帝国の争いの火種となってきた。冷戦時代も一触即発の状態にあった。トルコとソ連の境界線はコーカサスを通っていた。ソ連側の境界を構成していたのは、現在は独立国であるアルメニア、グルジア、アゼルバイジャンの三つの共和国である。またコーカサスの北部はロシア連邦そのものにくい込んでおり、ここにはダゲスタンのイスラム教地域と、そして何より重要なことに、共産主義崩壊後にロシア支配に反対するゲリラ戦争が起こったチェチェンが含まれる。

純粋に防衛上の観点から見れば、ロシアとトルコの影響力の境界は、コーカサスの内部にある限り、どこにあろうと問題ではない。ここは岩がちで比較的防衛しやすい地域なのだ。

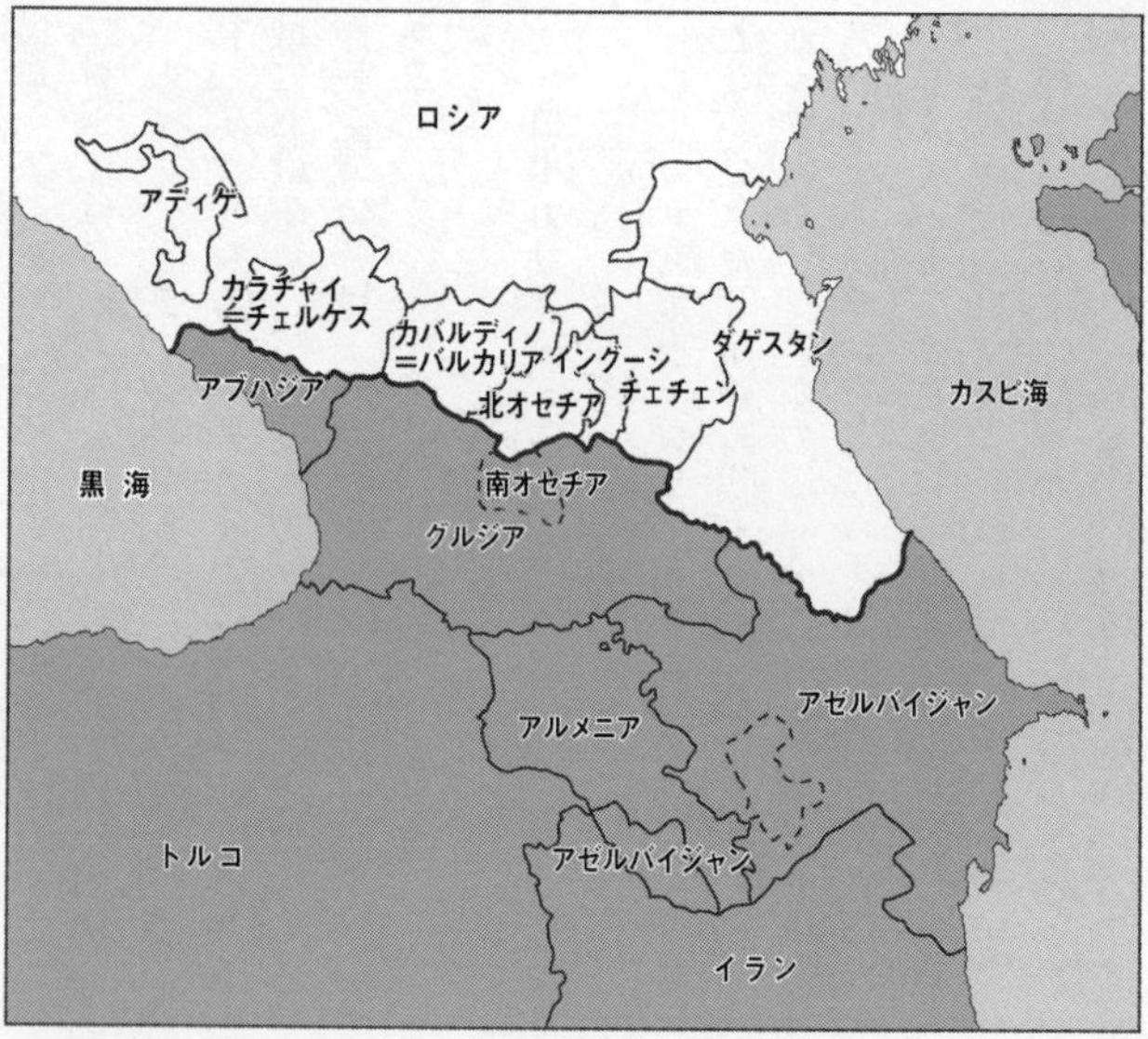

コーカサス地方

だがロシアは万一コーカサスの地盤をすべて失い、北方の低地にまで押しやられることになれば、非常に厳しい立場に置かれる。ウクライナとカザフスタンの間の隔たりはわずか四〇〇キロメートルほどでしかなく、ロシアは戦略上不利な状況に陥る。

ロシアがチェチェンに関してあれほど譲歩を渋る理由は、ここにある。チェチェンの南部は北コーカサスの奥深くまで入り込んでいる。つまりここを失えば、ロシアの地盤そのものが崩壊するのだ。ロシアはできることならさらに南進して、グルジアに錨を下ろしたい。アルメニアはロシアの同盟国だ。グルジアがロシアのものになれば、ロシアの地盤全体が今よりずっと安定する。したがって、チェチェンの支配は絶対に欠かせないのだ。グルジアの再吸収は望ましい。アゼルバイジャンを押さえても戦略上のメリットはない。ただしロシアはアゼルバイジャンを、イランとの緩衝地帯にすることにはやぶさかでない。この地域におけるロシアの地盤はそれほど弱くはないが、ロシアがグルジアを魅力的な標的と見なしていることは、二〇〇八年八月の紛争にも明らかである。そしてグルジアがアメリカと緊密な関係にあるのも、偶然ではない。

小国のひしめく山岳地帯にありがちなことだが、この地域には今も熾烈な対抗意識が火花を散らしている。たとえばアルメニア人は、二〇世紀初めのアルメニア人大量虐殺問題をめぐってトルコ人を非難し、忌み嫌っている。アルメニアはロシアに庇護を求めている。またアルメニアとグルジアは激しい対立関係にあり、スターリンがグルジア人だったにもかかわらず、グルジア人はアルメニア人を敵視し、ロシア人を激しく警戒している。ロシアは、武器がグルジアを経由してチェチェンに輸送されたことを、グルジアが黙認していたと考えている。グルジアがアメリカと親密な関係にあることが、状況をさらに悪くしている。アゼルバイジャンはアルメニアと敵対しており、したがってイランともトルコとも親密である。

コーカサスの状況は、理解するのが難しいだけでなく、対処するのも難しい。ソビエト連邦は、第一次大戦後にこれらすべての国を連邦に組み入れ、自治権を容赦なく制限することで、複雑さを解消した。ロシアが今もこれからも、この地域に無関心でいられるはずがない——コーカサスの地盤を失う覚悟があるなら話は別だが。そんなわけでロシアは、手始めにグルジアで勢力を回復しようとするだろう。アメリカはグルジアを戦略的資産と見なしているため、ロシアはここで勢力回復を図ればアメリカと対立することになる。チェチェンの反乱が完全に収まらない限り、ロシアは南進して反乱を孤立させ、山脈における地盤を固めなくてはならない。

このような事態を招きたくない大国が二つある。一つはアメリカ、そしてもう一つがトルコだ。アメリカは、ロシアにグルジアを支配されれば、この地域での地盤が大きく揺らぐと考えるだろう。一方トルコは、これを機にアルメニアが活性化し、ロシア軍がアルメニアとトルコの国境に再び大挙押し寄せることを危惧する。そしてこのような抵抗を受けたロシアは、行動の必要を一層確信する。その結果、コーカサスで紛争が起きるのである。

中央アジア

中央アジアはカスピ海から中国国境にまで及ぶ広大な地域である。ここは主としてイスラム圏であり、したがって前述の通り、ソ連の崩壊後にイスラム世界で起こった大きな混乱に関わっていた。この地域はエネルギー資源を産出することから、地域自体にもいくらかの経済的価値がある。だがロシアにとって、中央アジアに戦略的価値はほとんどない。ただし、他の強大な国がここを占領し、ロシアへの攻撃拠点として利用するようなことがあれば、話は違ってくる。万一このような事態が起きれば、中央アジアはきわめて重要になるだろう。

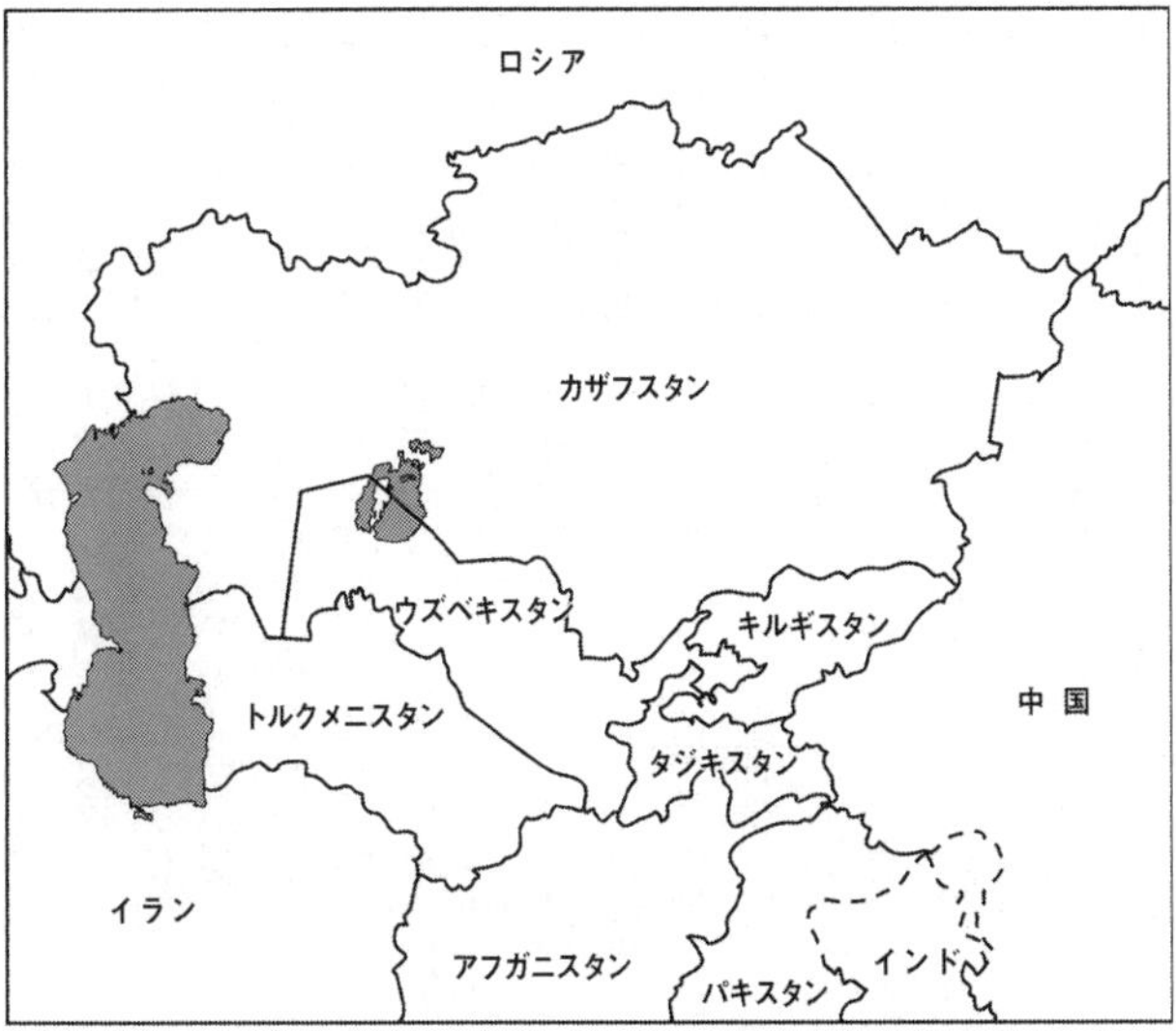

中央アジア

カザフスタンを支配する者は、ロシア農業の幹線水路であるボルガ川からわずか数十キロの位置につけることになる。

一九九〇年代には西側のエネルギー企業がこの地域に殺到した。そのことはロシアにとって何の問題でもなかった。ロシアは競合するような立場になかったし、この地域を軍事的に支配する立場にもなかった。中央アジアはロシアにとって比較的関心の薄い中立地帯だった。だが二〇〇一年九月一一日、すべてが変わった。9・11テロ事件は、この地域の地政学的状況を定義し直したのである。9・11テロ事件のせいで、アメリカにとってアフガニスタン侵攻が急務となった。単独では迅速に侵攻を仕掛けることができないと考えたアメリカは、ロシアに協力を要請した。

アメリカはまずアフガニスタンの反タリバン勢力「北部同盟」に、地上戦で主力を担ってくれるよう要請するにあたって、ロシアに助力を求めた。ロシアは北部同盟を支援し、実質的にコントロールしていた。アメリカが要請したもう一つのことは、ロシアの支援を得て、中央アジアの数カ国に足場を確保したいということだった。これら諸国は建前上は独立国家だったが、アメリカは北部同盟に関して協力を求めていたロシアを怒らせるわけにはいかなかった。中央アジア諸国も、ロシアの機嫌を損ねたくはなかった。その上アメリカの航空機は、旧ソ連上空を通らなければ、これらの国に到達できなかった。

ロシアはアメリカ軍の駐留を認めた。アメリカとの間に、これがあくまで一時的な状況だという理解があると考えたのだ。しかしアフガニスタンでの戦争は長期化し、アメリカ軍は居座り続けた。そして居座るうちに、この地域の共和国にますます大きな影響を及ぼすようになった。ロシアは、害のない緩衝地帯だったはずの場所が、世界で最も重要なグローバルな強国、しかもウクライナ、コーカサス地方、バルト諸国でロシアに圧力をかけていた強国に、占領されつつあることに気づいた。そのうえ折からのエネルギー価格の高騰により、新たな経済戦略を採用したロシアにとって、この地域のエネルギー資源が一層重要な意味を持つようになっていた。

ロシアはアメリカ軍をボルガ川から一〇〇キロ以内に近づけたくなかった。何とかして手を打たねばならない。そこで直接手を下しはしなかったが、地域の政治情勢をうまく操作してアメリカの勢力をそぐことに取りかかった。これは中央アジアをロシアの勢力圏に戻すことを意図した動きだった。地球の裏側の国であり、アフガニスタン、イラン、パキスタンの混乱によって周りから隔絶されていたアメリカには、抵抗するすべもなかった。ロシアは本来の地盤を取り戻した。さらに言えば、ここはアメリカの海軍力が及ばない、地球上でも数少ない場所だった。

中央アジアのような場所では、アメリカはロシアの圧力にさらされたままでいるわけにはいかない。ここでは中国が、その気になればアメリカを苦しめることができるからだ。ただし前述の通り、その可能性は低い。中国はこの地域に経済的な影響力を持つが、最終的に中国をねじ伏せるだけの軍事力と経済力を併せ持つ国は、ロシアなのだ。ロシアは中国に中央アジアへのアクセスを許すかもしれない。だが一九世紀にロシアと周辺国との間で取り交わされ、ソ連によって維持されたさまざまな取り決めが、効力を取り戻すだろう。そのようなわけで、中央アジアは二〇一〇年代初めまでに——つまり、西方のヨーロッパで重大な対立が始まるはるか以前に——ロシアの勢力圏に戻るものと考えられる。

ヨーロッパ区域

ヨーロッパ区域とはもちろん、ロシアの真西に位置する地域をいう。この地域でロシアの西部国境が、エストニア、ラトビア、リトアニアのバルト三国および、ベラルーシとウクライナの二つの独立共和国と接している。これらの国はいずれも、旧ソ連にもロシア帝国にも属していた。その向こう側に、旧ソ連衛星国のポーランド、スロバキア、ハンガリー、ルーマニア、ブルガリアの集まるベルト地帯がある。ロシアは国家の基本的安全保障のために、ベラルーシとウクライナを支配しなければならない。バルト諸国は二の次ではあるが、それでも重要だ。東欧諸国は絶対に不可欠というわけではない――ロシアが南はカルパチア山脈にしっかりとした足場を持ち、北ヨーロッパ平原に強力な軍隊を配備している限りは。だがもちろんこうした事情は、ときに複雑になり得る。

ウクライナとベラルーシが、ロシアにとっての生命線である。この二国がたとえばNATOに加盟するなどして、敵の手中に落ちれば、ロシアは存亡の危機に立たされる。モスクワはベラルーシの国境から四〇〇キロメートルほどしか離れておらず、ウクライナはボルゴグラード（旧スターリングラード）から三〇〇キロほどしか離れていない。ロシアはその奥行きを活かして、ナポレオンとヒトラーから身を守った。ベラルーシとウクライナを失ったロシアには、奥行きもなければ、敵の血と交換できる土地もなくなる。もちろんNATOがロシアを脅かすなどというのは荒唐無稽な考えかもしれないが、二〇年単位で物事を考えるロシア人は、荒唐無稽なことが瞬く間に現実になることを知っている。

またロシアは、アメリカとNATOが、東欧諸国とバルト諸国にもNATO加盟資格を認めることで、組織的に勢力範囲を拡大したことを承知している。アメリカがウクライナをNATOに取り込もうとし始めたとたん、ロシアはアメリカの真意に対する見方を、そしてウクライナに対する見方を変えた。ロシアからすれば、NATOがウクライナまで拡大することは、ワルシャワ条約機構がメキシコに進出するのと同じで、ロシアの利益を大きく脅かすものだ。二〇〇四年にはウクライナで親欧米派主導の民衆蜂起であるオレンジ革命が起き、ウクライナをNATOに連れ去るかのように思われた。この時ロシアは、アメリカがロシアを包囲、破壊しようとしているとして非難した。アメリカの真意については、議論の余地がある。だがウクライナのNATO入りがロシアの国家安全保障に壊滅的な影響を及ぼすことについては、議論の余地はない。

ロシアは軍を動員しなかった。その代わり、ウクライナに優れた秘密ルートを持つ諜報機関を動員した。そして親ロシアの東ウクライナと親ヨーロッパの西ウクライナの分裂を利用して、オレンジ革命を弱体化させたのである。ふたを開けてみれば、これはまったく難しいことではなく、ウクライナの政治はたちどころに麻痺した。首都キエフがロシアの影響力に圧倒されるのも、時間の問題である。

ベラルーシはそれほど手のかからない問題だ。先に述べたように、ベラルーシは旧ソ連共和国の中で最も改革が進んでいない、今なお集権的で権威主義的な国家である。また何より、ベラルーシの指導部は事あるごとにソ連の消滅を嘆き、ロシアとの何らかの形での統合を提案してきた。当然ながらこうした統合は、ロシア側の示す条件で行なわれなければならず、そのことが緊張をもたらしてはいるものの、ベラルーシがNATOに加盟する可能性は皆無である。

ベラルーシとウクライナのロシア勢力圏への再吸収は、今後五年以内に起こる既定事実である。これが実現すれば、ロシアは二つの世界大戦の戦間期にヨーロッパと接していた境界線をほぼ回復することになる。南方はコーカサス山脈によって固定され、ウクライナは守られ、北方では北ヨーロッパ平原上の国境が、ポーランドとバルト諸国に接する。この状況は、「北方の最強国はどこであり、境界線は正確にどこに引かれるべきか」という問題を投げかける。真の火種は、バルト諸国になる。

これまでのロシアへの侵略経路は、カルパチア山脈北部とバルト海の間の六〇〇キロメートルほどの隙間だった。この地域は平坦で横断しやすく、河川の障害もほとんどない。この北ヨーロッパ平原は侵略者にとって楽な道のりである。ヨーロッパの侵略国は、ここからモスクワに向かって真東に進むか、サンクトペテルブルクに向かって北西に進むことができる。冷戦中、サンクトペテルブルクとNATOの前線は一五〇〇キロ以上離れていた。現在その距離はわずか一〇〇キロ強に縮まっている。このことを考えれば、ロシアがバルト諸国で直面する戦略上の悪夢が何であるか、そしてこの問題を解決するために何が必要かが分かる。

バルト三国はかつてソ連の構成国だったが、ソ連崩壊後にそろって独立し、その後制限された状況の中でそろってNATO入りを果たした。前述の通り、ヨーロッパはあまりにも深く衰退期に足を踏み入れているため、この状況を利用しようという気力もないはずだ。だがロシアはこの前提に、国家の安全保障を賭けるつもりはない。一九三二年には無力だったドイツが、一九四一年にモスクワの戸口にたどり着いたのを、ロシアは目の当たりにしているのだ。ポーランドとバルト諸国が加盟したことで、NATOの境界はロシアの心臓部にかつてないほど近づいている。過去二〇〇年間で三たび侵略を受けた国にとって、NATOとその加盟国が脅威ではないという聞こえの良い前提は、とても当てにできるようなものではない。

ロシアにしてみれば、自国への主要な侵入ルートが無防備であるばかりか、ロシアへの敵意をあらわにしている国の手中にあるのだ。バルト諸国はかつてロシアに占領されたことをまだ根に持っている。ポーランドもロシアに対して同じように苦々しい気持ちを持ち、ロシアの真意に深い不信感を抱いている。今やNATOに加盟したこれらの国が、前線を形成する。そしてその背後に控えているのが、ポーランドやバルト諸国がロシアに抱いているのと同じくらいの不信感を、ロシアが抱いている国、ドイツである。ロシアは確かに偏執的ではあるが、だからといってロシアには敵がいないとか、ロシアが常軌を逸しているというわけではない。

この状況はあらゆる紛争の火種になり得る。ロシアは中立的なバルト海地域なら許容できる。だがNATOに加盟した、アメリカと親密なバルト諸国を受け入れることは、おいそれとは冒せないリスクである。その一方で、中央アジアから撤退し、コーカサスへの警戒を強めるアメリカは、バルト諸国から撤退するわけにはいかない。アメリカがNATO入りした三国を少しでも危険にさらすようなことがあれば、東欧諸国はパニックに陥るだろう。東欧諸国の行動は予測不能になり、ロシアの影響力が西方に拡大する可能性が高まる。ロシアの方がこの地域に大きな利害を有しているが、アメリカもその気になれば、この地域に多大な圧力を加えることができる。

ロシアが次に講じる手段は、ベラルーシとの間で、防衛機構を統合する協定を結ぶことだ。ベラルーシとロシアは長年にわたりつながりを維持してきたため、この動きは自然な状態への回帰となる。これにより、ロシア軍がバルト諸国の前線に戻ることになる。ロシアはポーランドとの前線にも軍を配備する。そしてこれが、本格的な対立の引き金を引くだろう。

ポーランドはロシアとドイツを怖れている。二国の狭間にとらわれ、自然の防塞を持たないポーランドは、つねに強い方の国に怯えている。ロシアとの間に少なくともカルパチア山脈を置き、ロシアではなくウクライナと国境を共有する他の東欧諸国と違って、ポーランドは危険な北ヨーロッパ平原のなかに位置する。ロシアがバルト諸国と対決する過程で国境に大量の軍隊を戻すようなことがあれば、ポーランドは行動を起こすだろう。四〇〇〇万人近い民を抱えるポーランドは小国ではないし、アメリカという大国の後ろ盾を確実に得るだろう。

ポーランドはバルト諸国の支援に回るはずだ。ロシアはウクライナをベラルーシとの同盟に引き入れ、ポーランドとの国境全体に、そして南は黒海にまで、ロシア軍を配置する。この時点で、ロシアはバルト諸国を制圧するプロセスを開始する。このすべてが、二〇一〇年代半ばまでに起こるだろう。

ロシアは次の三つの手段を意のままに使って、バルト諸国に影響を及ぼすことができる。

第一が秘密工作だ。ちょうどアメリカが世界各地の非政府組織を援助して活性化させたように、ロシアもバルト諸国のロシア系少数民族や、既存のまたは金で動員できるあらゆる親ロシア分子に援助を与え、活性化させるだろう。バルト諸国がこうした運動を抑圧すれば、ロシアには第二の手段を使う口実ができる。それは経済制裁、特に天然ガスの供給停止である。そして最後の手段として、ロシアは国境近くに大軍を駐留させて、軍事的圧力を加えるだろう。当然ながらポーランドもバルト諸国も、ロシアの予測不能性を忘れてはいない。これは相当な心理的圧力になる。

近年ロシア軍の弱体ぶりが盛んに論じられている。ソ連崩壊後の一〇年間は、その通りのことが起こっていた。しかし今、新たな現実が生まれている。弱体化の傾向は二〇〇〇年を境に反転しており、二〇一五年には過去の話になっているはずだ。北東ヨーロッパでの来るべき対立は、突然勃発することはなく、いったん始まれば長期化する。そのためロシアには軍事力を増強する時間的余裕がある。ロシアが一九九〇年代にも研究開発を続けていた唯一の分野は、先端軍事技術だった。二〇一〇年までにロシアはこの地域で最も有効な軍隊を確実に持つようになる。二〇一五年から二〇二〇年頃になれば、この地域に力を誇示しようとするどんな強国にも――アメリカにさえも――挑戦を突きつけるほどの軍隊を有しているはずだ。

ロシアが対峙するのは、自らの身を守ることのできない国々と、アメリカが武力行使を辞さない限りにおいて効力を発揮するNATO同盟である。前述の通り、アメリカのユーラシアに関する基本方針は一つである。それは、ユーラシア（またはその一部）を支配するような強国の出現を阻止することだ。もし中国が弱体化または分裂し、ヨーロッパが弱く分裂したままでいるならば、アメリカの基本的関心は、ロシアをバルト諸国とポーランドで手一杯にさせて世界的視野を奪うことによって、全面戦争を回避することに向けられるだろう。

アメリカは従来通りの手法、つまり技術供与を通して、これらの国を支援するはずだ。二〇二〇年頃には、この手法は今よりずっと効果が高くなっている。新しい戦争技術では、小規模で効率的な軍隊が必要とされる。つまり先進技術を利用すれば、弱小国でも不相応に大きな軍事力が行使できるようになる。アメリカは何とかしてポーランドとバルト諸国の軍事力を高め、これらの国によってロシアを釘づけにしたい。もしロシアを封じ込める必要が生じれば、これが最良の方法になる。ロシアにとってコーカサスのグルジアは二次的な引火点であり、ヨーロッパから軍を振り向けなくてはならない、腹立たしい存在である。だからこそ、アメリカはここに侵入する。だが本当に重要なのはコーカサスではなく、ヨーロッパである。

アメリカの力を考えれば、ロシアが直接攻撃を挑むことはないし、アメリカとて同盟国に危険な冒険を許しはしないだろう。むしろロシアはヨーロッパや世界の他の場所で、アメリカに圧力をかけようとする。たとえば国境を接する隣国であるスロバキアやブルガリアを不安定に陥れようとするだろう。こうした対立が、ロシアとヨーロッパ諸国との国境全域に広がるのである。

ロシアの基本戦略は、NATOを解体し、東欧諸国を孤立させることだ。この戦略におけるカギを握るのはドイツで、次がフランスである。どちらの国も、ロシアとの新たな対立を望まない。どちらも他国に関心を持たない国であり、またドイツはロシアに天然ガスを依存している。ドイツは依存の軽減を図ろうとしており、多少軽減するものの、今後も天然ガスを必要とし、ロシアからの相当量の輸入に頼るだろう。こうした状況を踏まえて、ロシアはドイツを次のように説得しようとする。アメリカはロシアを封じ込めるために、またもやドイツを利用しようとしている。だがロシアがドイツを脅かすどころか、われわれは共通の利害を持っているではないか。それは独立したポーランドという、両国間の安定した中立的な緩衝地帯だ。バルト諸国の問題をここに持ち込むべきではない。アメリカがバルト諸国に関心を持つのは、ロシア侵攻を計画しているからにほかならない。ロシアは幅広い協力体制という枠組におけるバルト諸国の自治と、またポーランドには軍事力削減と中立の見返りとして安全保障を保証する用意がある。これに代わる道、つまり戦争は、ドイツのためにもフランスのためにもならないのだと。

この説得はおそらく成功するが、予期しない展開が起きる。ヨーロッパの目にはつねに過度に攻撃的に映るアメリカは、このときもロシアを脅かそうとして、東ヨーロッパでいらぬ問題を起こすだろう。だがドイツはNATOにこうした行動を取ることを許せば、望まぬ紛争に巻き込まれることになる。したがってドイツは、ポーランド、バルト諸国、その他のヨーロッパ諸国に対するNATOの支援を阻止すると考えられる。NATOは総意による合意

（コンセンサス）がなければ機能しない上、ドイツは主要メンバー国であるため、支援は行なわれない。そしてNATOが支援を撤回したショックで、ポーランドを始めとする諸国が屈従することを、ロシアは期待する。

だが実際に起こるのは、この正反対のことだ。ロシアとドイツの板挟みという歴史的な悪夢にとらわれたポーランドは、アメリカへの依存をさらに高める。アメリカはこの状況を、金をかけずにロシアを釘づけにし、ヨーロッパをまっ二つに分割し、その過程でEUを弱体化させる好機ととらえ、東ヨーロッパへの支援を拡大するだろう。そして二〇一五年頃には、旧ソ連衛星国とバルト諸国を主体とした、新しい諸国連合が出現する。この連合は西ヨーロッパ諸国に比べて、失うものがはるかに大きいため、精力的に動き、またアメリカという後ろ盾を得て、驚くほどの活力を生み出すだろう。

ロシアは、このアメリカの巧妙な権力掌握を受けて、世界の他の場所でアメリカへの圧力を強める。たとえばイスラエルとパレスチナが果てしない対立を繰り広げる中東で、アラブ諸国への軍事援助を拡大する。一般に、ロシアはどこであろうと反米体制が存在する場所で、軍事援助を積極化するだろう。二〇一五年頃までは軽微な世界的対立が続き、二〇二〇年までに激化する。両者とも戦争のリスクは冒さずに、策略をめぐらせる。

二〇二〇年までには、この対立が世界の主要な問題になり、いつまでも続く問題と見なされるようになる。ただし対立は、第一次冷戦ほど広い範囲には及ばない。ロシアはユーラシア全体を掌握する力を持たず、本当の意味での世界的脅威にはならない。したがってロシアが局所的に脅威を及ぼし、それにアメリカが応酬する形となる。ロシア国境全体にわたって緊張が生じるが、アメリカはかつてソ連に対して行なったように、ロシアの全周囲に非常線を張ることはできない（またその必要もない）。

この対立のために、ヨーロッパの炭化水素燃料への依存が、戦略的懸念となる。ヨーロッパはほとんどの炭化水素燃料をロシアから得ている。そこでアメリカは、炭化水素エネルギー資源への集中を軽減する戦略を取るだろう。これをきっかけに、アメリカでは代替エネルギー資源開発への関心が急速に高まるのである。ロシアはそれまで通り、新しい産業の開発よりも、既存産業に重点を置くだろう。つまり新しいエネルギー資源ではなく、石油と天然ガスの生産を拡大する。その結果ロシアは、今世紀後半を席巻する技術的発展の最前線を担うことはなくなる。

ロシアはむしろ、軍事能力を開発する必要に迫られる。そこで過去二〇〇年にわたってやってきたように、研究開発資金の大半を新技術の軍事利用や既存産業の振興に投入するだろう。そしてその結果、重要な非軍事技術ではアメリカや世界に後れを取ることになる。逆説的だが、ロシアは炭化水素資源に恵まれていることがあだとなって、特に大きな痛手を被るのである。新技術を開発する意欲に欠け、軍事支出の負担が重くのしかかるからだ。

ロシアは勢力回復の初期段階、つまり二〇一〇年頃までは、経済的に停滞した軍事力の弱い分裂した国として、甚だしく過小評価されるだろう。二〇一〇年代に入ってロシア国境での対立が激化し、周辺諸国が警戒し始めても、大国はまだ事態を真剣に受け止めない。

なかでもアメリカは、当初は敵を過小評価し、後に過大評価するきらいがある。二〇一〇年代半ばになれば、アメリカはロシアのことで再び頭が一杯になっているだろう。ここで、興味深い展開が見られる。アメリカは極端な感情の間で揺れ動くものの、実は前述の通り、一貫性のある合理的な外交政策を遂行するのである。この時のアメリカは躁状態になっているが、武力に訴えずにロシアを苦しめ続けることに専念する。

ここで大きな意味を持つのが、断層線がどこにあるかという問題だ。ロシアの復活が大した危機をもたらさない場合、ロシアは中央アジアとコーカサスを支配し、おそらくモルドバを吸収するものの、バルト諸国を吸収したり、カルパチア以西の国々を支配することはできない。もしロシアが実際にバルト諸国を吸収し、バルカン半島のセルビアやブルガリア、ギリシャ、あるいは中央ヨーロッパのスロバキアといった、重要な同盟国を得るようなことがあれば、米ロの争いはより熾烈で、恐ろしいものになるだろう。

だが結局のところ、これは大した問題ではない。アメリカがロシアの動きを受けて行使するほんのわずかな軍事力と対決しただけで、ロシアの軍事力には著しい負担がかかる。ポーランド、チェコ共和国、ハンガリー、ルーマニアは、他のヨーロッパ諸国がどう動こうとも、ロシアの前進に断固抵抗し、どのような取引をしてでもアメリカの支援を得ようとするだろう。そのようなわけで、冷戦時代の断層線がドイツに引かれたのに対し、今回の断層線はカルパチア山脈に引かれるだろう。ポーランドの北部平原が対立の最前線となるが、ロシアは軍事行動を起こさない。

この対立を——そしてそれに先立つ冷戦を——呼び覚ましたさまざまな要因は、冷戦と同じ結果をもたらすだろう。ただしアメリカは、前の冷戦ほど労力を費やさない。前回の対立は中央ヨーロッパで起こったが、今回はそれよりずっと東で起こる。前回の対立では、少なくとも最初のうちは、中国はロシアの同盟国だったが、今回中国はゲームに加わらない。前回ロシアはコーカサスを完全に掌握していたが、今回そのようなことはなく、また北方に向かうアメリカとトルコの圧力にさらされる。前回の対立時、ロシアは膨大な人口を擁していたが、今回人口は以前よりはるかに少なく、しかも減少傾向にある。国内、特に南部での緊張を受けて、ロシアの関心は西方からはずれていき、最終的にロシアは戦わずして自壊するものと考えられる。ロシアは一九一七年に崩壊し、一九九一年に再び崩壊した。そしてこの国の軍隊は、二〇二〇年を少し過ぎた頃に、今ひとたび崩壊するのである。

第6章の概要

- 資源輸出国として生まれ変わったロシアは、コーカサス、中央アジア、ヨーロッパ方面に勢力を強める。
- ロシアの動きにアメリカが対応し、ふたたび冷戦が起こる。今回の冷戦は前回と比べれば小規模だが、前回と同様、ロシアの自壊で幕を閉じるだろう。

第7章 アメリカの力と二〇三〇年の危機

アメリカの南部国境沿いに、壁が建設されつつある。この壁の目的は、不法入国者を阻止することにある。アメリカは移民の力を借りて強力な経済を築き上げた国だが、一九二〇年代以降は移民流入を経済が吸収できる限度にとどめ、国民から雇用が奪われないようにすることが、国民的合意になっている。メキシコ国境沿いの壁は、この方針の当然の帰結である。

一九二〇年代の世界は人口爆発のさなかにあった。アメリカの、そして世界の抱えていた問題は、増加の一途をたどる労働人口にどう対処するかということだった。労働力は安価で、富める国に移動する傾向にあった。移民志願者が殺到する事態に直面したアメリカは、移民流入を制限することで、労働力の対価である賃金の急落を防ごうとした。

アメリカの移民政策のよって立つ前提は、二一世紀には成り立たなくなる。人口の急激な増加は終息し、寿命は延びている。その結果人口高齢化が進み、若年労働者が減少している。このようにしてアメリカでは二〇二〇年までに労働力不足が生じ、その後の一〇年間で事態はますます深刻になり、不足を補うために移民が必要になるだろう。だがアメリカが新しい労働者を必要とする時期、世界中の先進国も同じ必要に迫られる。二〇世紀の問題は、どうやって移民を制限するかということだった。二一世紀の問題は、どうやって十分な数の移民を誘致するかということになる。

ロシアの二度目の崩壊は、アメリカの黄金時代への扉を開くようにも思われる。だがちょうどロシアとの対立が終わろうという時期に、アメリカでは労働力不足がもたらす国内経済の重大な危機が表面化するのである。

危機の最前線は、今日の先進工業国の人口高齢化にすでに見ることができる。この危機は、一つには社会的な危機だ。何世紀も前から存在する家族形態が崩れつつあり、誰も面倒を見てくれる人のいない高齢者が増えている。そのようなことから、社会保守主義と、刻々と変化する社会的現実との間に、激しい政治的対立が生じるだろう。この動きはすでに、トークショーから政治家の言動に至るまでのあらゆる大衆文化に表われているが、今後さらに激化し、二〇二〇年代半ばに重大局面を迎えるだろう。

歴史が何らかの指針となるなら、この危機は二〇二八年、または二〇三二年の大統領選挙で頂点に達する。なぜこのように断言できるかと言えば、アメリカの歴史には奇妙な、そして完全に説明しきれない、あるパターンが組み込まれているからだ。アメリカはほぼ五〇年ごとに、決定的な経済的、社会的危機に見舞われてきた。問題が表面化するのは、危機が明らかになる一〇年ほど前である。そして転機となる大統領選挙が行なわれ、その後の一〇年ほどで国内の政治情勢が一変する。危機は解決され、アメリカは繁栄する。だが次の世代になると、古い問題の解決策が新たな問題を生み出し、それが高じて別の危機をもたらすという繰り返しである。決定的瞬間は、後になるまではっきりと認識されない場合もあれば、誰の目にも明らかな場合もある。だが必ずそんな瞬間が訪れる。

二〇二〇年代に危機が起こる根拠を明らかにするために、まずこのパターンをもう少し詳しく説明しておきたい。過去の株価の動きを知らなければ株式投資ができないように、アメリカの政治的、経済的サイクルを知らなければ、本書の予測を理解することはできない。

アメリカは建国以来この周期を四度完了し、現在五度目の周期の半ばを過ぎたところだ。一般に、この周期は時代を特徴づける政権に始まり、失敗した政権に終わる。つまりジョージ・ワシントンから始まった周期は、ジョン・クインシー・アダムズで終わり、その後アンドリュー・ジャクソンからユリシーズ・S・グラントまで、ラザフォード・ヘイズからハーバート・フーヴァーまで、そしてフランクリン・D・ルーズベルトからジミー・カーターまでの周期が続いた。また政治の陰では、古い経済モデルにしがみつく斜陽の支配階級と、新しい経済モデルをよりどころとする新興階級との間の闘争を特徴とする危機が生じる。それぞれの陣営が体現する世界観や道徳観は根本的に異なり、またそのことは経済構造の変化を映し出すのである。

第一期――建国者から開拓者まで

アメリカは一七七六年の独立宣言をもって建国された。この時以来、アメリカは国民意識と国軍、国民議会を持つ国家になった。建国の父祖たちは主に一つの民族集団に属し、イングランド人に少数のスコットランド人が混じっていた。この裕福な男たちは新しい支配体制の守護者を自任し、土地や金を持たない一般大衆とも、もちろんアフリカ人奴隷とも違う、まったく異質な存在だった。

だがかれらだけで国を建設することはできなかった。領土を拡張し、アレゲーニー山脈の西側の土地に植民するために、開拓者が必要とされた。開拓者たちは、ジェファーソンやワシントンらとはまるで毛色が違っていた。典型的な開拓者は、開墾し耕作するためのわずかな土地を求めてやってきた、スコットランド・アイルランド系の貧しく無学な移民だった。西部開拓の英雄ダニエル・ブーンがまさにその典型である。

一八二〇年代になると、建国者の理想が入植者の権利と衝突するようになり、二つの集団の間で激しい政治闘争が繰り広げられた。社会的緊張は経済危機に発展し、一八二八年に新世代の擁護者アンドリュー・ジャクソンが当選したことで最高潮に達した。この政権が、建国世代最後の大統領ジョン・クインシー・アダムズの失敗した政権を引き継いだ。

第二期――開拓者から田舎町まで

ジャクソン政権下のアメリカで最も大きな勢力を誇っていた階級は、大陸の中央部に定住した開拓農民だった。古い建国階級は消え去ったわけではないが、勢力バランスは建国階級から、西部に向かう貧しい（が数の上でははるかに多い）入植者の側に大きく傾いた。ジャクソン以前の政権は、投資家を保護するために通貨安定を優先した。だがジャクソンは、自らの政権基盤である債務者を保護するために、低金利政策を支持した。第一期を象徴する英雄が、大地主であり兵士であり政治家だったワシントンだったのに対し、ケンタッキーの丸太小屋で生まれたエイブラハム・リンカーンが第二期の英雄となった。

このサイクルの終わり頃、つまり南北戦争後の西部地方は、もはや開拓第一世代の細々とした自給農業を特徴とする地方ではなくなっていた。建国から一〇〇年たった一八七六年には、農民は土地を所有するだけでなく、農業から利益を得ていた。景観も様変わりしていた。自作農場の周辺に小さな町が生まれ、ますます豊かになる農民たちのニーズを満たしながら発展した。田舎町の銀行は農民から預かった金をウォール街に投資し、その金は鉄道や産業に投資された。

しかし問題があった。五〇年間続いた低利融資政策は、開拓者には好都合だったが、その同じ政策が、西部の農場を事業化したかれらの子どもたちを苦しめていたのである。一八七〇年代になると、低金利の苦境は耐えがたいほどになった。低金利のせいで農場の利益を―

――また特に農民を顧客とする事業から挙がる利益を――投資できなくなっていた。

アメリカが成長するためには、強く安定した通貨がどうしても必要だった。ユリシーズ・S・グラントの政権が失敗したのち、一八七六年にラザフォード・B・ヘイズが大統領に選出された。ヘイズは――より正確にはかれの政権の財務長官ジョン・シャーマンは――金本位制を支持し、その結果インフレが抑制され、金利が上昇し、投資の魅力が高まった。貧しい農民は打撃を受けたが、裕福な農場、牧場経営者や田舎町の銀行家は救われた。この金融政策が、アメリカの急速な産業化を促した。その後の五〇年にわたるアメリカの驚異的な経済成長の原動力になったのが、この政策だった。だが以前の二つのサイクルと同様、成功はあだとなったのである。

第三期――田舎町から工業都市へ

ダニエル・ブーンが没後だいぶたってからもてはやされたように、アメリカの田舎町の生活が見直されたのも、ずいぶん時代を経てからのことだった。鉱山や工場の労働者として数百万人の移民が導入され、主に大都市に定住した。そのほとんどがアイルランド、イタリア、東欧諸国の出身だった。この時期の移民は、それまでアメリカにいたどんな人たちともまるで違っていた。考えてもみて欲しい。白人のプロテスタントを主体とし、黒人を底辺層とする国に、突如として見かけも言葉も行動もまったく違う移民たちが殺到したのだ。かれらは田舎町では疑いと憎しみの目を向けられた。新興移民が工場で働くために定住した大都市は、堕落した異質な文化の中心地と見なされるようになった。

しかし田舎町の価値観は、今やアメリカの足かせとなっていた。一八七〇年代末以降の金融システムは、金融引き締め政策を柱としていた。この政策は貯蓄と投資を促す一方で、消費と信用を抑制した。出生率の上昇と移民の流入により都市人口が爆発的に増えると、新興移民は低賃金にあえぐようになった。投資が増える一方で、労働者は購買力を著しく抑制され、自分たちの作る製品すら買えなくなった。その結果起こったのが、大恐慌である。消費者は金がないため、必要とする製品を買うことができない。そのため、製品を作る工場が労働者を解雇するという、一見果てしない悪循環が続いた。田舎町アメリカの道徳規範だった勤勉と倹約では、このマクロ経済の圧倒的な力に太刀打ちできるはずもなかった。

一九三二年にフランクリン・ルーズベルトが、ハーバート・フーヴァーの失敗した政権を引き継いだ。ルーズベルトは過去の世代の政治家たちの政策を転換した。投資家から消費者に富を移転することで、消費を喚起しようとしたのである。ルーズベルトは衰退する田舎町とその価値観を犠牲にして、都市の産業労働者を擁護した。

だがニューディール政策は結局のところ、大恐慌に終止符を打つことはできなかった。大恐慌を終わらせたのは、第二次世界大戦だった。大戦のおかげで、政府は巨額の投資を行なって工場を建設し、労働者を雇用することができた。第二次世界大戦後の諸施策には、大恐慌をさらに決定的に終わらせる効果があった。戦後、帰還兵は一連の支援策を通じて、ローンで住宅を購入し、大学の学資を容易に調達し、事務系専門職につくことができた。連邦政府が州間高速道路網を整備したことにより、都市周辺部に宅地が造成されるようになった。こうした施策によって大規模な富の移転が起こり、工場やオフィスの雇用が一段と伸び、戦争の経済利益が維持されたのである。このようにしてアメリカの中産階級が生まれた。ルーズベルトの改革——それは第二次世界大戦が要求した改革だった——の狙いは、都市の労働者階級を支援することにあった。この改革が、少数民族の労働者階級の子どもたちを、中産階級の郊外居住者に変えたのである。

第四期——工業都市から郊外中産階級へ

世の常として、一つの解決策は次の問題を生み出す。大恐慌は、雇用創出や社会的支援、消費者への富の移転などを通じて、需要を拡大することによって克服された。富裕層に高い税率が課され、住宅保有を促すために低利の融資が行なわれ、さまざまな購入品に消費者信用が導入された。こうした政策が好景気を支えた。

だが一九七〇年代になると、この図式はもはや成り立たなくなった。高い税率は起業リスクを法外に高め、大規模で効率の悪い企業に有利に働いた。当時の限界税率（最も高い税率）は、富裕層と企業に適用された七〇％だった。この税政策は、成功を罰することで投資を阻害した。消費者信用の拡大を受けて消費が高止まりする陰で、工場の老朽化、陳腐化が進んでいた。投資不在のなか、工場の、そして経済全体の効率が低下し、国際競争力が失われていった。

資金需要が最も高かった一九七〇年代末には、ベビーブーマーが家族形成期を迎えた。これらの要素に加え、折からのエネルギー・ショックが危機的な状況をもたらした。ジミー・カーター大統領政権の下で、経済そのものが揺らいでいた。長期金利は一〇％台半ばだった。インフレ率も失業率も一〇％を超えていた。カーターの取った対策は中下層階級の減税だったが、いたずらに消費を増やし、システムにさらに負荷をかけただけだった。過去五〇年にわたって有効だったあらゆる経済刺激策が、効果を失ったばかりか、事態をさらに悪化させた。

一九八〇年に大統領に選出されたロナルド・レーガンは、過小投資と過剰消費の危機に立ち向かった。レーガンのとった対策は、消費を維持しながら投資を拡大することであり、これを投資活性化のための減税、いわゆるサプライサイド経済学を通じて行なった。レーガンは需要を圧迫して消費者の購買力を奪うことを望まなかった。かれが狙ったのは、上層階級と企業が投資を通じて経済の近代化を図れるような道筋をつけることだった。これが一九八〇年代のアメリカ経済の抜本的な建て直しを導き、一九九〇年代の好況の土台を作ったのだ。

レーガンの政策は、政治力と経済力を都市部から郊外に移した。ルーズベルト＝カーター時代の新機軸を通じて、郊外への大規模な人口移動が起こり、そのことが国を作り替えた。州間高速道路網を始めとする道路が整備されたおかげで、遠距離通勤が可能になり、開発の遅れていた安価な土地の利用が進んだ。世紀後半になるとこうした郊外生活者がますます豊かになり、一九八〇年代にはレーガンの経済政策の恩恵を存分に受けたのだった。

レーガンはこのようにしてアメリカ経済の方向転換を完了した。経済の重心は、都市部の労働者階級の消費を最優先したニューディールの原則から、郊外に住む専門職や起業家の階級に完全に移った。この点において、かれがアメリカの社会や都市の精神を、そしてアメリカの労働者の魂を裏切ったという声も一部からは聞かれた。ルーズベルト、ヘイズ、ジャクソンが非難されたように、レーガンもアメリカの一般市民を裏切ったとのそしりを受けた。だが結局のところ、ルーズベルトやヘイズ、ジャクソンに選択の余地がなかったのと同様、レーガンにもほかに取るべき道はなかった。現実が、この展開を要求したのである。

第五期――郊外中産階級から恒久的移民階級へ

では将来に話を戻そう。

もしこの五〇年周期説が有効なら、またもし二二〇年前から続いている周期の信頼性が十分高いのであれば、現在は一九八〇年のロナルド・レーガン選出に始まった第五期のまっただ中ということになる。このパターンは、現在のアメリカ社会の構造が二〇三〇年頃まで存続すること、そしてイデオロギーを問わずどんな大統領にも経済と社会の基本的動向は変えられないことを示している。

ドワイト・アイゼンハワーは一九五二年、つまりルーズベルトから二〇年を経て大統領に選出されたにもかかわらず、ニューディール政策の打ち立てた基本的なパターンを変えることはできなかった。偉大な進歩主義者テディ・ルーズベルトにも、ラザフォード・ヘイズの設定した進路を大きく変えることはできなかった。リンカーンはジャクソンの基本方針を支持した。ジェファーソンはワシントンの体制を打破するどころか、支持する結果に終わった。どの周期でもきまって旧政権の野党が選挙に勝利し、時には偉大な大統領を輩出することもある。だが基本原則はそのまま変わらない。ビル・クリントンは一九八〇年以降定着していた基本的現実を変えることはできなかったし、今もどちらの党からどのような大統領が輩出されようと、それを変えることはできない。こうしたパターンはあまりにも強力で、この世界の根源的な力にあまりにも深く根ざしているのだ。

だがこれはあくまで周期であり、周期である以上いつか必ず終わりを迎える。もしこのパターンが正しければ、二〇二〇年代に経済的、社会的緊張が高まり、おそらく二〇二八年または二〇三二年の選挙で、決定的な転換がもたらされるだろう。今問うべき問題は、二〇二〇年代の危機がどのようなものになるのか、そしてその解決策は何かということだ。一つだけ確かなことがある。それは、前の周期の解決策が次の周期の問題を生み、次の解決策がアメリカを激変させるということだ。

現在のアメリカ経済は、消費支出や事業開発に容易に融資が受けられる信用システムの上に成り立っている。金利は歴史的低水準にある。富の大部分を生み出しているのは昔ながらの貯蓄ではなく、住宅、企業年金制度、土地などの資産の値上がり益である。貯蓄率は低いのに、富は急速に増大している。

この成長は人為的なものではない。一九八〇年代の改革は、起業家活動を原動力とする大規模な生産性ブームの火蓋を切った。新しい技術だけでなく、新しいビジネスモデルの導入が、労働者の生産性を飛躍的に高めると同時に、企業の実質価値を高めた。一九八〇年代風の新しい産業の例として、たとえばマイクロソフトやアップルが挙げられる。過去の周期ではゼネラル・モーターズやUSスチールといった企業が経済情勢を左右したのに対し、この周期の雇用の伸びは起業家精神あふれる、資本集約度の低い企業を軸としている。

消費者需要と株価は、微妙なバランスの上に成り立っている。消費者需要が何らかの理由で減少すれば、住宅から企業に至るまで、さまざまなものの価値が低下する。こうした価値は、消費者信用や企業融資の限度額の拡大を通じて経済を活性化し、また個人や企業の正味資産を決定する。株価が下がれば需要が減少し、下方スパイラルが生じる。これまでの課題は、人口増加に負けないペースで経済を成長させることだった。これからは、人口より早いペースで経済を衰退させないことが課題になる。理想を言えば、人口が減少しても成長は維持したい。

二一世紀最初の危機まで一〇年少しに迫った今、すでに危機の端緒をかいま見ることができる。三つの嵐が近づいている。第一が人口動態上の変化である。二〇一〇年代末になると、第一次ベビーブーム世代が七〇歳代にさしかかり、生活費を捻出するために株式を現金化し、持ち家を売却し始める。第二の嵐はエネルギーだ。近年の石油価格の高騰は、二五年間におよんだエネルギー価格の低迷に続く、単なる周期的な上昇かもしれない。だがもしかすると、炭化水素依存型経済の終焉を告げる、最初の前兆かもしれないのだ。

第三に、最新世代の技術革新による生産性向上がピークを迎えている。マイクロソフトやデルを始めとする一九八〇年代と九〇年代の偉大なベンチャー企業は大手企業になり、生産性の伸び悩みから利益率が低下している。一般に、過去四分の一世紀間に行なわれた技術革新はすでに株価に織り込み済みである。過去二〇年間の驚異的な成長を維持するのは難しい。

こういったことのすべてが資産、つまり不動産価格と株価への下方圧力となる。資産価格をコントロールする経済的手段は存在しない。この一〇〇年間で金利とマネーサプライを調整する（信用統制）手段が生み出された。だが二〇〇八年の住宅ローン危機が示すように、資産価格を管理する手段はまだ現われ始めたばかりだ。住宅と株式に早くも投機的バブルが生じているという指摘もある。バブルはまだ始まったばかりで、最高潮に達するまでにはあと一五年から二〇年かかるだろう。だがこの周期がピークを迎えるとき、アメリカは人口動態、エネルギー、技術革新の危機により、壊滅的な打撃を受けるだろう。

ここで二〇〇八年の金融危機について少し考えてみたい。この危機は、基本的にはありふれた景気循環の山にすぎなかった。景気が急拡大する局面では、金利は必然的に低水準にある。このとき保守的な投資家は、リスクを高めずにリターンを増やしたいと考える。金融機関は、あくまで需要を満たす商品の開発を目的とする、マーケティング組織である。景気循環がピークを迎えるとき、金融機関は投資家の需要に応える商品を積極的に開発する必要に駆られ、高いリスクが潜在する金融商品を開発することも多い。そして周期が終わろうという頃に問題点が明らかになり、砂上の楼閣が崩れ去る。世紀の変わり目に起こったドットコム・バブルの崩壊が、この好例である。

こうした壊滅的な打撃が、ドットコム企業のような非金融部門ではなく、金融部門に及ぶ場合、影響は倍加する。金融機関が損失を被るだけでなく、金融部門の機能、つまり流動性供給能力が低下するからだ。アメリカで一般に講じられる措置は、連邦政府による介入である。一九七〇年代にも、連邦政府が地方財政危機に介入して市債を保証し、ニューヨーク市を救済した。一九八〇年代に商品価格の下落により第三世界諸国が債務不履行に陥った際には、国際救済措置を指揮し、ブレイディ債を通じて第三世界の債務を事実上保証した。商業不動産市場の崩壊が貯蓄貸付組合（S&L）に壊滅的な影響を与えた一九八九年には、整理信託公社を通じて介入した。住宅価格の下落が引き金となった二〇〇八年の危機でも、政府は債務を肩代わりし、金融システムのその他の機能を保証するために、介入を余儀なくされた。

負債を計る物差しは、純資産である。一〇〇〇ドルの借り入れがあって、純資産がマイナス（債務超過）の人は、勤め口を失えば面倒なことになる。一方、一〇〇万ドルを借りていても、一〇億ドルの純資産があれば問題ない。アメリカ経済の純資産規模は数百兆ドルであり、数兆ドル規模の債務危機で破壊されることはない。問題は、数億人の民間人が握る純資産を、どうやって不良債権の処理に充当できるかだ。それができる力を持っているのは政府をおいてほかにない。政府には、債務を保証し、課税権を行使し、連邦準備制度理事会（FRB）の紙幣発行権を活用して、これを行なうことができる。

そういった意味で、二〇〇八年の危機は過去の危機と実質的に異なるわけではない。実体経済は景気後退に陥ったが、景気後退は景気循環の正常かつ日常的な一部分だ。しかし同時にわれわれは、もう少し遠い将来の重大な前兆を目の当たりにしているのである。住宅価格が下落した理由はいろいろあるが、その背後には人口動態の現実が潜んでいる。世界人口の増加が頭打ちになれば、需要拡大から土地などの不動産価格が右肩上がりに上昇を続けるという、歴史的前提がゆらぎ始める。二〇〇八年の危機は、今後二〇年にわたって顕在化する、あるプロセスを露呈した。それは、人口動態主導の資産危機だ。住宅不動産価格の下落は衝撃的だった。人口動態上の変化が危機を招くなど、いまだかつてなかったことだ。今回の危機は決定的瞬間とは言えないが、風の中のわら、つまり将来起こり得る不動産価格の下押し圧力や、政府による経済統制の強化などを示す予兆として受け止められるべきだ。

経済危機の話になると、ほんのちょっとした懸念もたちまち大恐慌の不安に変わる。だが実は歴史を振り返ってみれば、周期の終わり頃に起こる危機は、大恐慌の底深い苦悩というよりは、激しい不安といった方が近い。一九三〇年代の長期化した組織的失敗よりも、一九七〇年代のスタグフレーションや、一八七〇年代に続けざまに起こった短期的な激しい落ち込みの方が、これから起こる可能性がはるかに高い。二〇二〇年代の危機にも当てはまることだが、歴史的転換点に大恐慌が起こるとは限らないのである。

さて、建国から一世紀にわたってアメリカを悩ませ続けた圧倒的な問題は、土地の所有構造だった。続く一五〇年間は、資本形成と消費のバランスをいかに図るかが主要な問題となった。この問題への対策は、資本形成の優先と消費の優先との間で揺れ動き、両者の釣り合いを図る施策に落ち着くこともあった。だが二五〇年にわたるアメリカの歴史の中で、労働力不足が問題となったことは一度もない。人口はつねに増加し、若年労働者の数がつねに高齢者を上回っていた。

二〇三〇年の危機の根底には、労働力がもはや当てにできなくなるという事実がある。第二次世界大戦後の出生率の急上昇と、平均余命の延びによって、高齢者人口が増加した。今後ますます多くの高齢者が労働力から脱落するが、かれらは消費は続ける。そしてここに、考えさせられる事実がある。社会保障制度が退職年齢を六五歳に設定した当時、男性の平均余命は六一歳だったのだ。これを考えると、社会保障制度がほとんど年金を支払うような仕組みになっていないことが分かる。その後の平均余命の延長が、年金制度の収支計算をすっかり変えてしまったのだ。

一九七〇年代を境に出生率が低下していることと、労働力への参入年齢（就労年齢）がますます高くなっていることから、退職者一人あたりの就労者数が減少している。二〇二〇年代にはこの傾向にさらに拍車がかかるだろう。就労者が退職者を支えることが問題になるのではない。もちろんそれも一因ではあるが、問題は退職者が住宅や年金基金の資産価値をあてに、それまでと変わらぬハイペースで消費を続けることにある。それはとりもなおさず、高齢者の需要を満たすための労働者が必要になることを意味する。労働力人口が減少するなか、商品とサービスの需要が不変であれば、人件費が高騰し、インフレ率の急騰を招く。また退職者の資産はますます早く底をつく。

退職者は二つの集団に分かれるだろう。一方で、資産価値のある住宅や年金商品を所有する幸運な、または抜かりのない人たちは、資産売却を余儀なくされる。他方には、資産をほとんど持たない退職者がいる。社会保障だけでは、どんなに良い状況でも生活は成り立たない。ベビーブーマーは、相応な生活や医療水準の維持をますます強く求めるようになる。この集団は人数が多いため、不釣り合いに大きな政治力を維持する。退職者の票は他の集団に比べて不釣り合いに多く、中でもベビーブーマーの票は特に多い。したがってかれらは票で給付金を勝ち取るだろう。

これはアメリカに限った問題ではなく、世界中の政府が増税か借り入れ増を迫られる。前者であれば、労働力不足がもたらす賃金上昇の恩恵を受ける集団が、重税を課されることになる。後者の場合、政府はベビーブーマーが市場で資産を売却し始めるその時期に、縮小する市場で債券を増発することになる。通貨供給の増加により、一九七〇年代を再現するかのように金利はさらに上昇するだろう。一九七〇年代の再現でないのは、失業に関する点だけだ。働ける人なら誰でも高収入の働き口が見つかるが、その収入は税金やインフレで大きく目減りする。

ベビーブーム世代が引退し始めるのは二〇一三年頃だ。平均的な退職年齢を七〇歳と仮定すると（健康状態の改善と経済的必要から、この年齢まで引き上げられる）、この数年後から退職者人口が急増し始める。退職者数が大きく減少するのは二〇二五年を何年も過ぎてからで、それ以降も長期にわたって経済に影響がおよぶだろう。一九八〇年に生まれた人たちは、この問題に三〇歳代半ばから四〇歳代半ばまで向き合うことになる。つまりかれらは職業人生の大半を、正常な機能をますます失っていく経済の中で過ごすのである。幅広い歴史的な観点から見れば、これは一過性の問題にすぎない。だが一九七〇年から一九九〇年までに生まれた人たちにとって、この問題は苦痛を伴うだけでなく、自分たちの世代を特徴づける問題になる。大恐慌の再来にはならないが、一九七〇年代のスタグフレーションを知る人なら、大体どのようなものになるかお分かり頂けるはずだ。

ベビーブーマーは世代の断絶とともにこの世に生まれ落ちた。そしてかれらは断絶とともに去りゆくのである。

二〇二四年または二〇二八年に大統領に選ばれる者は、とてつもない問題に直面する。アダムズ、グラント、フーヴァー、カーターに続いてこの大統領も、新しい問題を解決するために、直前期の解決策を用いるだろう。カーターがルーズベルト方式でスタグフレーションの解決を図り、事態を悪化させたように、この周期の最後の大統領もレーガン方式を採用して、富裕層の減税により投資を促す。だが減税は、労働力不足が最も深刻な時期に投資を拡大させ、その結果人件費のさらなる上昇を招き、景気の下振れを増幅させることになる。

過去に危機を招いた問題が前例のない問題だったように、二〇二〇年代に表面化する問題も、それまでに例を見ないものになる。それは、利用可能な労働力を増やすにはどうすればよいか、という問題だ。労働力不足の解決策は二つ考えられる。一つは、労働者一人あたりの生産性を高めること。そしてもう一つが、労働者の絶対数を増やすことだ。問題の大きさと時間的制約からいって、問題を迅速に解決するには労働者の数を、しかも移民の受け入れ拡大を通じて、増やす以外に道はない。二〇一五年頃を境に移民は増えているはずだが、問題を軽減するほど急速には増えていない。

一九三二年以来、アメリカの政治文化にはつねに労働力過剰、つまり失業を怖れる風潮があった。つまりこの頃には、移民問題が賃金低下の元凶という視点で考えられるようになってから、一世紀が過ぎたことになる。移民は人口爆発というプリズムを通してとらえられてきた。移民が何らかの問題の（この場合は労働力不足の）解決策になり得るという発想は、一九三〇年当時「失業は怠惰の産物ではない」という考えがそうであったように、なじまない考え方として受け止められるだろう。

二〇二〇年代になると、発想は再び転換する。そして二〇二八年か二〇三二年の大統領選挙を機に、アメリカの政治思想は大きな転換を遂げる。働き手はたくさんいるのに高すぎる税率が労働意欲を阻害している、という声が上がり、失敗政権は減税により投資を促して、いもしない労働者の労働意欲を高めようとする。

移民によって、労働力を短期間に飛躍的に拡大することが、真の解決策になる。労働力不足に対する従来の考え方がもはや通用しないという認識が、突破口を開くだろう。当面の間は、雇用可能な労働者の圧倒的な不足が問題となる。これはアメリカに限ったことではない。すべての先進工業国が同じ問題に直面し、そのほとんどがアメリカよりずっと困難な状況に陥る。早い話が、先進工業国は新しい労働者と納税者をのどから手が出るほど欲しがるようになる。その一方で、かつて移民の供給源だった中進国では、人口の安定化とともに経済状態が大幅に好転しており、何が何でも海外移住しなければという切迫感は薄れている。

二〇〇九年の今はとても考えられないことだが、二〇三〇年になると先進国は移民の争奪戦を繰り広げるようになる。移民を締め出す方法どころか、移民にヨーロッパではなくアメリカに来てもらうための方法を見出すことが、アメリカの移民政策の主眼になるだろう。この点、アメリカはまだ有利だ。現時点ではアメリカの方が、フランスなどに比べて移民として暮らしやすい環境であり、これからもそうあり続けるだろう。その上アメリカは人口密度が低いということだけをとっても、ヨーロッパ諸国より長期的な雇用機会が豊富である。それでもアメリカは、長い間やっていなかったことをやらなければならなくなる。それは、移民を誘致するためのインセンティブを創出することだ。

退職者は当然、移民という解決策を支持する。他方、労働者の立場は分かれる。競争で所得が減少することを怖れる者たちは、猛烈に反対するだろう。だがそれほど不安定な地位にない労働者、特に移民の流入によって、必要なサービスのコスト低減が期待できる分野で働く労働者は、移民誘致を支持するはずだ。いずれ政治の焦点は、移民方針よりも、むしろ移民が経済的にプラスとなる分野や移民に求められるスキルを特定すること、また移民が一部の地域に集中しないように定住先を調整することに置かれるようになる。

インセンティブに話を戻そう。アメリカは他国に負けない有利な条件を移民に提示しなくてはならない。たとえばグリーンカード取得基準の大幅な緩和から、移民労働者のニーズや希望に合った特殊ビザの発行、そしておそらくは――政府から直接、または雇用企業を通じて支払われる――特別手当や、雇用保証などだ。移民は当然、さまざまな国を比較検討するだろう。

このような流れの中で、連邦政府の権限は大幅に強化されていく。一九八〇年からこの方、政府の権限は着実に弱まっている。しかし二〇三〇年頃に必要とされる移民政策は、政府によって直接運営されなくてはならない。民間企業がこのプロセスを運営するにしても、連邦政府は少なくとも保証を行ない、移民が詐取されないよう、また企業に契約を履行させるよう、万全を期さなくてはならない。雇用されない移民は、政府の負担になるからだ。ただ国境を開くだけという選択肢はあり得ない。新しい労働力の管理は、資本、信用市場の管理と並ぶ重要な機能となって、連邦政府の権限を飛躍的に強化し、レーガン政権から続いていた傾向を逆転させるのである。

移民労働者は二つの階層に分かれる。一方は高齢者を支える能力を持つ、医師や家政婦といった労働者である。もう一方は労働力不足を長期的に解消するための、生産性向上技術を開発する能力を持つ労働者である。したがって各種の単純労働者のほか、物理科学、工学、医療分野の専門家を中心に募集が行なわれるだろう。

この時期に流入する移民の数は、一八八〇年から一九二〇年にかけて流入した移民の比ではないが、これ以降のどの波よりも確実に多くなる。またこの流入により、アメリカの文化的特質までもが変化するだろう。アメリカ文化の長所はまさにその柔軟性にあり、それが移民を誘致する上での強みになる。移民募集の過程では、国際摩擦も予想される。アメリカは徹底的に目的を追求し、乏しい労働力をめぐって他国より高い値を付け、他国の裏をかき、途上国から教育水準の高い労働者を引き抜くだろう。これから見ていくように、これが途上国の外交政策にも影響を及ぼすことになる。

他方アメリカにとって、これは舵取りに成功した五〇年周期の一つにすぎず、このチャンスあふれる国に惹かれ魅せられてやって来た移民の波の一つにすぎない。移民がインドから、あるいはブラジルから来ようとも、その子どもたちはこれまでの移民集団と同じように、一世代もすればアメリカ人になる。

このことは、一つを除くすべての移民集団に当てはまる。その唯一の例外が、メキシコ人だ。アメリカはメキシコがかつて領有していた土地を占領しており、メキシコとの国境は突破しやすいことで知られている。メキシコ・アメリカ間の人口移動は、とりわけ国境地帯においては、一般的な移民集団に見られる動きとは異なる。この地域が、二〇三〇年代のアメリカにとって単純労働者の主要な供給源になり、世紀後半にアメリカに深刻な戦略的問題をもたらすのである。

だが二〇三〇年頃、アメリカは避けて通れない一歩を踏み出す。アメリカは経済を揺るがす労働力不足によって、二〇一五年頃から始まっているアメリカへの移民集中のプロセスを、正式に推進することを強いられるのだ。これが実行されれば、アメリカは経済発展の道を再び歩み始めるだろう。ベビーブーマー世代が亡くなり、人口構成がキノコ型から通常のピラミッド型に戻ろうとする二〇四〇年頃に、発展は加速する。そして二〇四〇年代には、一九五〇年代や一九九〇年代を彷彿とさせる、急速な経済発展が見られるはずだ。そしてこの時期が、二〇八〇年の危機の舞台を整えるのである。しかし今からその時までには、まだまだ多くの歴史がつづられる。

第7章の概要

- アメリカは五〇年周期で経済的・社会的危機に見舞われている。
- 次の危機は労働力不足で、二〇二八年、または二〇三二年の大統領選挙で頂点に達する。アメリカは移民の受け入れ拡大政策で問題の解決にあたるだろう。

第8章 新世界の勃興

二〇二〇年代初めのロシア崩壊は、ユーラシア全体を混沌に陥れる。モスクワの統制力が崩れるにつれ、ロシア連邦そのものもはじけ、いくつもの地域が連邦を離脱するだろう。人口のまばらな太平洋地域さえもが離脱するかもしれない。環太平洋地域に対する関心が、ロシア本体への関心やつながりを凌駕するようになるためだ。チェチェンを始めとするイスラム系地域も、スカンジナビアと密接に結びついたカレリアも離れていくだろう。このような崩壊が起こるのはロシアだけではない。旧ソ連構成国もモスクワによって強いられた負担を支えきれなくなり、粉々に砕け散る。過去においては、ソ連崩壊後は新興財閥がロシア経済を支配した。だが二〇二〇年代の崩壊後は、地域の指導者たちが自主路線を歩み始めるだろう。

この崩壊が起こる時期、中国は地方主義の時代を迎えている。国内の経済危機をきっかけに中国史は地方主義の段階に入り、二〇二〇年代になるとますますその傾向を強める。地域間の境界が曖昧になり、同盟関係が絶えず組み替えられる中で、諸地方が政治的、経済的に優位に立とうとしのぎを削る結果、カルパチア以東のユーラシア大陸はまとまりを失い、混沌に陥る。実際、カザフスタンと太平洋を結ぶ中国国境の両側で起こる分裂によって、境界線はまったく意味を失うのである。

アメリカからすれば、これは願ってもない展開だ。アメリカの第五の地政学的重要課題は、いかなる強国にもユーラシア全体を支配するような立場に立たせないことである。中国とロシアがともに混沌に陥れば、その可能性はかつてないほど低くなる。それどころか、地域内の勢力均衡を維持するためにアメリカが直接関与する必要さえなくなる。その後の数十年にわたって、勢力均衡は自ずから維持されるだろう。

ユーラシアは「密猟者の楽園」になる。周辺国には、侵入の千載一遇のチャンスが訪れる。この広大な地域は資源、労働力、専門技術の宝庫だ。中央権力の崩壊は、周辺諸国に弱みにつけ込む隙を与える。恐怖、必要、強欲の三拍子揃った周辺国は、中国を餌食にしようとするだろう。

この状況を利用する絶好の位置につけている国として、特に次の三国が挙げられる。第一に日本は、ロシア沿海地方と中国東部での機会を活用できる位置にある。第二にトルコは、コーカサスあるいはその向こうに北進できる位置にある。最後がポーランドを筆頭とし、バルト諸国、ハンガリー、ルーマニアを含む東欧諸国の同盟だ。この同盟はこうした状況を、以前の国境を復活させる機会として、そして将来のいかなるロシア国家からも身を守る態勢

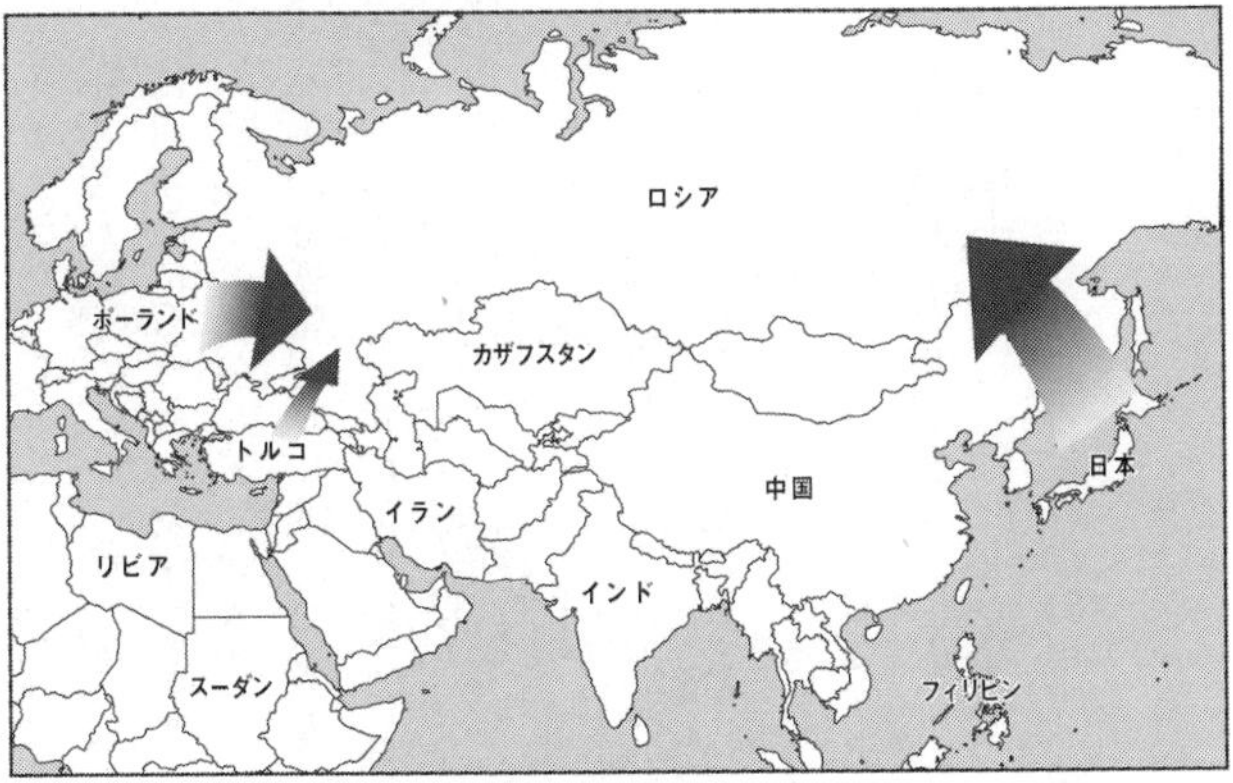

密猟者の楽園

を整える好機としてとらえるだろう。この動きには、大きな二次的利益がある。力を高めることで、西側の宿敵ドイツからも身を守ることができるのだ。東欧諸国はこの状況を、地域の勢力均衡を定義し直す機会と見なすだろう。インドはこれほどの大国でありながら、ゲームに加わらない。ヒマラヤ山脈によって地理的に隔離されているため、この状況を存分に活かすことができないのだ。

二〇二〇年代に起こるこの動きに対して、アメリカは協力的な立場を取るだろう。東欧諸国、トルコ、日本は、アメリカの同盟国になる。つまりトルコと日本はこの時点で七五年間、東欧諸国は三〇年間にわたって、アメリカの同盟国でいることになる。ロシアとの対立が続く間は、どの国も多かれ少なかれ、またそれぞれの理由から、アメリカに協力する。そしてアメリカはこれらの国を、これまでの同盟国と同様、アメリカの意思を行使する手段と見なすのである。

しかし二〇二〇年に起こるさまざまな出来事は、ロシアと中国に留まらず、はるかに広範な影響を及ぼすだろう。第一が、アジアの太平洋における位置づけ、そしてひいてはアメリカに対する位置づけの変化である。第二が、アメリカの対テロ戦争後のイスラム情勢の変化だ。そして第三が、フランスとドイツが衰退し、東欧諸国が台頭する時代における、ヨーロッパの内部秩序だ。仏独がバルト諸国の防衛から手を引けば、NATOの分裂は既定事実となる。NATOは集団的自衛権に基づく同盟である。これは、一つの同盟国に対する攻撃を、すべての同盟国に対する攻撃と見なすという考え方だ。そしてこの考え方に組み込まれているのが、同盟国が危険にさらされた場合にはNATOが防衛に回る用意が予めできているという認識である。バルト諸国が危険にさらされれば、NATOはバルト諸国と、そしてポーランドに戦力を前方展開する必要が生じる。同盟国の中に集団的自衛に参加したがらない国があれば、こうした活動はNATOの立場を離れて行なわれなければならなくなる。そのようなことから、NATOはやがて形骸化するだろう。

これらすべての問題が、ロシアとの対立が生じる二〇一〇年代に持ち上がる。対立が続いている間は、問題は棚上げされるか、少なくとも世界的な優先事項になることはないが、いずれ再浮上することは間違いない。そしていったんロシアの脅威が過ぎ去れば、それぞれの地域が、それぞれの地政学的現実に折り合いをつけなくてはならなくなる。

アジア

日本が中国に積極的に関与し始めたのは、一九世紀のことだ。ヨーロッパ列強が中国への干渉を始めた一九世紀半ばから第二次世界大戦が終結するまでの混乱期の間、日本は主に何らかの経済利益を求めて、つねに中国に影響力を行使していた。中国は一九三〇年代から四〇年代にかけての日本人の行状に対して、苦い記憶を引きずっているものの、日本が毛沢東後の中国に再進出し投資を再開するのを阻止するほどではなかった。

一九三〇年代の日本が中国に求めたものは、主に市場であり、次に労働力だった。二〇二〇年代になれば、前述の通り労働力に重点が移る。中国で地域化とある程度の分裂が進むなか、二〇一〇年代から二〇二〇年代になると日本は中国にかつてと同じ誘惑を感じるようになる。中国の地方に何らかの形の支配体制を確立すれば、移民受け入れに伴う社会的、文化的代償を払わずに、人口問題を迅速に解決することができるのだ。ただし日本はどの地方を支配するにも、まずは地方との間に親密な関係を育まなくてはならない。

中国では多くの地域が、中央政府からの保護と、投資資本や技術を、外国に求めるようになる。このようにして、投資と技術を必要とする中国沿岸部と、労働力を必要とする日本との間に、一九世紀末から二〇世紀初めに見られたような共生関係がよみがえるだろう。

歴史を振り返ると、日本は労働力の調達以外に、もう一つの重要課題をつねに抱えてきた。それは原材料の確保だ。前述の通り日本は世界第二位の経済大国だが、原材料のほとんどを輸入に頼っている。これは日本の歴史的な重大問題であり、一九四一年に日本がアメリカと開戦した主な理由でもあった。真珠湾を攻撃する前の日本国内が一枚岩ではなかったことは、忘れられがちである。日本の指導層には、シベリア進出は日本に必要な原材料をもたらし、アメリカとの対戦よりリスクが少ないと主張する者もいた。いずれにせよ、日本がどれほど悲壮な思いで原材料を求めていたか、そして今後も求めるであろうことを、見過ごしてはならない。

ロシアの太平洋沿岸部は、炭化水素燃料資源を始めとする、さまざまな鉱物資源の宝庫である。日本は二〇二〇年代になってもまだエネルギー問題を抱え、ペルシャ湾への依存から脱却できていない。そしてそのためにアメリカとの関係がこじれるのである。ロシアの二度目の崩壊後のアメリカの思い上がりを目にした日本は、他の国々と同じように、アメリカの次の動きに神経をとがらせるようになる。ロシアが分裂している状況にあって、最低でもロシア太平洋沿岸部の経済的支配を目指すことは、日本からすれば大きな意味があるように思われる。日本は原材料の確保が脅かされれば、必ず行動を起こすのだ。

この頃日本は中国北東部とロシアの太平洋沿岸部の両方に、直接的な利害を有している。だが日本は軍事的冒険には食指が動かない。それでいて、二〇二〇年代に何らかの思い切った措置を講じなければ、世紀半ばに間違いなく経済的破綻を迎えるだろう。日本の人口は現在一億二八〇〇万人だが、二〇五〇年までに一億七〇〇万人に減少する。しかもこのうちの四〇〇〇万人が六五歳以上、一五〇〇万人が一四歳以下である。これら五五〇〇万人が労働力から除外すれば、経済を管理可能な水準で維持することは難しくなる。労働力不足とエネルギー不安の板挟みになった日本には、地域覇権国を目指す以外に取るべき道はない。

日本とその歴史について、もう少し詳しく見てみよう。日本は世界有数の経済大国であり、今世紀中もその地位を維持するだろう。殖産興業の時代から第二次世界大戦を経て、一九八〇年代の奇跡的な経済成長の間も持ちこたえた日本の社会構造は、いろいろな意味で産業化が始まる以前の社会構造とまったく変わっていない。

日本には、経済政策や政治方針を大きく転換しても、国内の安定が損なわれないという特質がある。日本は西洋との邂逅を経て、自分たちのような国が列強の前ではひとたまりもないことを痛感すると、めまぐるしいほどの速さで産業化を推進した。第二次世界大戦が終わると、社会に深く刻まれた軍国主義の伝統を捨て去り、突如として世界で最も平和主義的な国に生まれ変わった。日本はその後めざましい成長を遂げた。一九九〇年には金融危機の影響で経済成長が止まったが、このときも運命の逆転を淡々と受け止めた。

日本が大きな社会変革を経ても基本的価値観を失わずにいられるのは、文化の連続性と社会的規律を併せ持つからである。短期間のうちに、しかも秩序正しいやり方で、頻繁に方向転換できる国はそうない。日本にはそれが可能であり、現に実行してきた。日本は地理的に隔離されているため、国家の分裂を招くような社会的、文化的影響力から守られている。その上日本には、実力本位で登用された有能なエリート支配層があり、その支配層に進んで従おうとする、非常に統制の取れた国民がいる。日本はこの強みを持つがために、予測不能とまでいかなくても、他国であれば混乱に陥るような政策転換を、難なく実行することがてき

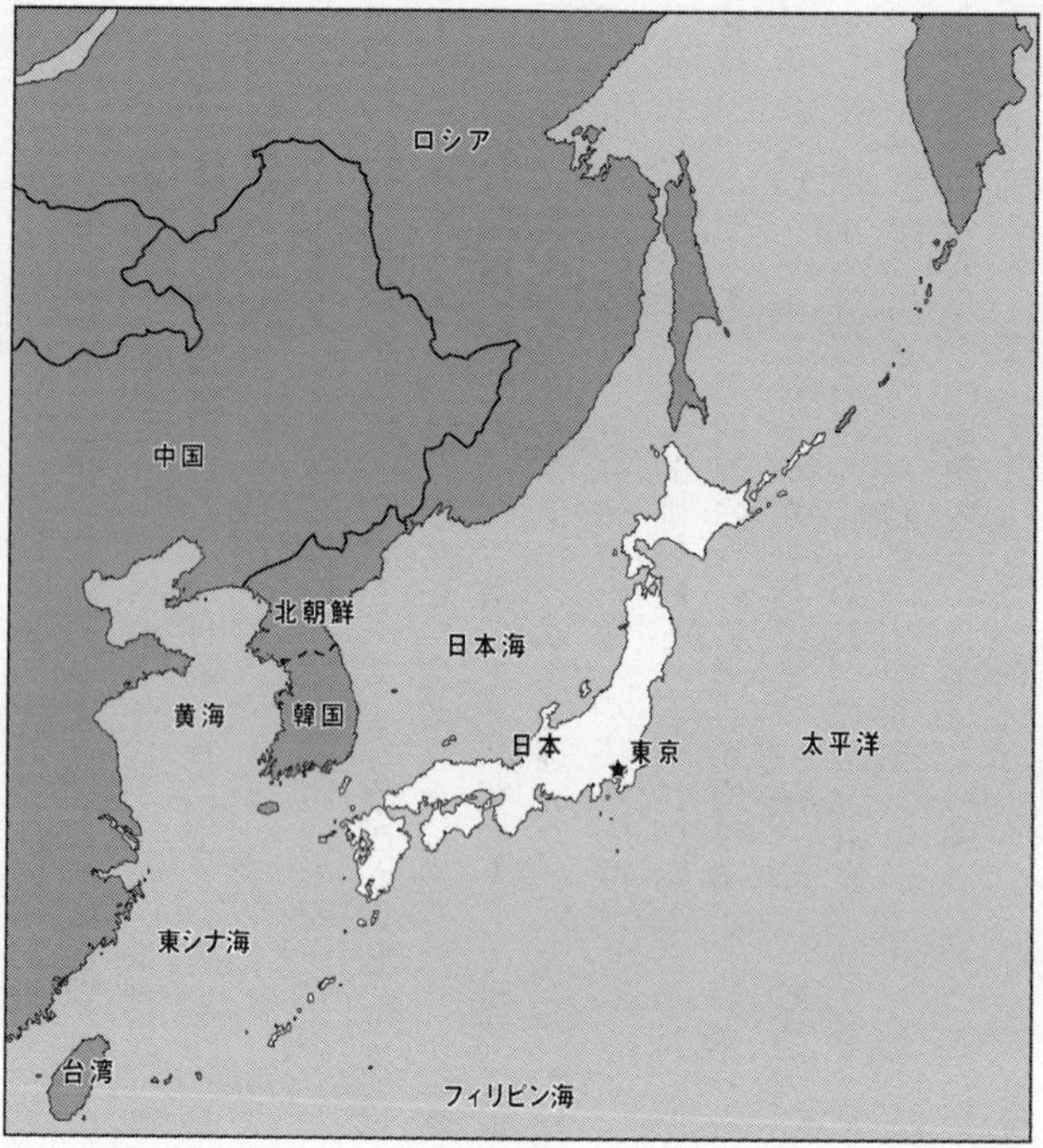

日本

る。

日本が二〇二〇年代になっても、まだ遠慮がちな平和主義国のままでいるとは考えがたい。もちろん、日本はできるだけ長くこのスタンスを維持するだろう。第二次世界大戦時の恐怖が今も国民的記憶として長く残る日本は、軍事対決の意思を持たない。その一方で、日本にとって現在の平和主義は、永遠の原理ではなく、適応性のあるツールである。日本の産業、技術基盤をもってすれば、より積極的な軍事方針に転換できるかどうかは、政策転換の問題である。そして今後日本が人口や経済面で重圧を経験することを考えれば、この転換はまず避けられないだろう。

日本は当初、経済的手段を通じて必要なものを得ようとする。だが移民に頼らずに労働力の拡充を図ろうとする国は日本だけではないし、海外のエネルギー資源の支配をもくろむ国も日本だけではない。ヨーロッパ諸国も地域的経済関係の構築に色気を示すはずだ。中国とロシアの分裂した諸地域は、これ幸いとヨーロッパと日本を争わせ、漁夫の利を得ようとするだろう。

日本にとって難しいのは、このゲームに負けるわけにいかないことだ。日本の求めるものと、その地理的位置を考えれば、東アジアに影響力を行使する以外に道は残されていない。だがここに影響力を行使すれば、間違いなくいくつかの抵抗に遭う。第一に、何年も前から反日運動を展開している中国政府は、日本が中国の国家としての統一性を意図的に損なおうとしていると考えるだろう。さまざまな強国と同盟関係を結ぶ諸地域は、互いに優位に立とうとする。このようにして日本の利益を脅かすおそれのある複雑な抗争が生じるため、日本は思った以上に直接的に干渉せざるを得なくなる。そして最後の手段として、軍国色を強めるのである。遠い先かもしれないが、いずれ必ず軍国主義が復活する。二〇二〇年代から三〇年代にかけて世界の強国が存在感を強める中で、中国とロシアがますます不安定化すれば、日本も他の国と同じように、自国の権益を守らなくてはならなくなる。

アメリカは二〇三〇年頃までに、積極性を高める日本に対する考え方の見直しを迫られる。日本はアメリカと同様、本質的に海洋国家であり、原材料を輸入し、加工品を輸出することで成り立っている。シーレーンの確保は日本の生命線だ。日本は東アジアへの関与を、大規模な経済的関与から小規模な軍事プレゼンスへと変化させるうちに、特にこの地域のシーレーンの防衛に関心を向けるようになる。

日本の南部は上海から約八〇〇キロの距離にある。日本の周辺八〇〇キロ圏にはウラジオストック、樺太島、そして上海の北部沿岸が含まれる。この圏内が、日本の軍事的関心の外的限界になる。だがこれほど狭い地域でも、保護するとなれば有効な海軍、空軍、宇宙監視システムが必要だ。実は日本は現時点でこれらをすべて有している。しかし二〇三〇年には、日本の勢力圏への招かれざる侵入者を排除する姿勢を、より明確に打ち出しているはずだ。

積極性を高めた日本がアメリカの戦略的利益に挑戦し始めるのは、この時点である。アメリカはすべての海域を支配したいと考えている。日本が地域覇権国として再び浮上すれば、この利益が脅かされるだけでなく、日本が世界的に勢力を拡大するきっかけを作ることにもなる。日本はアジア本土への関心を深めるうちに、海空軍力を増強する必要に迫られる。そしてこれらが増強されれば、日本の活動範囲が広がらないという保証はなくなる。アメリカにとって、これは危険なサイクルだ。

事態は次のような展開を見せるだろう。アメリカが日本の軍事力の増大に反応し始めると、日本は不安感を募らせ、日米関係は悪循環に陥る。日本がアジアで基本的国益を追求するためには、シーレーンを支配する必要がある。これに対して、世界のシーレーン支配を国家安全保障の絶対条件と見なすアメリカは、日本の攻撃性の高まりと思われるものを牽制しようとして、日本に圧力をかけるのである。

日本の拡大する勢力圏の中心に位置するのが、韓国だ。韓国は二〇三〇年よりかなり前に南北統一を果たすものと考えられる。統一韓国は、日本と遜色ない約七〇〇〇万人の人口を抱える。韓国の経済規模は現在世界第一二位だが、二〇三〇年には統一を経て順位を上げているはずだ。韓国は歴史的に日本の支配を怖れている。日本が中国とロシアで力を増すにつれ、板挟みになった韓国は不安を強める。韓国はそれ自体でも侮れない強国だが、その真の重要性は、韓国がアメリカにとって強大化する日本への対抗勢力であり、アメリカが日本海で勢力を誇示するための拠点だということにある。韓国が台頭する日本に対抗すべくアメリカに支援を求める結果、米韓反日同盟が出現するだろう。

その一方で、中国国内にも変化が生じているはずだ。中国は過去数世紀にわたって三、四〇年の周期を繰り返している。中国は一八四二年にイギリスに香港を割譲した。一八七五年頃、ヨーロッパが中国の属国を支配し始めた。一九一一年には、孫逸仙（孫文）が清朝を倒した。一九四九年に共産主義者が中国を支配した。一九七六年に毛沢東が死去し、経済拡大期が始まった。そして二〇一〇年頃の中国は、国内の分裂と経済の低迷に苦しんでいるはずだ。となると、次の揺り戻しが起こる可能性が高いのは、二〇四〇年代ということになる。

この時の揺り戻しは、政治的支配を回復し、中国における外国勢力を抑え込もうとする中国政府の動きという形を取る。ただしこのプロセスは当然二〇四〇年代に始まるわけではなく、この頃最高潮に達する。それが表面化するのは、外国、特に日本の侵略が激化する二〇三〇年代だ。アメリカは状況をコントロールする手段の一つとして、この事態を利用するだろう。つまり、中国の再統合を目指し日本の動きを封じようとする、中国政府の取り組みを支援するのだ。このようにしてアメリカの政策は、第二次世界大戦以前の原型に回帰する。

二〇四〇年代までに、日米間には著しい利害の不一致が生じているはずだ。この頃アメリカは、日本の力の高まりへの警戒感を共有する、韓国および中国の政府と手を結んでいる。日本はアメリカが自らの勢力圏に介入することを恐れて、必然的に軍事力を増強する。だが日本はアメリカの軍事力と、アメリカの築き上げた地域同盟に立ち向かう日本は、ひどく孤立する。日本はこの圧力に単独で対抗できるはずもなく、かといって周辺には頼りにできる国もない。

しかし技術転換が地政学的転換をもたらし、日本が同盟を形成する機会は、アジアの向こう端に現われるのだ。

トルコ

二〇二〇年頃まで続くヨーロッパでの米ロ対立のさなかに、別の副次的な対立がコーカサスで生じる。ロシアはこの地域に南進して、グルジアを再吸収し、アルメニア内の協力者と手を結ぶだろう。しかしロシア軍がトルコの国境に戻ることで、トルコは恐慌をきたす。オスマン帝国の滅亡と近代トルコの誕生から一世紀を経て、トルコは再び冷戦時代と同じ脅威にさらされる。

その後ロシアが崩壊すると、トルコは二〇二〇年頃に避けられない戦略的決定を下すだろう。ロシアから身を守るよすがとして、混乱した緩衝地帯を当てにするというリスクを、トルコは二度と冒さない。今回トルコはコーカサスを北上し、国家安全保障を確保するのに必要なだけ北進する。

ここにはさらに根の深い問題がある。トルコは二〇二〇年になれば世界で十指に入る経済規模を有している。二〇〇七年時点ですでに世界第一七位につけており、着実な成長を続けるトルコは、経済的に自立した国であるばかりか、戦略的に重要な国でもある。実際トルコはユーラシア諸国の中で、最も有利な地理的位置を占めている。トルコからはアラブ世界、イラン、ヨーロッパ、旧ソ連圏、そして何より地中海に、容易に出ることができる。トルコ経済が成長を続けているのは、トルコ自体が生産性の高い経済大国だというだけではなく、トルコが地域貿易の中心地だからでもある。

二〇二〇年のトルコは、混沌の大海原の中の、成長著しく、きわめて安定性の高い経済、軍事大国になっている。トルコには、情勢が不安定な北方だけでなく、あらゆる方向に困難が待ち受ける。南東には、何世紀も前から経済的にも軍事的にも振るわないが、歴史的に国内情勢が予測不能なイランが控えている。南方にはいつまでも不安定で経済発展が見られないアラブ世界がある。北西に位置するバルカン半島は、果てしない混乱の中にある。そしてここにはトルコの宿敵ギリシャが含まれる。

ここに挙げたどの地域も、二〇二〇年代にはいくつかの理由からあまり繁栄していないだろう。特にトルコ南方のアラビア半島は、存亡に関わる危機にさらされているはずだ。アラビア半島は、石油を除けばこれといった資源も産業もなく、人口もごくわずかである。この地域の重要性は、石油に始まり石油に終わると言っても過言ではなく、これまでは石油のもたらす富が地域の安定に役立ってきた。だが二〇二〇年頃までに、アラビア半島は衰退の途をたどり始める。この頃まだ石油は枯渇していないし、貧窮化したとは言いがたいが、その兆しははっきり見え、危機は間近に迫っている。サウド王室の内紛や、ペルシャ湾のその他の首長国の不安定な情勢が、風土病のように日常化する。

だがより広い範囲の問題として、この頃のイスラム世界全体が極度に分裂していることが挙げられる。イスラム世界は歴史的に分裂しているだけでなく、アメリカの対テロ戦争のせいで著しく不安定な状態に陥った。二〇一〇年代末に起こる米ロ対立の過程で、ロシアがトルコ南方でアメリカに対する攪乱工作を行なえば、中東はさらに不安定になる。二〇二〇年代にはイスラム世界全体、特にアラブ世界が、考え得るすべての線に沿って分裂を起こすだろう。

トルコの北西に位置するバルカン諸国も不安定化する。二〇世紀の冷戦で米ソの勢力がユーゴスラビアを釘付けにしたのとは対照的に、米ロ対立の第二ラウンドは、この地域を不安定に陥れるのである。第一ラウンドの頃よりはるかに弱体化したロシアが、敵意に満ちたハンガリーとルーマニアと対決する。ロシアは（トルコ南方のアラブ諸国を通じて）トルコを封じ込めにかかると同時に、ブルガリア、セルビア、クロアチアに、ハンガリーとルーマニアに対する反感を植え付けて、二国を封じ込めようとする。多少の失敗は覚悟の上で、大きな網を張るのだ。トルコの注意を逸らすことができればそれで十分だ。ギリシャ、マケドニア、ボスニア、モンテネグロがバルカン諸国の対立に引きずり込まれ、半島は再び修羅場と化すだろう。トルコと直接国境を接する周辺諸国は、控えめに言っても不安定になる。

イスラム世界は、自らの意思で一つにまとまることはできない。だがイスラム教大国による支配なら、受け入れることができる。一三世紀のモンゴル人によるイスラム帝国侵攻以降、イスラム教大国の中で、イスラム世界から帝国を生み出すことに最も頻繁に成功している国は、トルコである。一九一七年から二〇二〇年までの一世紀間は、トルコの支配が小アジアにとどまる、例外的な時期だ。しかしイスラム世界にとって、トルコの勢力――オスマン帝国や、イランから統治したテュルク勢力――は長期的現実なのである。実際トルコはかつてバルカン半島、コーカサス地方、アラビア半島、北アフリカを支配していた（131ページの地図を参照のこと）。

二〇二〇年代にこの勢力が再びよみがえるだろう。ロシアと対立するアメリカにとって、トルコは日本よりも一層重要な存在になる。エーゲ海と黒海をつなぐボスポラス海峡は、ロシアの地中海へのアクセスを阻んでいる。トルコは歴史的にボスポラス海峡を支配しており、したがって歴史的にロシアの利益を阻む存在だった。二〇一〇年代から二〇二〇年代の初めになっても、その状況は変わらない。ロシアがバルカン半島のアメリカ軍と戦うためには、ボスポラス海峡へのアクセスが欠かせない。万一ロシアがそのアクセスを得て地政学的目標を達成するようなことがあれば、自らの独立性が脅かされることを、トルコは認識している。したがってトルコはアメリカとの反ロシア同盟に全力を注ぐだろう。

このようにして、トルコはアメリカの反ロ戦略にとって欠かせない存在になる。アメリカはトルコにコーカサスへの北進を促し、トルコがバルカン半島のイスラム教地域や、南方のアラブ諸国にまで勢力を拡大することを望むだろう。またトルコが黒海でロシアに立ち向かえるように、海洋力（海軍、空軍、宇宙）の増強に手を貸してやる。そしてトルコ海軍に対して、地中海でのアメリカ海軍の負担を分担し、北アフリカにおけるロシアの軍事的冒険を阻止するよう要請するだろう。同時に、アメリカはあらゆる手段を講じてトルコの経済発展を後押しする。その結果、すでに成長著しいトルコ経済が、さらに活性化するのだ。

ロシアが崩壊する時、トルコは一世紀の間失っていた地位を取り戻している。混乱した弱小国に囲まれたトルコは、地域全体に大きな経済的影響力を及ぼすとともに、軍事的にも大きな存在感を放っているはずだ。ロシアが崩壊すれば、地域の地政学的現実はトルコを中心として再編され、トルコはさしたる労力なしに、全方位に勢力を及ぼす地域覇権国にのし上がるのである。まだ正式な帝国ではないが、トルコは間違いなくイスラム世界の重心になる。

当然ながらトルコの勢力回復は、アラブ世界に深刻な問題を呈する。アラブ人はかつてオスマン帝国の下でトルコ人に不当な扱いを受けたことを忘れていない。だがトルコほどの力を行使できる地域強国といえば、イスラエルとイランしかなく、これらの国に比べれば、トルコの方がよほどましだ。アラビア半島の衰退が始まれば、アラブ諸国の安全保障と経済発展は、トルコとの密接な関係に依存するようになる。

アメリカはこの展開を、有益な一歩として受け止めるだろう。第一に、アメリカの親密な同盟国であるトルコが見返りを得るからだ。第二に、不安定な地域が安定する。第三に、この頃はまだ潤沢なペルシャ湾の炭化水素資源が、トルコの勢力下に置かれる。そして最後に、トルコがこの地域でのイランの野望をくじくと考えられるからだ。

だが直接の結果がアメリカにとって好ましいものであっても、長期的な地政学的帰結はアメリカの基本戦略と衝突する。前述の通り、アメリカは複数の地域覇権国を誕生させることで、ユーラシアにより大きな強国が出現する脅威を阻止しようとする。だがアメリカは、この地域覇権国を怖れてもいる。こうした国が地域的挑戦国にとどまらず、世界的挑戦国にのし上がる可能性があるからだ。アメリカにとってトルコは、まさにこのような存在になる。二〇二〇年代が終わりに近づくにつれ、アメリカとトルコの関係はこじれていく。

トルコのアメリカ観もまた変化する。二〇三〇年代になると、アメリカはトルコの地域的利益を脅かす存在と見なされる。さらに、オスマン帝国の崩壊以来、世俗主義を貫いてきたトルコが、この頃にはイデオロギー転換を遂げている可能性もある。トルコは歴史的に宗教に柔軟な姿勢を取り、宗教を単なる信仰体系ではなく、一つの手段として利用してきた。そのためトルコは勢力拡大をアメリカに阻まれれば、単なるイスラム教国ではなく、イスラム教超大国をめざすイスラム国家——アルカイダのような、ただの派閥ではない——を標榜して、イスラム教徒のエネルギーを利用することが有利に働くと判断するかもしれない。そうなれば、この地域のアラブ系イスラム教徒は、こうした動きの背景や皮肉には目をつぶり、それまでの不本意な同調の姿勢から一転して、トルコの勢力拡張に熱心に肩入れするだろう。その結果アメリカは、アラブ世界と東地中海を組み従え、強大な力を秘めた、イスラム国家と対峙することになる。アメリカはほかの前線上に次々と問題が浮上する間にも、政治力と経済活力を併せ持つトルコによって、その存亡を脅かされるようになるのである。

ポーランド

アメリカのロシアとの対立に最も積極的に加担するのは、旧ソ連の衛星国、特にポーランドだ。ある意味で、これら諸国はアメリカに先導されるのと同じくらい、アメリカを先導することになる。ポーランドはロシアの再浮上から得るものは何一つないうえ、ロシアから身を守る手だてをほとんど持たない。ロシア軍がポーランドとの国境に戻れば、ポーランドはヨーロッパ諸国がNATOを通じて支援してくれるものと当然期待する。だがドイツとフランスは、いかなる対立にも難色を示すだろう。そこでポーランドは、かつてロシアとドイツに立ち向かったときと同じ動きに出る。つまり、ヨーロッパ外の強国に庇護を求めるのだ。前回この試みは失敗に終わった。英仏が一九三九年にポーランドに与えた軍事援助の保証は、ポーランドをドイツ、あるいはロシアから守る上で何の役にも立たなかった。だが相手がアメリカなら、話は別だろう。アメリカは衰えゆく大国ではなく、若く精力的なリスクテイカーなのだ。アメリカがロシアを阻止できる力を持っていることを、ポーランドは意外な朗報として受け止める。

他のヨーロッパ諸国、ことにフランスとドイツは、アメリカがロシアの優位に立つことに対して、非常に複雑な感情を抱く。二〇世紀に冷戦を一度経験している両国には、あんなことは二度とごめんだという思いがある。先進国の人口が軒並み減少するなかで、減少しているとはいえまだ莫大な人口を擁するロシアが分裂することに、ドイツとフランスは、内心安堵を覚えるかもしれない。だが両国はアメリカが――かつてヨーロッパが、アメリカを制御し封じ込めるための手段として用いていた――NATOのような機関を離れて、ヨーロッパで確固たる地位を占めることに対して、心中穏やかではいられないはずだ。

またドイツ、フランスを始めとする西ヨーロッパ諸国は、ポーランド、チェコ、スロバキア、ハンガリー、ルーマニアがにわかに自信を取り戻したことに戸惑いを隠せない。逆説的だが、これらの国はロシアと対立することで、かえって安心感を得る。ロシアの力を阻止する目的で、アメリカと強力な二国間関係を結ぶからだ。こうした国々は、アメリカとの関係のおかげでロシアという根源的な恐怖から解き放たれ、ドイツの弱体化を意に介さなくなり、数世紀ぶりに比較的安全な立場に立ったことに気づくのだ。実際、仏独の衰退ぶりはヨーロッパ周辺の全域で感じられるようになる。衰退の原因は、人口減少であり、経済停滞であり、そしてロシアとの対立に加わらないという（結果としてNATOの崩壊を招く）、地政学的誤算でもある。これらが相まって、第一次世界大戦以来フランスとドイツをむしばんできた自信の揺らぎが、さらに増幅される。

かくして、ヨーロッパの勢力構造は全面的に定義し直される。ロシアの崩壊は、攻撃的な外交政策を推進する機会と必要性を、東欧諸国にもたらす。このようにして東ヨーロッパは、ヨーロッパで最も激動する地域になるのだ。東欧諸国はロシア崩壊を機に、東方に影響力と軍事力を拡大する。スロバキア、ハンガリー、ルーマニアは、カルパチア山脈という自然の障壁のおかげで、これまでロシアの攻撃を最も受けにくかった。北ヨーロッパ平原に位置するポーランドは最も脆弱になるが、それでも東欧諸国の中では最も規模が大きく、最も重要な国であることに変わりはない。

ロシアが瓦解すれば、まずポーランドが東進し、ベラルーシとウクライナに緩衝地帯を作ろうとする。ポーランドが勢力を回復すれば、カルパチア周辺の諸国も山脈の東方へ、つまりウクライナに向かって勢力を誇示するだろう。東ヨーロッパは過去五〇〇年にわたって、一方では大西洋ヨーロッパの列強とドイツの、もう一方ではロシアの板挟みになった辺境だった。ロシアの勢力衰退を受けて、ヨーロッパの秩序は東方へ、つまりアメリカと深く結びついた東欧諸国へと移るのだ。

バルト諸国、ポーランド、スロバキア、ハンガリー、ルーマニアが、政治同盟を結ぶことはあり得ない。文化的、歴史的な違いが大きすぎるからだ。しかし少なくとも一部の国が同盟を結ぶことは、特に東進するという共通の利害を持った諸国であれば、容易に想像できる。

二〇三〇年代にはまさにその通りのことが起きる。これら諸国は、高まる経済力と、アメリカとの緊密な連携で培った軍事力を活かして同盟を形成し、さしたる抵抗を受けずに東進する。それどころか、この混乱した状況では、安定勢力として地域の多くの国に歓迎されるだろう。難しいのは、特定の地域をめぐって大きな紛争が起こらないように、行動を調整することだ。ここは本来対立の絶えない地域である。だが二〇二〇年代末から二〇三〇年代の東欧諸国には、紛争を起こすことなど眼中にない。ロシアが二度と戻らないよう万全の手を打つこと、そして国内の労働力を拡充することが、主な考慮事項となる。

東欧諸国が東進する経路を正確に予測することはできない。だがエストニアによるサンクトペテルブルクの占領や、ポーランドによるミンスクの占領、ハンガリーによるキエフの占領は、ロシアによるワルシャワ、ブダペスト、ベルリンの占領と同じくらい、容易に想像できる。西に動き得るものは、東にも動き得る。そしてロシアが砕け散れば、東欧諸国の東進は必ず起きる。このシナリオではポーランドが主要な、そして精力的なヨーロッパの強国となって、東欧諸国の同盟を指揮する。

このようにして二〇四〇年までに、ヨーロッパ諸国間の力のバランスが東方にシフトする。ヨーロッパ全体が人口問題に悩まされるが、東欧諸国はアメリカが昔から同盟国との間に維持してきた複雑な財政的支援を通じて、問題の埋め合わせをする。東欧諸国は絶対的な経済規模では西欧諸国を超えることはないかもしれないが、活力では確実にしのぐだろう。

それでは、こうしたすべてはフランスとドイツにとって、どのような意味を持つのだろうか？ まとまりを欠いてはいたが、フランスとドイツという二大強国が存在したかつてのヨーロッパと、再編が進みドイツとフランスが取り残されたヨーロッパは、まったく別物である。イギリスがアメリカの経済圏に深く引き入れられ、イベリア半島がアメリカとの関係がもたらす機会に同じように魅了されるのを尻目に、フランスとドイツは深刻なジレンマに陥る。

退廃とは、大きな冒険を求める気持ちがなくなることを言うが、生き永らえたいという気持ちがなくなるわけではない。二〇四〇年のフランスとドイツは、歴史的には盛りを過ぎた国だ。人口危機と、ヨーロッパの地政学の再定義により、フランスとドイツは決定的瞬間を迎える。ここで自己の存在を主張しなければ、他国によって将来を決定され、退廃を通り越して無気力に陥るだろう。無気力は地政学的な悪循環を生み、そこから二度と抜け出せなくなる。

フランスとドイツの存亡を脅かす重大な問題は、アメリカである。東ヨーロッパは今世紀中頃に躍進するが、この躍進はアメリカからの支援なくしては続かない。万一アメリカがヨーロッパでの影響力を放棄せざるを得なくなれば、東ヨーロッパは東方の戦略的利益を追求する能力も自信も失う。もしそうなれば古い秩序が再び幅をきかせ、フランスとドイツの手によって、ある程度の安全保障が維持されることになろう。

もちろんフランスとドイツは、アメリカに直接立ち向かったり、あるいは二国だけでアメリカを排除することができる立場にはない。だが米ロ対立が終結すれば、アメリカはこの地域に対する直接的な関心を失うだろう。アメリカの力がまだ流動的な状態にあること、そしてアメリカの関心の持続期間が短いことを考えれば、アメリカのここでの存在感を縮小する可能性は、現実に存在する。フランスとドイツには——特にアメリカの関心が他の地域、たとえば太平洋地域に向かうようなことがあれば——東欧諸国を威圧する機会がまだ残されているかもしれない。

アメリカのヨーロッパに対する関心はロシア崩壊直後に薄れ、フランスとドイツの勢力拡大に扉を開くように思われるかもしれない。だがそれは束の間のことだ。これから見ていくように、アメリカと日本・トルコとの危機が表面化し、激化するにつれて、アメリカはヨーロッパに再び関心を寄せるのである。二〇二〇年代になってトルコが行動を開始すれば、アメリカは東ヨーロッパに真剣に関心を抱くようになる。ドイツとフランスの勢力再興をくじくには、それで十分だろう。

まとめ

二〇一〇年代の中国分裂と、二〇二〇年代のロシア崩壊は、太平洋沿岸からカルパチア山脈にまでおよぶ、広大な真空地帯を生み出す。この真空地帯を取り囲むようにして、弱小国がかじり取り、かぶりつき、口いっぱい頬張ることのできる、さまざまな機会が生じる。フィンランドがカレリアを、ルーマニアがモルドバを奪還し、インドがチベットの離脱に手を貸し、台湾が台湾海峡を越えて勢力を拡大するなか、ヨーロッパ諸国とアメリカも、中国に地域的な勢力圏を築くだろう。ここは密漁の機会に満ちている。

しかし思い切った措置を講じる能力と必要性を併せ持つ国は、三国しかない。日本はロシア沿岸部や中国の一部にまで勢力を拡大する。トルコはコーカサスのみならず、北西と南方の全域に向かって勢力を拡大する。そしてポーランドは東欧諸国同盟の盟主として、ベラルーシとウクライナの奥深くまで東進するだろう。

アメリカは当初一〇年ほどは、一九九〇年代にも似たスタンスで、この展開を慈悲深く見守る。ポーランド、トルコ、日本はアメリカの同盟国となる。三国の力を増強することは、すなわちアメリカの力を高めることになる。道徳的な理由が必要なら、三国が周辺国に繁栄をもたらすという理屈が持ち出されるだろう。

だが二〇三〇年代半ばになると、三国がますます勢力を伸ばすにつれて、アメリカは次第に不安を覚えるようになる。そして二〇四〇年代に入ると、不安は完全な敵意に変わる。アメリカの第五の地政学的原則は、いかなる強国にもユーラシア全体を支配させないことだ。三つの地域覇権国がいきなり同時に浮上し、そのうちの二国、つまり日本とトルコが、それぞれ北西太平洋と東地中海の重要な海軍国になる。また両国はめざましい宇宙能力を開発するだろう。次章では、このことが二一世紀半ばに大きな意味を持つようになる経緯を見ていく。結論を先に申し上げよう。アメリカは、不安を覚えたときに必ずやることを、二〇四〇年代にもやる。つまり、行動を開始するのだ。

第8章の概要

- 二〇二〇年代のロシアの崩壊と中国の分裂が、ユーラシア大陸に真空地帯を生み出す。
- その機会を利用して、勢力を伸ばしていくのが、アメリカと同盟を組んだ、日本、トルコ、ポーランドである。
- しかし、三カ国が勢力を伸ばすにつれ、アメリカは不安を感じるようになる。

第9章

二〇四〇年代

——戦争への序曲

二〇四〇年頃のアメリカは、一九九〇年代、一九五〇年代、あるいは一八九〇年代にも引けを取らない好景気を迎えている。アメリカでは五〇年ごとにおとずれる周期的転換の約一〇年から二〇年後に、導入された諸改革が経済を活性化し始める。二〇三〇年代に導入される経済、科学技術、移民に関する諸改革の効果は、一〇年以内に現われ始める。ロボット工学のもたらす生産性の向上や、遺伝子工学による医療機会の拡大が、成長に拍車をかける。一九九〇年代と同様、アメリカの研究開発の内部プロセス（特に第二次冷戦中に構築されたもの）が実を結ぶのだ。

だが歴史の常として、好況時が必ずしも国際的に平和な、あるいは安定した時期だとは限らない。二〇四〇年になれば、「アメリカと世界の関係はどのようになるか」という問題がクローズアップされる。ある側面では、アメリカはあまりにも強大な力を持つため、どのような行動を取っても世界に影響を与えずにはおかない。その反面、アメリカは特にロシアが後退し中国が不安定化する結果、とてつもない力を持つようになるため、軽率な行動を取る余地ができる。アメリカは最も慈悲深い時でさえ危険だが、何かを徹底的にやろうとする際には、恐ろしいほど冷酷になり得る。したがってアメリカを阻止することがあらゆる国にとっての重要課題となるが、これは口で言うほど簡単なことではない。アメリカとの対立はあまりにもリスクが大きいため、どんな国も可能な限り対立を回避しようとするだろう。それとともに、アメリカに協力した場合の見返りは相当なものになる。この葛藤に、世界の強国はそれぞれの方法で折り合いをつけることになる。

二〇四〇年頃に俎上に載る問題のうち、おそらく最も議論が分かれるのは、環太平洋地域が今後どうなるかという問題だ。この問題は範囲を狭めて北西太平洋、さらに狭めて中国とシベリアに対する日本の方針がどうなるかという問題として議論されるだろう。表面的な問題は、日本が経済的利益を追求し、アメリカを含む強国に干渉するうちに、アジア本土でますます攻撃的な役割を担うようになることだ。加えて、日本による中国の主権尊重という問題や、ロシア沿岸部の自決権の問題もある。

しかしアメリカは本心では、日本の海軍力の急速な増強を警戒する。ここでいう海軍力には、海上および宇宙に配備された軍事システムが含まれる。この頃まだペルシャ湾から石油を輸入している日本は、南シナ海とマラッカ海峡で力を増しているはずだ。二〇四〇年代の初めに、日本はペルシャ湾の安定に懸念を抱き、自国の権益を守るためにインド洋の巡回、調査を開始する。また太平洋の列島諸国と安定的で緊密な経済関係を築き、衛星追跡管制施設に関する協定を結ぶだろう。アメリカ諜報機関は、こうした施設が日本の極超音速対艦ミサイル基地を兼ねているのではないかと疑う。極超音速ミサイルとは、音速の五倍を超える速さで飛行するミサイルである。二一世紀半ばには音速の一〇倍、つまり時速一万数千キロの速さを実現しているはずだ。極超音速飛行体には、標的に直接打ち込むミサイルのほか、標的を爆撃して帰還する無人機もある。

日本は海洋をアメリカ海軍第七艦隊と、そして宇宙をアメリカ宇宙軍と分け合うことになる。この頃アメリカ宇宙軍は、アメリカ軍の中でますます独立性を高めている。日米いずれの側も、海や宇宙で問題を起こすことなく、形の上では友好関係を維持している。しかし日本はアメリカの懸念を強く意識している。つまりアメリカのいわば私有湖である太平洋に、アメリカが完全に掌握していない軍事力が存在することへの懸念である。

日本は南方、特に太平洋とインド洋の間の通路であるインドネシア海域における潜在的脅威からシーレーンを防衛することに、深い関心を持つようになる。インドネシアは多数の島と多数の民族集団からなる群島国家だ。この国は本質的に分裂した国であり、これまでも、そしてこれからも分離運動が多発するだろう。日本は特定の運動を支援して別の運動に対抗させる複雑な戦術を通して、インドネシア海域の諸海峡を確保しようとする。

日本はまた、西太平洋からアメリカ海軍を締め出せる力を持ちたいと考えるようになる。このために日本が取る方策は、次の三つだ。第一に、太平洋の奥深くまで攻撃できる極超音速対艦ミサイルを日本本土に建設、配備する。第二に、この頃すでに経済的に支配しているであろうマーシャル諸島、ナウルなどの太平洋諸島との間で、センサーやミサイルを設置する協定を結ぶ。この狙いは、アメリカの太平洋貿易や軍事輸送に隘路《あいろ》を設けることにある。そうすることでアメリカの経路選択が予測可能になり、日本の衛星でアメリカの船舶の動きを監視しやすくなる。だがアメリカを最も悩ませるのは、日本が宇宙活動を活発化させることだ。日本は宇宙に軍事施設のほか、民間の産業施設を建設するだろう。

アメリカの政策は例のごとく複雑で、さまざまな要因に影響される。強大化した中国がロシアの後方を脅かすという考えが、二〇一〇年代から二〇二〇年代にかけてのアメリカ軍事諜報界の強迫観念になる。二〇三〇年代に、この恐怖は国務省の固定観念になるだろう。国務省では旧来の方針は変わらないし、廃れもしない。そんなわけでアメリカは引き続き中国の安全と安定を図るだろう。だが二〇四〇年には、このことが日米関係を刺激する重大問題になる。中国における日本の行動は、安全で安定した中国というアメリカのシナリオとは当然相容れない。二〇四〇年になればワシントンと北京の関係はますます緊密になり、そのことが日本を激しく苛立たせるだろう。

トルコ

その間トルコは、ロシア崩壊を受けてコーカサス山脈に躊躇なく北進している。この動きは、一つには軍事介入、一つには政治同盟という形を取る。またこれと同じくらい重要なことに、トルコの及ぼす影響力の大部分が、経済的な影響力である。この地域の国々は新しい経済大国と折り合いをつけなくてはならない。トルコの影響力は当然ながら、北はコーカサスを超えてロシアやウクライナに入り込み、政治的に不安定なドン川やボルガ川渓谷地方にまで、東はロシアの農業の中心地域にまで及ぶだろう。イスラム教国のトルコはイスラム教国のカザフスタンに影響を及ぼし、それにより中央アジアにまで影響力を拡大する。黒海はトルコの湖と化し、ウクライナのクリミアとオデッサはトルコとの交易を活発化させる。トルコは地域全体に莫大な投資を行なうだろう。

ロシアは崩壊するまでに、冷戦時代にも似た地域連携のシステムをトルコ南方にまで築き上げているはずだ。ロシアが弱体化し後退すれば、レバント地方〔地中海東部沿岸〕からアフガニスタンにかけての不安定な一帯が後に残される。トルコはイランを勢力圏に引き入れる気はなく、あえてイランを孤立させたまま放置する。だが特にクルド人が国家建設を再び心おきなく目指せるようになった今、シリアとイラクの政情不安がトルコの利益を直接侵害するようになる。ロシアの後ろ盾を失ったシリアとイラクは弱体化し、旧来の内部紛争で四分五裂する。この不安定が北方に広がる危険と、他の強国によって真空地帯を埋められる恐れから、トルコは南進するだろう。また当然ながらトルコはアメリカのイラク侵入を望まない。あんな経験は二〇〇〇年代だけでたくさんだ。

この時期のバルカン半島も、混乱した状態にある。ロシアが弱体化するにつれて、バルカン半島のロシアの同盟国も弱体化し、その結果地域内に勢力不均衡が生じる。ハンガリーとルーマニア、そしてトルコの宿敵ギリシャが、こうしてできた空白地帯のいくつかを埋めようとする。このようにして不安定が蔓延する結果、トルコは新しい地域覇権国として、バルカン半島に引きずり込まれるのである。トルコはバルカン半島のイスラム教国であるボスニアとアルバニアとの間に、すでに緊密な関係を結んでいる。これらの国は攻撃欲からというよりは、他国の意図に対する警戒感から、勢力圏の拡大を図るだろう。

地理的に言えば、この地域のすべての強国にとっての、唯一にして最も重要な目標は、東地中海と黒海の支配である。ここで思い出して欲しいのが、トルコが歴史的に陸軍国であり、海軍国だということだ。ヨーロッパの強国が黒海とエーゲ海をつなぐボスポラス海峡に近づけば、トルコへの危険が増す。トルコにとってボスポラス海峡の支配とは、ヨーロッパの強国をバルカンから閉め出すか、少なくともその侵入を断固阻止することを意味する。したがってトルコは地域覇権国であるために、バルカン半島に関わらないわけにはいかない。

二〇四〇年代半ば、トルコは実際に地域覇権国になっている。トルコは農産物とエネルギーを国内に供給するために、ロシアの奥深くにまで達する関係のシステムを構築している。またイラクとシリアを支配したことで、その勢力圏はサウジ半島に及んでいる。この半島は石油や天然ガスの埋蔵量が先細りではあるが、まだアメリカ経済に燃料を供給している。トルコは勢力圏を北西のバルカン半島の奥深くにまで拡大し、そこでハンガリーやルーマニアを始めとする、アメリカの主要同盟国の利益と衝突するだろう。これらの同盟国も東方のウクライナにまで勢力を伸ばしており、黒海北岸全域でトルコの勢力に遭遇する。トルコ中心部を囲むようにして、ゲリラ戦による抵抗から局所的な通常戦争に至るまで、さまざまな紛争が勃発するだろう。

トルコはただでさえ強大な軍事力を、必要に応じてさらに増強し、大規模な地上部隊と、侮りがたい海空軍を持つようになる。黒海に力を誇示するにも、ボスポラス海峡を守るにも、バルカン半島の情勢を操るためにアドリア海に進出するにも、海軍は欠かせない。またトルコはシチリア島までの東地中海で、支配的な地位を得なくてはならない。それに防衛する必要があるのは、ボスポラス海峡だけではない。アドリア海の玄関口であるオトラント海峡も掌握しなくてはならないのだ。

トルコは最終的に南東ヨーロッパのアメリカ同盟諸国を押しやり、その増大する軍事力でイタリアを激しい不安に陥れるだろう。そして本質的に不安定なエジプトで国内紛争が起き、トルコが指導的なイスラム教国という立場を利用して鎮静化を図るために派兵するとき、イタリアの不安は最高潮に達する。トルコの平和維持軍はいきなりエジプトに現われてスエズ運河を支配し、トルコが伝統的に行なってきたことを実行できる立場に立つ。それは、北アフリカ方面に西進することだ。もしこの機会をものにできれば、トルコは西ユーラシアの決定的な強国になるだろう。イスラエルはもちろん今後も強大な国家であり続けるが、イスラム教国として勢力拡大が可能なトルコに阻まれ、すでに友好国と見なしているトルコと折り合いをつけざるを得なくなる。

スエズ運河を支配することができれば、トルコには新たな展望が開ける。この頃トルコは

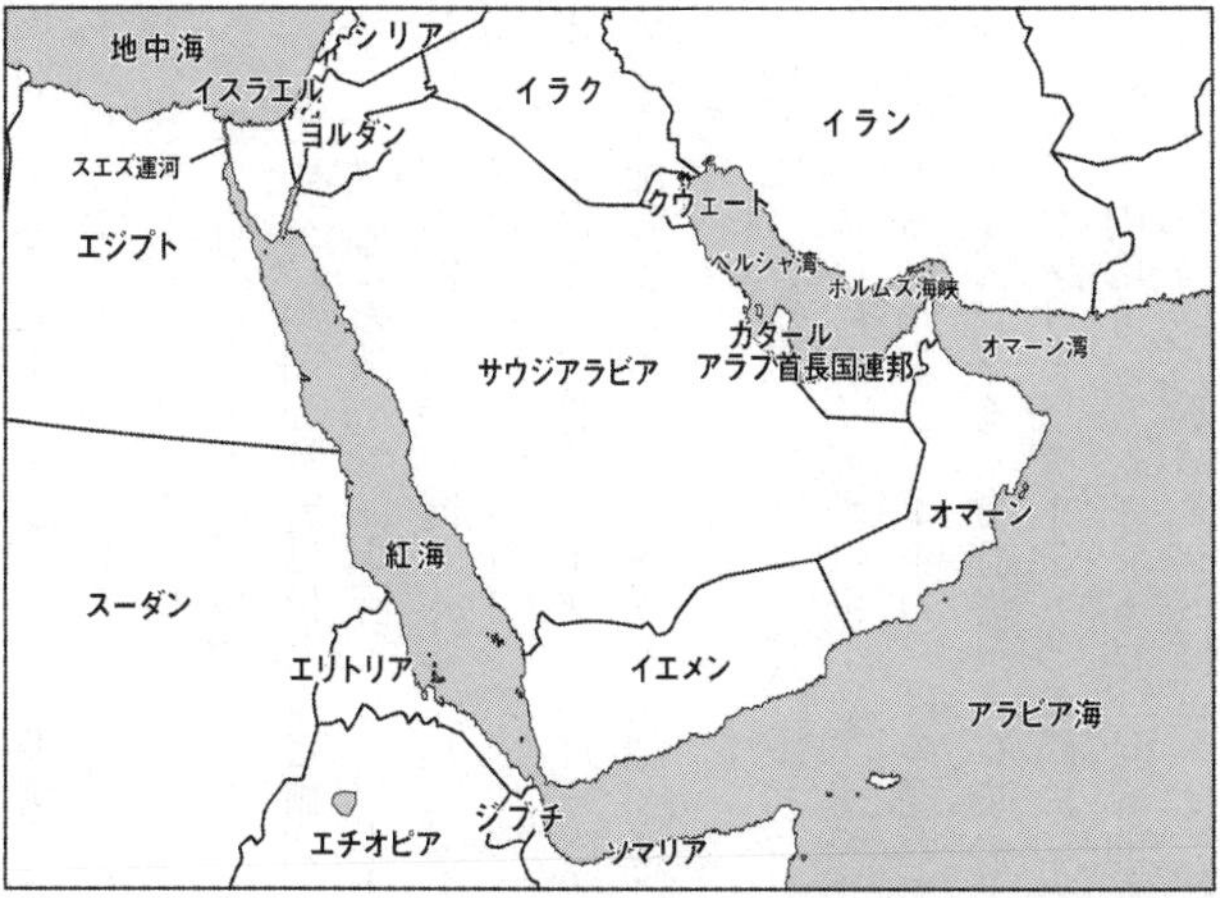

中東のシーレーン

すでにアラビア半島に南進して、アラブの反政府分子と戦っており、陸上の供給ラインに重い負担がかかっている。だがスエズ運河を支配すれば、紅海経由で軍に物資を供給できるのだ。これによりトルコのアラビア半島の支配が確かなものになり、トルコはイランよりはるかに恐ろしい存在となる。そしてこの結果、イランの港を封鎖し、西方から攻撃することが可能になるのだ。とは言え、こうした行動はどれも、トルコの望むところではない。だがトルコがこのような行動を取るおそれがあるだけでイランはおとなしくなり、そのことはトルコの利益になる。

このことから判断するに、トルコは紅海を越えて、インド洋海域に進出するはずだ。トルコの狙いはペルシャ湾にある。ペルシャ湾から、アラビア半島とこの地域の貴重な石油資源に対する支配を強化するのだ。またトルコはこのようにして、日本の安全保障計画にとって欠かせない存在になる。日本は歴史的に石油資源をペルシャ湾に依存してきた。トルコがこの地域を支配すれば、日本はトルコと合意に達することに関心を持つようになる。両国とも経済大国であり、新興の軍事大国でもある。また両国ともホルムズ海峡からマラッカ海峡までのシーレーンを維持することに利益を有している。両国の利害はほとんど衝突せず、申し分なく一致するのである。トルコがこの地域で海軍国として浮上することに、アメリカは当然警戒感を募らせる。これが日本の浮上と時を同じくして起こるとなれば、なおさらだ。わけてもインド洋でのトルコと日本の目立たない協力が、アメリカを当惑させる。トルコは今やペルシャ湾で圧倒的な軍事力を保有し、北西太平洋における日本の海軍力も突出している。インド洋はまだアメリカが支配しているが、太平洋と同様、ここでも情勢はアメリカに好ましくない方向に向かっている。

同じように不穏な動きとして、トルコは古い世代のイスラム教徒を集め、その新興覇権国としての地位に、イデオロギー的、道徳的な重みを加えようとするだろう。トルコの影響力は拡大するにつれて、軍事力だけの問題ではなくなる。この事態は言うまでもなくアメリカを、そしてインドをも動揺させるのである。

この頃アメリカは、インドとの間に二一世紀初頭の対テロ戦争から始まる長い関係を築いている。内部分裂したインドは、世界的な経済大国でこそないものの、それなりに重要な地域大国になっている。インドはイスラム教国のトルコがアラビア海に進出したことに動揺し、トルコがさらに勢力を拡大してインド洋にまで進出するのではないかと危惧する。インドの利害は、アメリカの利害と一致する。このようにしてアメリカはインド洋でも、太平洋でも同じ状況に置かれる。つまり、莫大な人口を抱える広大な大陸国と手を結び、規模は小さいが精力的な海軍国と敵対するという状況だ。

こうした展開が活発化するうちに、アジアの両端に位置する日本とトルコは、きわめて強大な力を持つようになる。どちらの国もアジア本土における権益を拡大し、それを維持するために海軍力を展開する。それだけでなく、どちらの国も宇宙での軍事活動を強化し、有人、無人システムを打ち上げているはずだ。宇宙では技術協力も行なわれる。日本はトルコより技術的に進んでいるが、トルコの発射施設を利用できれば、アメリカの攻撃に対する安全性を高めることができる。この協力も、アメリカにとって苛立ちの種になる。

今世紀半ばにトルコの影響力はロシアとバルカン諸国の奥深くにまで及び、そこでポーランドを始めとする東欧諸国の同盟と衝突する。またトルコは地中海の主要国となり、スエズ運河を支配してペルシャ湾にまで力を誇示する。トルコはポーランド、インド、イスラエル、そしてとりわけアメリカを震撼させるのである。

ポーランド

ポーランドは、ロシアとドイツから同時に攻撃されるという悪夢に、つねに悩まされてきた。一九三九年のようにそれが現実のものとなれば、ポーランドになすすべはない。したがって二〇二〇年代のロシア崩壊は、ポーランドに行動を起こす機会と必要性をもたらすのである。ロシアが緩衝地帯をできる限り西に押し進めざるを得ないのと同じように、ポーランドも国境をできる限り東に押し進めようとするだろう。

ポーランドは歴史的にロシア、ドイツ、オーストリア＝ハンガリーの三つの帝国によって圧迫され、支配されてきたため、その機会にはめったに恵まれなかった。だが一七世紀にドイツが分裂した際、ロシアがまだ西方では強大な勢力ではなかったため、ポーランドは領土を拡大する機会を得た。

ポーランドの積年の問題は、南縁が安全でないことだ。だが二〇四〇年になると、もうそのことは問題ではなくなる。ロシアに立ち向かうその他の東欧諸国も、過去のまだ生々しい教訓を生かして、東側に緩衝地帯を構築しようとするからだ。この東ヨーロッパ陣営には別の側面がある。それは経済的なつながりだ。ドイツは一八七一年の再統一以来、ヨーロッパの経済を牽引してきた。第二次世界大戦後に政治的意思と自信を喪失してからも、ドイツは大陸で最も活力にあふれる経済大国だった。

だが二〇二〇年を境に、事情は一変する。人口高齢化がドイツ経済をむしばみ始める。またドイツの大企業の肥大化志向が経済効率を長期的に損ない、ドイツ経済は規模こそ巨大だが低迷から抜け出せなくなる。さらにドイツは中央および西ヨーロッパに広く見られるその他多くの問題にも苦しめられるだろう。

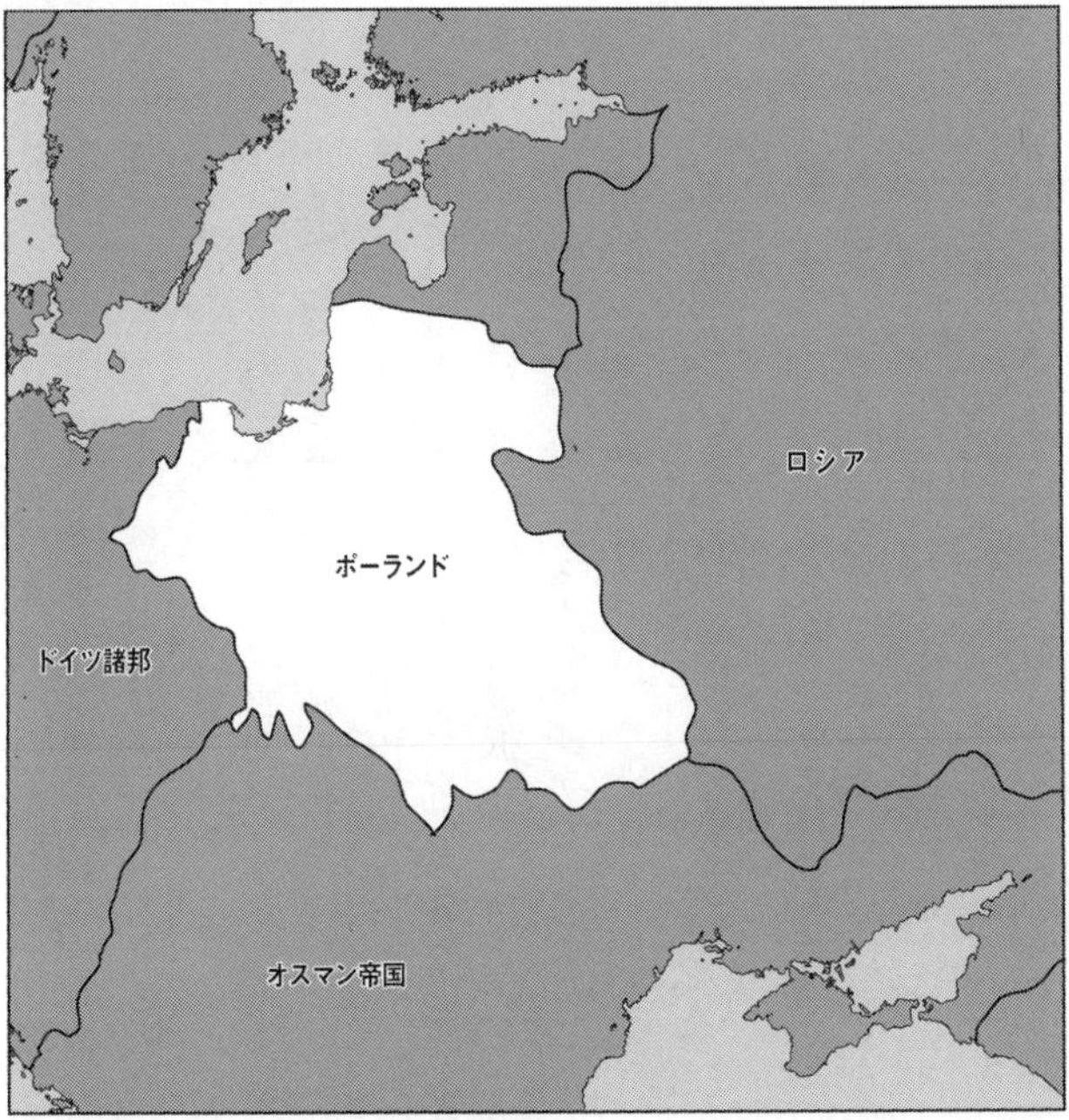

1660年当時のポーランド

だがこの頃の東欧諸国は、第二次冷戦を――しかも世界最大の技術大国アメリカと組んで――戦った後だ。冷戦は、国を飛躍的に活性化させ、それでいて国土を破壊することがないという点で、いかなる種類の戦争にも優る。アメリカに圧倒的優位をもたらす技術力の多くは、第二次冷戦から生まれる。そしてポーランドには、そのアメリカの技術や専門知識が洪水のように流入するのである。

これから見ていくように、ドイツ自身には、ポーランド陣営に挑戦する意欲も、力もない。だがドイツは陣営がどのような道筋をたどるかを、いやというほど知っている。やがてポーランド陣営は中央および西ヨーロッパの力を凌駕し、ドイツがかつて夢見たことを成し遂げるだろう。それは、旧ロシア帝国の西部を吸収、開発して、大規模な経済圏を作り上げることだ。

ポーランド陣営の最大の弱みは、周囲のほとんどを陸地に囲まれていることだ。ポーランドがバルト海に持つ港は、わずかな海軍力しか持たない国にさえ、ひとたまりもなく封鎖されてしまう。スカゲラク海峡は危険な隘路《あいろ》になるだろう。ここがポーランドにとって唯一の水路になれば、ポーランドからアメリカや世界各地に向かう海上供給ルートは著しく脆弱になる。ポーランドに残された唯一の選択肢は、南のアドリア海に港を得ることだ。ハンガリーと歴史的に親密な関係にあるクロアチアが、リエカの港を支配しているはずだ。貧弱な港だが、十分使いでがあるだろう。

この港を利用することには問題が二つあり、いずれにもトルコが絡んでいる。第一にトルコは、ハンガリーやルーマニアと同様、バルカン半島への関与を深めている。バルカン半島情勢全般について言えることだが、この問題も国家間の敵意によってこじれた、宗教がらみの複雑な問題だ。ポーランド陣営を地中海に近づけたくないトルコは、ボスニア・クロアチア間の緊張を利用して、地域の不安定な状態を保とうとするだろう。またこのことを抜きにしても、ポーランド陣営は単にアドリア海と地中海に商船隊を持っているだけで、海の利用を保証されるわけではない。すべてはアドリア海の玄関口であるオトラント海峡を支配でき

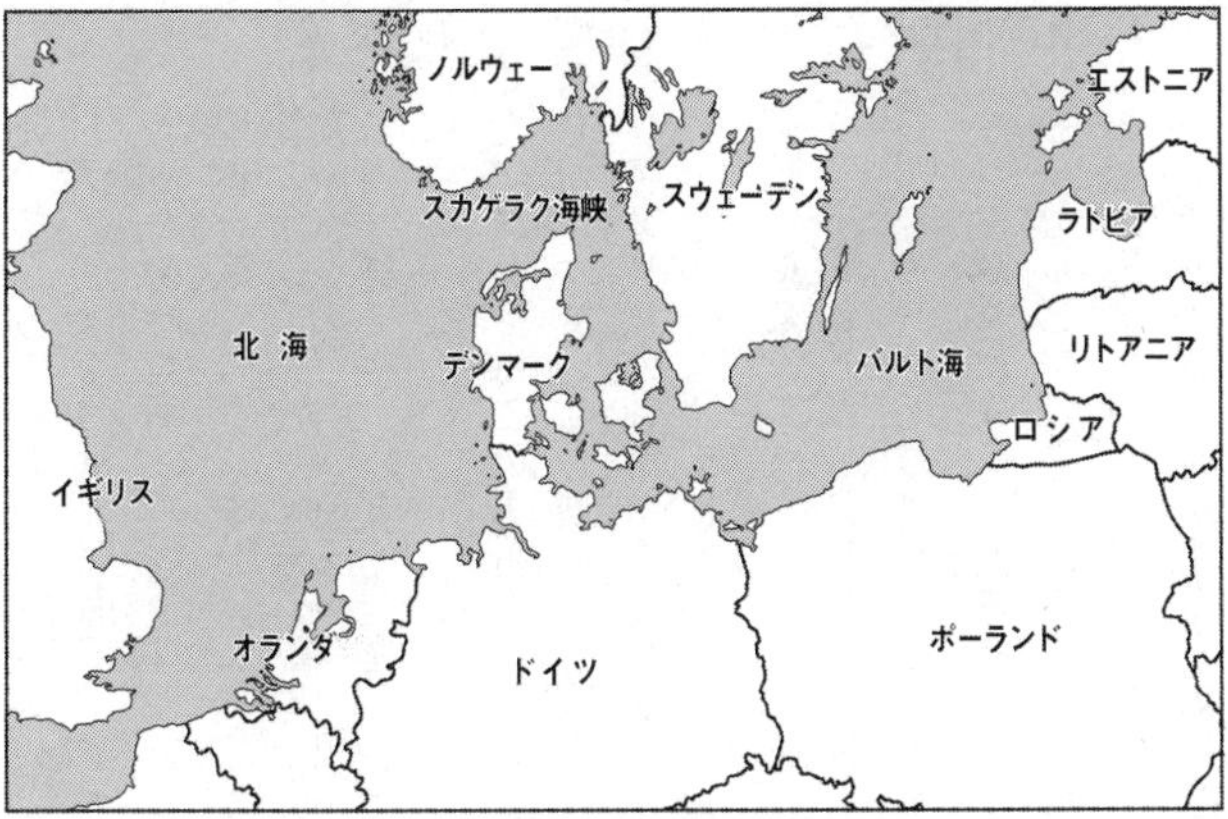

スカゲラク海峡

るかどうかにかかっている。これに代わる唯一の選択肢は、デンマークがスカゲラク海峡を支配し、ポーランドがドイツを侵略することだが、ポーランドはそのようなことができる立場にない。

ポーランド陣営がトルコと衝突する場所は、二カ所になる。まず地中海へのアクセスをめぐって、バルカン半島で衝突が起こる。もう一方の場所が、ロシア本土だ。トルコの影響力がウクライナを経由して西方に拡大するのに対し、ポーランド陣営の影響力は東方に拡大する。ここには十分な空間があるため、第一の衝突ほど一触即発の状態にはならないが、それなりに重要な二次的問題となるだろう。この時点では、まだどの国も、ウクライナと南ロシアに勢力圏を確立していない。ウクライナは、一六世紀から一七世紀頃にまで遡る歴史的な確執があるポーランドに対して、またトルコに対しても、敵意を抱いており、それぞれが互いにとって不愉快な方法で状況を操作しようとするだろう。ポーランドはこの重大局面で、アメリカの支援を痛切に必要とする。地中海でトルコに抵抗できる力を持つ国は、アメリカをおいてほかにない。そしてユーラシアの新しい強国がここに地歩を築くのを望まないアメリカは、次第にポーランド支援に傾くだろう。トルコはこの目標にはまだ届かないが、着実に近づいている。アメリカは、ユーラシアの地域大国を強大になりすぎる前に混乱させて、海軍国の出現を阻む戦略を取る以上、トルコを阻止しないわけにはいかない。

またアメリカはこの方針を取る以上、直接行動に訴えるのではなく、同じようにトルコを妨害したがっている地域の主要国を支援しなくてはならない。ポーランド陣営はトルコと違って、アメリカの利害を直接脅かす存在ではない。したがってアメリカはこの戦いに自軍を投入する代わりに、ポーランド陣営が単独で作戦を遂行できるよう、陣営への技術移転を進める戦略を取るだろう。

二〇四五年頃までに、ポーランド陣営はスロベニアとクロアチアを吸収し、リエカ港を支配している。いずれの国も、セルビアやボスニアといったバルカン半島の宿敵からの保護を、ポーランド陣営に求めるだろう。ポーランド陣営はこの二国を得たことで、境界を大幅に強化する。セルビアは陣営から除外される。ポーランドなどが、セルビアの内政問題にとらわれることを望まないからだ。そしてポーランドはアメリカの技術力を活用して、アドリア海と地中海でトルコと対決するために必要な海軍力と宇宙能力を統合、開発するのである。ポーランド陣営はめざましいペースで発展を遂げ、トルコはポーランド陣営だけでなく、アメリカ自身からも挑戦を突きつけられていることに気づき始める。

ドイツは当然トルコを支援し、近くの国境からこの危機を不安げに見守るだろう。ドイツは自ら行動を起こさないが、ポーランド陣営がトルコを破った場合にどのような事態が起こるかを十分承知している。もしそうなれば、ポーランド陣営は――まだ結束を維持していれば――ヨーロッパの大半の資源に加えて、中東をも手に入れた、ソビエト連邦の実質的な生まれ変わりになる。ドイツは、これほど大規模な勝利が起これば、アメリカが陣営と袂を分かつことを予想できるほどには、アメリカを理解している。だがその一方でドイツは、新たな対立の矛先が自らに向かうことも承知している。ポーランド陣営がこれほど支配的な立場に立てば、アメリカは陣営に西ヨーロッパを支配させるわけにはいかなくなる。すなわち、ドイツは今ひとたび戦場になる恐れがあるのだ。ポーランド陣営の成功は、ドイツを短期的にも長期的にも脅かすのである。

したがって戦争以外の、可能な限りの方法でトルコを支援することは、ドイツの利益にかなう。だがトルコが必要とするのは、ポーランド陣営を押さえ込む上での支援だ。この際カギとなるのが、陣営をアメリカから、そして国際貿易から切り離すことである。もしトルコがポーランド陣営をアドリア海から切り離し、ドイツが何らかの方法でバルト海を遮断することに成功すれば、陣営を苦境に立たせることができる。だがドイツがこの計画に加わるには、トルコが必ず成功することが前提である――そしてその前提となるのが、アメリカが本格的に参戦しないことだ。しかしドイツはどちらについても確信が持てない。したがってドイツは待ちの戦術を取るだろう。

アメリカも世界中で待機戦術を取る。ポーランド陣営に武器を供給し、トルコとの対立を助長する。インドを支援して、インド洋で軍事力を拡充させる。中国と韓国の力を高め、太平洋と地中海にアメリカ軍を増派する。このようにして直接手を下さずに、日本とトルコをできる限りの手で押さえ込もうとするだろう。アメリカはこの戦略を見事に遂行する。それどころか、あまりにも見事にやりすぎてしまう。アメリカがこれまで同盟国に武器を提供し支援してきたことは百も承知のトルコと日本は、自分たちがアメリカの代理人の手によって危機にさらされているという結論に至る。そしてこれをきっかけに、大幅なエスカレーションが起きるのである。

圧力と同盟

この時期をさかのぼること一世紀、ドイツと日本がアメリカの利益に同時に挑戦した一九四〇年代に、アメリカはいくつもの前線で危機に見舞われた。当時もアメリカは地域の同盟国の力を強化する戦略をとり、ドイツに対抗するイギリスとロシア、日本に対抗する中国をそれぞれ支援した。それから一世紀後、アメリカは再び気の長い戦術を取ろうとしている。アメリカは、トルコや日本を、それにドイツとくればなおさら、占領、破壊することを望んでいるわけではない。守勢を取って、新興勢力を阻もうとしているだけだ。傍目にはどう映ろうと、攻めの戦略をとっているわけではない。アメリカの戦略は、長い時間をかけてすべての脅威を徐々に破壊することである。潜在敵国を、自ら終わらせることも、簡単に放棄することもできない紛争によって、消耗させるのだ。この戦略で、アメリカはおきまりの自決主義と民主主義的価値観の原則を持ち出して、日本とトルコを国家主権を脅かし人権を侵害する存在に仕立て上げるだろう。

両国は広報外交と並行して、いくつかのより直接的な問題に直面する。

第一が経済的な問題だ。アメリカ市場はこの頃もまだ巨大な規模を有し、日本の製品と、それほどではないがトルコの製品を、大量に消費している。またアメリカはこの頃も新しい技術の主要な供給源である。アメリカの市場や技術から締め出されることは、控えめに言っても、痛手となる。アメリカはこうした手段を用いて、両国を感化しようとする。特定の技術、特に軍事目的に転用可能な技術の輸出を止め、両国からの製品輸入を一部制限するだろう。

その一方でアメリカは中国、韓国、インドで、さまざまな国家主義運動を支援するだろう。またポーランド陣営を通じて、トルコ勢力圏内のロシア人やウクライナ人の国家主義運動を支援するだろう。だがこの戦略におけるアメリカの焦点は、バルカン半島と北アフリカ、中でもエジプトに置かれる。バルカン半島では、(クロアチアへの依存度がきわめて高い)ポーランド陣営は、クロアチアの宿敵であるセルビアと手を組むことは避ける。その結果、トルコとの間に一種の緩衝地帯が生じるのである。アメリカはセルビアの反トルコ抵抗運動を支援する攻撃的な計画を開始し、それをマケドニアにまで拡大する。トルコの宿敵ギリシャは、ポーランド陣営との正式な同盟は避けながらも、アメリカの友好同盟国となってこの取り組みを支援するだろう。

地政学的に考えれば、こうした同盟や作戦行動を予測することは、いろいろな意味で難しいことではない。前述の通り、何世紀もの間に歴史に深く刻み込まれた、確立したパターン通りのことが起きるのだから。ここでは二一世紀という文脈で、旧来のパターンがどのように展開するかを考えてみよう。この地域でアメリカが特定の反トルコ抵抗運動を支援し始めると、バルカン半島は一触即発の危険な状態になり、トルコは防御が主な目的である地域に、とてつもない量の資源を投入する羽目になる。そのためボスポラス海峡以外の地域を、ほとんど防衛できなくなる。その一方で、ここから撤退すれば、トルコのまだ不確定な勢力圏に対する信頼が大きく損なわれてしまう。

またアメリカは、エジプトとアラビア半島におけるアラブ民族主義運動を支援するだろう。トルコは過度に攻撃的またはどん欲に、勢力を誇示しないよう留意するが、それでも反トルコ感情は蔓延する。そしてアメリカは、この種の国民主義的感情を必ず利用する。それは運動を成就させたいからではなく、トルコの弱体化を図るためだ。トルコは、ポーランド陣営と北アフリカを支援するアメリカを警戒する。アメリカの狙いは、単にトルコの行動を方向づけ、制限することにある。しかしアメリカはこうした動きを通じて、トルコに自らの基本的利益が脅かされているという印象を与えてしまい、その結果いかなる働きかけをもはるかに上回る影響を、図らずも及ぼしてしまうのだ。

宇宙とバトルスター

この時期にアメリカが取る最も威嚇的な行動は、海上行動である。そしてこの行動が実際に起こる舞台は、海上ではなく、宇宙だ。二〇三〇年代にアメリカは、特にエネルギー生産に重点を置いた、目立たない宇宙商業化計画に着手する。二〇四〇年代半ばになれば、開発はある程度進んでいるものの、まだ研究開発段階にあり、国から多額の補助金を受けている。アメリカはこの宇宙商業化の過程で、ロボットを使って宇宙空間で作業を行なう能力を高めるだろう。人間は、最も複雑で難しい作業だけを担うようになる。大規模なインフラが構築され、アメリカは一層有利なスタートを切ることになる。

アメリカは宇宙での優位を利用して、地上の覇権を強化することを目指し、インフラの増強に着手する。そうするうちに、たとえば重武装部隊を数千キロ離れた戦場に石油燃料車で送り込むといった、金のかかる非効率な従来の戦略を、徐々に放棄するようになる。そしてこれに代わるものとして、極超音速無人機のシステムを構築する。このシステムはアメリカ本土に配備されるが、それを操作するのは、潜在的な攻撃目標地域の上空の静止軌道上に配備される、宇宙司令センターである。本書ではこのプラットフォームを、ただクールな響きが気に入ったという理由で、「バトルスター」と呼ぶことにする。今世紀半ば頃までには、ハワイに配備された極超音速ミサイルが、日本近海の船舶や満州の戦車を、ものの半時間で攻撃できるようになるだろう。

またアメリカは、宇宙から超高速で発射し、地上目標に壊滅的被害を与えられるミサイルを（前世紀の諸条約がまだ有効であるため、極秘裡に）構築する。プラットフォームは地上との通信を断たれても、宇宙から自動的に攻撃を指揮することができる。その攻撃とは、宇宙配備の優れた諜報技術を活用して、正確な位置と時間に一定量の爆弾を投下することだ。

二一世紀の戦闘では、緻密なコミュニケーションが要求される。宇宙戦争の進化における最も重要なステップは、主要な指揮統制施設を宇宙に移すことだ。地上の指揮システムは脆弱である。宇宙で画像を撮影し、それを数基の衛星を経由して地球に送信し、極超音速兵器システムに指令を送るまでには、何秒もかかる。また最も重要なことに、中継点が多いほど潜在的な障害発生点も多くなり、敵に信号を妨害される危険性も高まる。地上の司令センター、受信機、送信機なども攻撃対象となり、ローテクな手法でも容易に妨害されてしまう。これに対して、宇宙配備型の司令センターはセキュリティと耐障害性が高く、兵器や人員とのスムーズな交信が可能である。

こうしたシステムに関連する科学技術の多くは、現時点ではまだ揺籃期にあるが、世紀半ばまでに稼働する。この話にもう少しおつき合い頂きたい。ここでは科学技術の世界の現実的な将来像について説明しているのであって、なにもSFテレビドラマの宇宙空母《バトルスター》ギャラクティカの話をしているわけではない。これは現実の技術と、将来の技術に関する合理的な推論、そして合理的な戦争計画を基にした予測である。宇宙プラットフォームは、高性能のセンサー装置と指揮統制システムを搭載する。またバトルスターは、システムを支える無人の下位プラットフォームを指揮する。地表面をきわめて精密にとらえ、必要に応じて極超音速機攻撃を命じることができる。わずか数分間で目標に何度も爆撃を加えられる。道路沿いに爆薬を仕掛けている集団であれ、出航中の艦隊であれ、見分けることさえできれば、素早く攻撃できる。

二〇三〇年代に実施される宇宙建設計画の教訓を踏まえ、アメリカのその後の計画では三基のバトルスター・システムが構築される。基幹バトルスターはペルー沖合の赤道上の静止軌道に、二基目はパプアニューギニア上空に、三基目はウガンダ上空に配備される。三基は地球を三等分するように、ほぼ正確な間隔で配備される。

ほとんどの国がバトルスター・システムを警戒するが、とりわけ日本とトルコは神経をとがらせる。偶然にも、バトルスターのうちの一基はトルコの真南に、もう一基は日本の真南に位置する。いずれのバトルスターも、搭載されたセンサー装置のほか、長時間の静止、偵察が可能な地球周回中の遠隔センサー装置を使って、両国を偵察することができる。これらはいわば、両国の頭に突きつけられた銃だ。そしておそらく最も重要なことに、バトルスターは何者にも制止されずに両国を瞬時に封鎖することができる。バトルスターはトルコと日本を占領こそできないが、締め付けることはできるのだ。

この新型の宇宙配備システムは何年も前から計画されるが、導入は息を呑むようなピッチで進められるだろう。二〇四〇年頃に早期導入が命じられ、世紀後半までには本格稼働する。仮に二〇四七年までに、と言っておこう。この導入の基本となるのが、バトルスターが難攻不落であり、いかなる国もそれを攻撃、破壊する能力を持たないという前提である。アメリカは過去にも戦艦、航空母艦、ステルス爆撃機などについて、この前提を立てている。アメリカの技術に対抗できる国はない、という思いこみに基づいて構築されたアメリカの軍事計画は、本質的に傲慢だ。しかし難攻不落という前提はどれほどリスクが高かろうと、その前提があるおかげでシステムの早期導入が容易になるのだ。

高まる緊張

バトルスターの配備、宇宙から制御する新世代兵器の導入、そして攻撃的な政治圧力と経済政策は、すべて日本とトルコを封じ込めることを狙ったものだ。アメリカは両国に全軍を本来の国境内に撤収すると同時に、黒海、日本海、ボスポラス海峡の通航権をアメリカに保証するよう要求する。日本とトルコからすれば、アメリカの要求はあまりにも極端で、理性を欠いているように思われる。

日本はこの条件に同意すれば、経済構造そのものを危険にさらすことになる。またトルコは経済混乱だけでなく、周辺国の政治動乱にまで巻き込まれる恐れがある。さらに言えばアメリカは、これと同等の要求をポーランド陣営に対しても行なうわけではない。むしろアメリカは、バルカン半島、ウクライナ、そして南ロシアをポーランドに委譲するようトルコに迫り、コーカサスを再び混乱に陥れようとする。

アメリカは、トルコと日本が降伏すると本気で考えているわけではない。それがアメリカの狙いなのではない。単にこうした要求を踏み台にして、両国に圧力をかけ、その伸張を阻み、不安を増幅させようとするのだ。アメリカは日本とトルコが二〇二〇年当時の位置に戻ることを期待しているわけではなく、これ以上の拡張を阻止することを望んでいる。

だが日本とトルコの見方は違う。両国からすれば、どんなに都合良く解釈したとしても、アメリカが解決不可能な国際問題を生み出して、両国の関心を急務の問題から逸らそうとしているように思われる。最悪の場合、アメリカは日本とトルコの地政学的崩壊の地ならしをしているのかもしれない。いずれにせよトルコも日本も、最悪の事態を想定して抵抗の準備をするしかない。

この頃のトルコと日本は、宇宙ではまだアメリカほど広範な経験を積んでいない。両国とも、有人宇宙システムを構築する能力は有しているかもしれないし、この頃までにはそれぞれ偵察システムを立ち上げているだろう。だがアメリカの保有する軍事力は、両国の及ぶところではない。ましてやアメリカに方針の再考を迫る時間枠の中で、追いつけるはずもない。日本とトルコにしても、方針を再考できるような状況にない。

アメリカとて、日本ともトルコとも戦争をするつもりはない。アメリカの狙いは、ただ両国を締め付けて活力を損ない、アメリカの要求に従順にさせることにある。そんなわけで、アメリカの力を抑止することで利害が一致するトルコと日本は、自ずと同盟を形成するだろう。二〇四〇年代になれば、戦争における技術的転換のおかげで、緊密な連携が非常に取りやすくなっている。宇宙が、地上の地政学的情勢を一変させるのである。

トルコと日本はより一般的な側面でも、互いを支え合える。アメリカは北米の強国だが、日本とトルコはいずれもユーラシアの強国である。

このことがごく自然な協力関係を生み出すとともに、両国に共通の目標を与える。日本の影響力は太平洋沿岸に広がるが、二〇四五年までにはアジアの島嶼部全体と、アジア大陸にまで拡大しているだろう。トルコの勢力圏は中央アジアを超えて、中国西部のイスラム教地域にまで広がっている。つまり日本とトルコが協力することになれば、アメリカに比肩し得る、ユーラシア全体を支配する強国が生まれる可能性があるのだ。

そしてもちろんこの可能性をぶち壊しにするのが、ポーランドの存在であり、バルカン半島以北にトルコの影響力が拡大しないという事実である。だがこのことは、トルコと日本が協力関係を模索する妨げにはならない。万一トルコと日本の連合にヨーロッパの強国が一国でも加わるようなことがあれば、ポーランドは苦境に陥る。ポーランドの資源と注意が分散することで、ウクライナとロシアにおけるトルコの自由度が拡大し、トルコ・日本連合には三本目の支柱ができるからだ。両国の意中にあるのは、ドイツだ。もしドイツを説得することができれば——アメリカの支援を受けたポーランド陣営の脅威が十分深刻であり、三国が協力すればアメリカに十分な脅威を与え、慎重な行動を促すことができると説得できれば——日本とトルコにとって、ユーラシアを確保しその資源をともに搾取する可能性が、現実味を帯びてくる。

ドイツは、アメリカを抑止できるなどという幻想は持っていない。むしろ三国同盟がアメリカの軍事報復を招くことを危惧する。またポーランド陣営が排されれば、ドイツはやがてドナウ川流域でトルコに直面することになるが、それはドイツの望むところではない。したがってドイツは、トルコ、日本と手を組む可能性が最も高い国でありながら、同盟への参加は拒むものと考えられる。ただし留意すべきことがある。もしアメリカが最終的にポーランドと同盟を組んでトルコと日本と戦争を行なうことになれば、ポーランドは戦争で深刻に弱体化するだろう。その場合、ドイツは後から介入することによって、より少ないリスクで大きなリターンが狙えるのだ。たとえアメリカが圧勝しても、ドイツが失うものは何もない。また最もありそうにない結果だが、万一アメリカとポーランドが共倒れすれば、ドイツは素早くとどめを刺すチャンスを得る。つまりポーランドの情勢を見守ることは、ドイツの利益にかなう。そしてこれこそが、ドイツが世紀半ばに取る作戦になる。

同盟国としてドイツ以外に唯一考えられるのは、可能性は低いが、メキシコだ。メキシコが第一次大戦時にドイツから同盟を呼びかけられたことを考えれば、この考えは前例のないものではない。メキシコは二一世紀前半の五〇年間で急速な発展を遂げ、二〇四〇年代末には、まだアメリカの陰に隠れてはいるものの、主要な経済大国になっている。それに二〇三〇年にアメリカに新しい移民政策が導入された結果、メキシコから南西国境地帯に大規模な人口流出が起こっている。確かにこのことは、いろいろな意味でアメリカに問題をもたらすものの、二〇四〇年代末のメキシコが反米同盟に参加できるような立場にあるとは考えがたい。

アメリカ諜報部は当然、東京とイスタンブールの外交協議を傍受し（この頃トルコの首都はアンカラから、伝統的都市イスタンブールに戻っている）、ドイツとメキシコに使者が送られたことを把握している。これは深刻な事態である。戦争が起これば、諜報部は日本・トルコの共同戦略計画に関する情報を入手するだろう。正式な同盟は存在しなくても、アメリカは自らが相手にしているのが、もはや二つの別々の御しやすい地域大国ではなく、ユーラシアの支配者たり得る単一の連合体のようだと気づき始める。これは、前述のアメリカの基本戦略の根底にある、根源的恐怖だ。日本・トルコ連合は、ユーラシアを支配すれば攻撃される恐れがなくなり、宇宙と海上でのアメリカとの対決に全力を傾けることができる。

アメリカは対抗措置として、これまで何度となく繰り返してきた政策を実行に移すだろう。それは両国を経済的に圧迫することだ。この頃まだ日本もトルコも輸出にある程度依存しているが、人口の急拡大が止まった世界では苦戦を強いられている。アメリカは経済圏を形成し、トルコと日本からの輸入を、同じ商品を供給できる第三国（アメリカである必要すらない）からの輸入に切り替えることを厭わない国に、その見返りとして最恵国待遇を授け、アメリカ向け輸出を優遇するだろう。つまり日本とトルコの製品に対する、明らかなボイコットを組織するのだ。

両国への技術輸出にも制限が加えられる。ロボット工学や遺伝子工学の分野におけるアメリカの研究業績を考えれば、両国の先端技術力は間違いなく痛手を被るだろう。そして最も重要なことに、アメリカは中国、インド、ポーランド、ロシアにおける反トルコおよび反日勢力への軍事支援を急速に拡大する。アメリカの方針は単純明快だ。それは両国をできるだけ多くの問題で手こずらせ、同盟の形成を阻むことである。

だが日本とトルコにとって最も厄介なのは、アメリカが宇宙での活動を本格化することだ。バトルスター衛星群が構築されることを知った両国は、アメリカが必要とあらば侵略戦争に踏み切るつもりでいることを確信する。二〇四〇年代末までに、日本とトルコはアメリカのすべての行動を鑑み、その真意について結論を下すだろう。だがその結論とは、アメリカが日本とトルコを本気で潰そうとしている、というものだ。そして今一つの結論は、同盟の形成こそが唯一の防衛手段になるということだ。同盟は抑止力として働く。あるいは同盟を結ぶことで、アメリカがどうあっても戦争を始めようとしているのかどうかを、はっきりさせることができる。かくして正式な同盟が結ばれる。そしてアジア中のイスラム教徒が、この同盟を通して権力への岐路に立つという思いに奮い立つことだろう。

トルコとアメリカの対立によって息を吹き返したイスラム教徒の熱情は、東南アジアに飛び火する。日本はこれをきっかけに、同盟条約の条件の下でインドネシアに接近する。このことと、太平洋諸島における日本の長年のプレゼンスにより、アメリカの太平洋の制海権とインド洋へのアクセスは、もはや確実ではなくなる。だがアメリカが今もって確信していることが、一つある。アメリカは日本とトルコの勢力圏やユーラシアでアメリカが挑戦に直面することがあっても、両国が宇宙にあるアメリカの戦略的軍事力に挑戦することはあり得ないということだ。

日本とトルコを抜き差しならない状況に追い込んだアメリカは、それが招いた結果にうろたえながらも、最終的には問題に対処できるはずだという自信を崩さずにいる。アメリカはこのようにして招いた戦争を、実戦ではなく、むしろロシアと繰り広げた戦争のような、新たな冷戦と見なすだろう。この超大国は、現実の戦争で自らに挑戦できる国などいないと、信じて疑わないのだ。

第9章の概要

- 二〇四〇年代、アメリカは日本やトルコへの締め付けを厳しくする。
- これに対抗するために日本とトルコは同盟を組む。一方、アメリカはポーランドを支援する。
- また、アメリカは宇宙での軍事活動を本格化し、宇宙から制御する新世代兵器を導入する。

第10章 戦争準備

　二一世紀半ばの戦争は、古典的な原因に端を発する。ある国、つまりアメリカが、二国の連合にとてつもない圧力をかける。アメリカには戦争を始める気などなく、日本とトルコに深刻な打撃を与えるつもりさえない。ただ両国に行動を改めさせたいだけだ。しかし日本とトルコは、アメリカに潰されかかっていると考える。日本とトルコも戦争は望まないが、恐怖に駆られてやむなく行動を起こすのである。両国はアメリカと折り合いをつけようとするが、アメリカにとってはささやかな要求が、両国にとっては自らの存続を脅かす要求に思われる。

　ここで三国の基本戦略が衝突する。ユーラシアに主要な地域大国を誕生させたくないアメリカは、二つの地域大国がまとまって単一のユーラシアの覇権的勢力になることを危惧する。他方日本は、人口問題に対処し、原材料を入手するために、アジアに影響力を行使する必要がある。そのためにはどうしても北西太平洋を支配しなくてはならない。トルコは、程度の差こそあれ混乱状態にある三つの大陸をつなぐ中心点だ。自らが成長するために、地域の安定を図らなければならない。日本とトルコの行動はアメリカに不安をもたらすが、日本とトルコにしてみれば、行動なくしては生き延びることはできないのである。

和解はあり得ない。日本とトルコがアメリカに譲歩するたびに新たな要求が出され、拒否するたびにアメリカの不安は高まる。究極的には降伏か戦争かの選択になり、戦争が賢明な選択として選ばれるのである。日本とトルコは、アメリカを破壊または占領できるなどという幻想は持っていない。日本とトルコに勢力圏を保証する和平協定を結ぶことが自らの利益になると、アメリカに思わせるような状況を作り出したいだけなのだ。日本とトルコからすれば、両国の勢力圏はアメリカの基本的利益を侵すものではない。

アメリカを戦争で破ることはできない。そこでトルコと日本は、紛争開始直後にアメリカに深刻な痛手を与え、一時的に不利な状況に追い込もうとする。その目的は、戦争を遂行することが和解に比べて代償もリスクも大きいという印象を、アメリカに与えることにある。繁栄の時代を享受し、メキシコの復活に漠然とした懸念を抱くアメリカが、長引く戦闘に背を向け、理にかなった交渉による解決を受け入れることを、トルコと日本は期待する。もちろん両国はアメリカが和解に合意しない場合のリスクは承知しているが、ほかに取るべき道はないように思われる。

ある意味で、これは第二次世界大戦の再現と言える。世界の権力構図を塗り替えようとする弱い方の国が、相手の態勢が整う前に、不意の先制攻撃を仕掛ける必要に迫られるのだ。

この戦争は、奇襲攻撃と、それが引き起こす動揺を利用した作戦を組み合わせたものになるだろう。二一世紀半ばに起こるこの戦争は、いろいろな意味で二〇世紀半ばの戦争に似ている。どちらの戦争も、原理は同じだが、実際は著しく異なる。かくして紛争は戦争新時代の幕開けを告げるのである。

新しい形の戦争

第二次世界大戦は、ヨーロッパ時代最後の大戦だった。この時代には二種類の戦争が戦われ、時には同時に起こることもあった。一つは全世界を戦場とする、地球規模の戦争だ。ヨーロッパは古くは一六世紀から、この規模の戦争を戦ってきた。もう一つは社会全体を動員する、総力戦である。第二次世界大戦では軍隊を編成し、その軍隊に物資を供給するために、社会全体が動員された。兵士と市民の区別はいつの時代にも曖昧だが、二〇世紀の世界大戦と総力戦では完全に消滅した。世界戦争であり、総力戦でもあったこの時期の戦争では、過去に前例を見ない、常軌を逸した大虐殺が繰り広げられた。

総力戦のルーツは、弾道兵器の誕生によって、戦争の特質が変化したことにある。弾道兵器とは、銃弾や砲弾、爆弾を打ち込む兵器で、一度発射または投下したら弾道を変えられないものをいう。そのため、この種の兵器は本質的に精度が低い。ライフルから発射される銃弾や爆撃手の投下する爆弾は、兵士や飛行士の反射神経頼みである。そしてその兵士や飛行士は、命を狙われている間にも、神経を集中させなければならない。第二次世界大戦では、発射体の命中率は驚くほど低かった。

精度の低さを埋め合わせるには、戦場を銃弾、砲弾、爆弾で埋め尽くすしかない。そのために大量の兵器と、そして大量の兵士が必要になる。大量の兵士は、食糧から軍需品に至るまで、莫大な量の物資を必要とする。したがって物資を輸送するための大量の人員と、物資を生産するための大量の労働者が必要になる。第二次世界大戦では、ほぼすべての兵器システムがガソリンを動力源としていた。石油を採掘、精製し、それを戦場に――そして戦場に物資を供給する工場に――輸送する労力だけでも、過去数世紀間の戦争に注ぎ込まれたすべての労力をはるかに上回った。

二〇世紀になると、戦争があまりにも大きな労力を必要とするようになったため、社会を全面的に総動員しない限り、勝利はおぼつかなくなった。戦争は、社会対社会の総力戦になった。敵の社会を打ち砕き、国民や社会基盤を徹底的に痛めつけて、大規模な軍隊が必要とする兵器や物資の生産能力を奪えるかどうかで、勝敗が決まった。

一〇〇〇人の爆弾兵で都市を爆撃するのは、大がかりで金のかかる企てである。だが一機の航空機と一発の爆弾で、同じ成果が得られるとしたらどうだろう。総力戦にかけるコストと負担のほんの数分の一で、同じ目標を達成できるのだ。原子爆弾の背後にあったのが、この論理だった。原子爆弾の狙いは、敵国の社会を素早く効率的に破壊して、被爆するよりは降伏した方がましと敵に思わせることにあった。原子爆弾は、技術的には根本的に新しかった。だが軍事的には、ヨーロッパで何世紀もかけて発達した戦争文化の延長でしかなかった。

核兵器の残忍な性質が、戦争における技術革命をもたらした。核兵器は、世界戦争と総力戦のばかげた行き過ぎだった。核戦争を戦うために、アメリカとソ連は全世界を視界にとらえる必要が生じた。これを経済的に行なう唯一の方法は、敵地の上空を飛行することだったが、最も安全かつ効果的に行なう方法が、宇宙からの偵察だった。有人宇宙計画は、宇宙計画の表向きの顔だったが、その根源的な動機となったのは――そして財政的支援を決定したのは――敵が核ミサイルを配置した正確な位置を知る必要性だったのである。偵察衛星はリアルタイム・システムに進化し、それによって敵の発射機の正確な位置を数メートル以内の誤差で示し、標的を正確に狙うことが可能になった。そしてその結果、こうした標的に攻撃を加えることのできる兵器が必要になったのである。

アメリカの時代――精度の向上がもたらす総力戦の終焉

目標識別能力の向上が、命中精度の高い兵器の必要性をもたらした。精密誘導兵器（PGM）、つまり発射後に目標に向けて誘導可能な兵器が初めて導入されたのは、一九六〇年代末から一九七〇年代にかけてのことだ。これは些細なイノベーションに思われるかもしれないが、それが及ぼした影響はとてつもなく大きかった。この兵器が、戦争のあり方を変えたのである。二〇世紀に戦争を戦うには、何千人もの爆撃手と何百万丁ものライフル銃が必要だった。二一世紀には、このわずか数分の一で戦えるようになり、このことが総力戦の終わりを告げるのである。

この規模における変化は、戦争を戦う上で人口面でつねに不利な立場にあったアメリカに、計り知れないほどの利益をもたらすだろう。二〇世紀の主な戦場はヨーロッパとアジアだった。これらは人口密集地域であり、しかもアメリカから何千キロも離れていた。アメリカは少ない人口で戦うだけでなく、補給物資を量産し、それを遠くまで輸送しなくてはならなかった。これが人的資源を吸い上げたため、直接戦闘に投入できる兵力は限られた。

そのようなわけで、アメリカの戦法は戦場の一人ひとりの兵士の有効性を高めることに重点を置いてきた。アメリカが歴史的に取ってきた方法は、科学技術と大量の兵器を利用することだった。だが第二次世界大戦後は、量より技術を利用した戦力強化に重点が移った。これに関してアメリカに選択の余地はなかった。グローバルな大国になるためには、兵士と高性能兵器を結びつけ、一人ひとりの兵士の有効性を最大限に高めるしかなかった。このようにして、小軍で大軍を破るという戦争文化が生まれた。技術利用が進むにつれ、必要な兵力はますます減り、やがて高度に訓練され先端技術を装備した兵士が少数いれば事足りるようになる。アメリカの生み出した兵器文化が、国家人口の変化に呼応していることに注目して欲しい。高齢化と人口減少が進むにつれ、大規模な軍隊を維持することは、不可能とまではいかなくても、困難になっていく。

したがって二一世紀の戦争におけるカギは、精度になる。兵器の精度が高まれば、数撃たなくても当たる。したがって必要な兵士の数も、防衛関連労働者の数も減るが、その一方で必要な科学者や技術者の数は増える。今後数十年で必要になる兵器とは、アメリカに配備され、一時間以内に地球の裏側に到達し、驚くほど機動的な飛行で地対空ミサイルをかわし、戻ってから間髪容れずに次の使命を遂行できるような兵器だ。このようなシステムを持てば、一万数千キロ離れた場所に戦車を送り込む必要はなくなる。

このタイプの兵器は、極超音速無人爆撃機と呼ばれる。現在アメリカは音速の五倍を優に超える速度で飛行できる、極超音速システムの開発に取り組んでいる。この航空機はいわゆるスクラムジェット・エンジンで推力を得るもので、ロケット・エンジンではなく、エアブリージング・エンジンを搭載する。航続距離はまだ短いが、今世紀にスクラムジェットや、空気との摩擦で発生する高熱に耐えうる新しい素材の開発が進めば、航続距離も速度も向上するだろう。

考えてもみて欲しい。時速一万数千キロ、つまりマッハ一〇で飛ぶミサイルをアメリカ東海岸から発射すれば、ヨーロッパの目標に半時間以内に攻撃を加えることができるのだ。マッハ二〇なら、一五分以内に攻撃が完了する。敵軍を破壊できるだけの十分な力をもって迅速に介入する、というアメリカの地政学的必要はいずれ満たされ、その結果情勢は一変するだろう。仮想敵を壊滅させるだけの極超音速ミサイルを建造するには、莫大な費用がかかる。だが現在の戦力構造を大幅に縮小できることを考えれば、何とか対処できるはずだ。また特筆すべき点として、このシステムは、炭化水素エネルギー・システムが衰退の途をたどる時期に、戦車や航空機、船舶用の燃料備蓄の必要性を軽減するのである。

極超音速システムの導入は、ナポレオン以前から続いてきた兵器の動向を逆転させる。二一世紀の軍隊は、従来の軍隊に比べて大幅に小型化、専門化が進み、ハイテク技術を装備している。精度の向上により、兵士と市民の区別が再びはっきりするだろう。一つの建物を破壊するために都市全体を壊滅させる必要はなくなる。兵士は第二次世界大戦のＧＩ《米兵》というよりは、高度に訓練された中世の騎士をますます彷彿とさせるようになる。勇気が必要なことに変わりはないが、きわめて複雑な兵器システムを運用する能力がカギとなる。

速度、飛距離、精度、そして多数の無人機が、二〇世紀の戦場に爆薬を輸送するために必要とされた大部隊に取って代わるだろう。だがこうした能力をもってしても、敵の領土を占領するという、戦争の中心的問題が解決されるわけではない。軍隊の目的は軍隊を破壊することにあり、精密誘導兵器はこれをかつてないほど効率的に達成する。しかし領土の占領は、今も大量の労働力を要する活動だ。それは軍人の仕事というよりは、いろいろな意味で警官の仕事に近い。兵士の仕事は敵を殺すことだが、警官の仕事は犯罪者を見つけて逮捕することだ。前者に勇気、訓練、兵器が必要とされるのに対し、後者にはこのすべてに加えて、敵と良民を区別するための文化的理解が必要とされる。この仕事は今より簡単になることはなく、今後も大国の弱点になるだろう。ローマとイギリスが敵軍をやすやすと破りながら、パレスチナの占領に手こずったように、アメリカも、戦争に勝利した後で、その余波に苦しむことになる。

宇宙戦

戦争に関してはいろいろな変化が起こるが、変わらないことが一つある。それは戦場の指揮官が、戦場に関する情報を持っていなければならないということだ。グローバルな戦場は伝統的な戦場とは著しく異なるが、指揮官の情報の原則は変わらない。グローバルな戦場では、指揮と統制が、敵の情勢や自軍の配備状況に関する情報によって結びつけられなければならない。これを地球規模でリアルタイムに行なうには、宇宙から行なうしかない。戦争の最重要原則の一つは、視界のきく高地を守り抜くことである。同じことがグローバルな戦争についても言える。視界のきく高地がカギとなるが、ここで言う高地とは宇宙のことだ。宇宙の偵察プラットフォームは、戦場を継続的に、地球規模でとらえることができる。

かくして世界戦争は宇宙戦争になる。ただしこれは根本的な変化とは言えない。すでに多くの国が、世界情勢に関する情報収集を目的とした偵察プラットフォームを宇宙に配備している。一部の国、特にアメリカにとっては、宇宙配備センサーが戦術目標を特定し、空爆や巡航ミサイルを要請するなど、戦場はすでにグローバル化している。兵器システムはまだ開発されていないが、プラットフォームはすでに存在し、成熟期を迎えている。

宇宙では視界が確保でき、安全な通信が可能なほか、敵対的目標をはっきりと追跡することができる。したがって戦闘管理の場も、地上から宇宙に移るだろう。さまざまな地表高度に宇宙ステーションが作られ、地上や海上のロボット・システムや有人システムを駆使して、敵の攻撃をかわし、作戦を実行し、敵のプラットフォームを攻撃するようになる。

したがって敵の目をくらませるには、攻撃目標の選定を可能にしている敵の宇宙システムを破壊する必要がある。加えて、敵の攻撃能力にダメージを与えるには、敵の航行システムや通信システムを始めとする、宇宙システムを破壊しなくてはならない。したがって二一世紀の戦争では、敵の衛星の破壊が最重要目標となる。

そのため当然の帰結として、自国の衛星の防衛が、生死を分けることになる。衛星を防衛する最も簡単な方法は、安全な場所に移動させることだ。だがこれはそう簡単なことではない。第一に、衛星を動かすための燃料が必要になるが、燃料は重く、軌道に乗せるのに莫大なコストがかかる。第二に、たとえ衛星を移動させることが可能でも、機動性のある対衛星システム（ＡＳＡＴ）や、それにもちろんレーザービームの攻撃を逃れることはできない。最後に、これらは必要な地域を防衛するために特定の軌道に設置される、軌道プラットフォームである。移動させることで軌道が変わり、衛星としての有用性が損なわれる。

衛星を防衛するには、攻撃をかわすか、攻撃者を破壊する必要がある。この考えをもとに、他の様式の従来型兵器システムが開発され、二一世紀半ばまでに衛星戦闘群として結実するだろう。航空母艦を艦隊で護衛する空母戦闘群のように、レーザービームの遮断や敵の衛星の攻撃など、さまざまな能力と責任を与えられた補助衛星が、偵察衛星を護衛する。各国が脅威を高め、また防衛策を強化するうちに、宇宙システムの防衛問題は急速にエスカレートしていく。

いずれ兵器は宇宙から地表へ向けて発射されるようになるが、これは意外に複雑な問題である。宇宙では兵器は時速数千キロで移動し、その上地球も自転している。そのため宇宙から地上の目標を攻撃する能力は、宇宙監視能力に比べて開発に時間がかかる。しかしいずれ必ず実現するだろう。

衛星は一基あたり数十億ドルのコストがかかる。宇宙に戦闘群を配備するには、さらに莫大なコストがかかる。比較的稀な例を除けば、現時点では衛星が損傷または故障すれば全損になる、つまり一部分たりとも回収されない。宇宙利用が進むにつれ、プラットフォームの価値がますます高まるため、この全損モデルは成り立たなくなる。特に宇宙が戦場になれば、宇宙プラットフォームの修復が急務となる。そして損傷した複雑なシステムを修復するために、人間が物理的に宇宙に行かなくてはならなくなる。

修復の必要が生じるたびに宇宙に人員を送り込んでいたのでは、非効率この上ない。それに地球から宇宙船を打ち上げるには、すでに軌道上にある宇宙船を移動させるよりコストがかかる。いつかある時点で、宇宙に修理要員を常駐させる方が、合理的かつ経済的になる。当然こうした要員自身も攻撃対象になるため、自衛能力を持たせる必要がある。また宇宙システムを管理統括する能力も要求される。

宇宙から効率的に戦闘管理を行なうことは、数十億ドル規模の衛星を迅速に修復することに留まらない。地球と宇宙を結ぶ通信リンクは複雑で妨害を受けやすい。したがってどんな敵も、まずは最も理にかなった最も安上がりな攻撃を試みるだろう。それは、地上・宇宙間の通信を混乱させることだ。たとえば簡単な方法として、自動車爆弾で地上配備の送信機を破壊するといった、ローテクな手法でもこれを行なうことができる。発射設備も攻撃対象になる。もしアメリカの二つの発射施設、ケネディ宇宙センターとバンデンバーグ空軍基地が敵のミサイル攻撃に遭い、数カ月間稼働できなくなるほどの損害を被れば、新しい機器の打ち上げは不可能になり、利用できるのは攻撃を受けた時点ですでに宇宙に配備されていた機器だけになる。こうした配備済みの宇宙システムの保守が、勝敗を分ける。したがって修理チームを宇宙に常駐させることがカギとなる。

ここまでの説明で分かるように、宇宙戦は厄介な題材だ。この問題に深く踏み込めば踏み込むほど、話がSFじみてくる。だが人類は間違いなくこうしたことのすべてを、今後一〇〇年の間に経験する。技術はすでに存在し、戦略上、戦術上のメリットもはっきりしているからだ。

宇宙戦は一六世紀における海上戦と同じく、外へ外へと広がる。地球静止軌道が戦略上重要となれば、それをめぐって争いが起きる。だが軌道は紛争の戦略点の一つでしかない。もう一つの戦略点が、月面である。荒唐無稽に思われるかもしれないが、月面基地は大気に妨げられることがないため、地表面や、宇宙で起こる紛争を観測するための、安定した基盤になるのだ。月面上の兵器からの攻撃が地球に到達するには時間がかかりすぎる（おそらく数日間）。だが信号なら、修理施設を破壊しようと接近してくる衛星攻撃衛星に、数秒で到達できる。軌道周回システムより月面上の基地の方が、むしろ維持防衛しやすい。

低軌道宇宙、静止軌道宇宙、ラグランジュ点（地球と月の間の重力の安定場）、そして月面をめぐって、戦いが繰り広げられるだろう。どんな戦いの目的も、これまでに戦われたすべての地上戦と同様、こうしたエリアを利用する権利を敵から奪うとともに、自軍による利用を確保することにある。条約があろうとなかろうと、人類の行くところに戦争ありだ。そして人類が宇宙に進出すれば、宇宙でも必ず戦争が起こる。

世界の海洋を宇宙から支配することが、決定的に重要になる。今日でさえアメリカ海軍は、宇宙監視能力を艦隊の有効性の拠り所としている。アメリカ海軍の優位に挑戦できる艦隊を構築することはきわめて困難であり、とてつもない費用と時間がかかる。航空母艦の技術や作戦方針を習得するには、何世代もかかる。大多数の海軍がこうした試みを一切放棄しており、今後もこれを試みようとする海軍はまず出てこないだろう。だが二一世紀の制海権は、外航艦隊よりも、敵艦を識別し、狙うことのできる宇宙システムに大きく依存するようになる。宇宙を制する者が、海洋を制するのだ。

次はロボットについて少し考えてみよう。宇宙に常駐する人員が宇宙配備戦闘システムの保守および指揮を担当するようになると考えられるが、こうしたシステムはロボット・システムによって補助される必要がある。宇宙で人間の生命を維持することは複雑で金のかかる取り組みであり、今世紀中にその事情が変わることはない。だが自律システムや遠隔制御システムはすでに普及しており、無人宇宙飛行はもう当たり前のことになっている。実際、ロボット工学の先駆的研究の大半が宇宙分野で行なわれているし、今後もそうなるだろう。技術は十分に開発が進んでおり、アメリカ国防総省はすでにこの分野で先進的なプロジェクトを進めている。そのほか、ロボット航空機や衛星の修理モジュール、海上のインテリジェント魚雷がすでに開発されているか、まもなく開発される。今世紀末頃には、たとえば人的被害を回避するために要塞陣地を構築するといった、比較的単純なタスクを実行するロボット歩兵が実現する可能性が高い。

こうしたことのすべてが、戦争におけるこの上なく重要な変化を――実は逆行を――もたらす。精度が向上すれば、敵を壊滅させる必要はなくなるのだ。

戦争計画

今世紀半ばまでにアメリカの力は、全世界を射程に収める極超音速無人爆撃機と宇宙配備ミサイルを拠り所とするようになる。こうしたシステムを使えば、必要に応じてトルコにも日本にも海上封鎖を仕掛けることができる。いかなる地上施設を攻撃することも、地上部隊に壊滅的な攻撃を加えることもできる。

アメリカの戦争は、次の三段階に分けて遂行されるだろう。第一段階が、アメリカを攻撃するおそれのある敵の航空機や防空部隊（宇宙システムを含む）に対する攻撃である。第二段階は、敵のその他の軍事施設や主要な経済施設に対する、組織的攻撃である。そして最終段階として、致死性、生存性、可動性に優れた重装甲パワードスーツを装着した歩兵と一連のロボット・システムで構成する、少人数の地上部隊を投入する。

アメリカは衛星だけでなく、いわゆるバトルスター管理プラットフォームにも著しく依存するようになる。バトルスターはアメリカの目となり、耳となり、拳となるだろう。衛星群や自らに搭載されたシステムを指揮するほか、地上や衛星に向けてミサイルを発射できる軌道上の周回ポッドを指揮する。また地上配備の極超音速無人機に目標情報を提供したり、こうした航空機を宇宙から制御したりすることもできる。バトルスターが破壊または隔離されれば、アメリカの戦闘システム全体が無力化される。位置の分かっている不動の施設を攻撃することはできても、可動性のあるものはまったく認識できなくなる。

今世紀半ばには、人類が軍事目的で宇宙に進出してから数十年が経過したことになる。数十億ドルの衛星を軌道に投入してあとは成功を運に任せるという、二〇二〇年以前のプロセスは意味をなさなくなる。基幹システムが故障すれば、修理が必要になる。今日のスペースシャトルも修理機能を備えているが、宇宙の重要性が高まるにつれ、宇宙に修理要員を常駐させる必要が生じる。宇宙活動で最も金のかかるのは打ち上げであり、前述の通り人員を頻繁に宇宙に打ち上げていたのでは経済的に成り立たない。軌道上の故障したシステムを捕獲、修理する能力を持つ人員を宇宙に常駐させることが一般的になるだろう。今世紀半ばには、さまざまな高度に宇宙周回修理ステーションが配備されてから二〇年が経過したことになり、時間とともに敵の衛星の破壊といった、偵察や戦闘行動に関わる多くの機能を担うようになるだろう。

バトルスターには残存性の高い設計構造が採用される。数十人ないし数百人の運用、保守要員が常駐する、大規模なプラットフォームになる。レーザーその他の高エネルギービームでプラットフォームを破壊されないよう、先端材料で作られ、多重船殻構造を備える。また接近物体を超長距離から識別するセンサーシステムを搭載し、バトルスターを脅かすものを破壊するための発射体やエネルギービームで厳重に武装される。

バトルスターを破壊する目的で軌道に打ち上げられるいかなるものも、バトルスターの攻撃に耐え得る規模や堅牢性を持たない、という前提が、アメリカの安全保障の基盤となる。バトルスター自体は、数千回に及ぶミッションで打ち上げられる多数の部品を組み合わせて構築される。もう一つの前提は、アメリカが地上や宇宙に配備したセンサーによって、他国が構築する大型システムを容易に認識できるということだ。バトルスターはいかなる危険をも察知し、いかなる脅威にも対処できる。アメリカが世界に先駆けてシステムを作り上げるため、追随してシステムを構築する国は大きなリスクにさらされる。

トルコ・日本連合は、アメリカの防衛システムが持つこの絶大な強みを踏まえて、以下を目的とする戦争計画を策定しなければならない。まずアメリカの戦闘能力を著しく損なうこと。それと同時に、アメリカから有効な反撃を誘発することなく、世界中のアメリカの利権を攻撃できるような期間を確保すること。そしてアメリカにとって完敗よりも受け入れやすい、交渉による解決に向けた地ならしをすることである。海からの侵攻や海上戦術など、日本とトルコにとって実行不可能な手法もある。またこの頃には日本もトルコも核兵器を保有しているであろうが、その使用は論外だ。すでに核兵器技術が生まれてから一〇〇年を経過しており、核兵器の建造、使用方法は知れ渡っている。だが前述の通り、核兵器の脅威は、使用後より使用前の方が大きい。トルコと日本が目指すのは国益の確保であって、国家的自殺ではない。アメリカに核攻撃を仕掛ければ確かにアメリカを痛めつけることはできるが、反撃によってトルコと日本はさらに痛めつけられるだろう。また国の規模の違いを考えれば、アメリカにとってのリスクより、両国にとってのリスクの方が大きい。

アメリカに宇宙の支配権を握らせないことがカギとなる。したがって日本・トルコ連合は、アメリカが不可能だと考えることを成し遂げなくてはならない。すなわち、バトルスターの破壊である。これを達成すれば、太平洋と東アジア、そしてトルコを囲む広大な地域の地図を書き換えるチャンスが連合軍に開ける。すべては不可能をやり遂げるという、たった一つの問題にかかっている。

バトルスターを破壊できる規模を持つ発射体を（しかもバトルスターに迎撃されずに）打ち上げることは、非常に大きな試練となる。これを地上から打ち上げることはできない。アメリカに打ち上げを探知され、即座に破壊されてしまう。だが連合には強みが一つある。バトルスターには機動性がないのだ。バトルスターは静止軌道上に設置されるため、軌道を維持するための推進剤は搭載しているが、燃料を喰う大きな軌道変更はできない。また移動すれば静止軌道を外れ、任務の遂行に必要な安定性が失われる。これは計画者が切り捨てざるを得なかった機能の一つだ。アメリカのバトルスター計画は、二〇四〇年代に短期間で一気に強行される。数十人の人員を乗せる軌道周回宇宙ステーションを構築することと、それに機動性を持たせることは別物だ。後者を追求すれば、スケジュールが大幅にずれ込んでしまう。そのため計画者は技術的現実に妥協して合理的な行動を取り、破壊不能なバトルスターに、機動性は必要ないと判断する。バトルスターはタイタニック号のように、不沈を謳われるのである。

日本はバトルスターをいかにして無力化するかという問題に、早くも二〇三〇年代から取り組み始める。日本は国境付近の情勢から目が離せないトルコよりもかなり早い二〇二〇年頃から、宇宙計画を着実に進めているはずだ。どちらの国も低軌道偵察衛星と静止軌道通信システムを開発するが、宇宙の商業利用に意欲を燃やす日本は、特に宇宙発電に関心を抱く。原子炉の新設では賄えないほどのペースでエネルギーを消費するエネルギー不足の日本は、この数十年前からありとあらゆる代替エネルギー発電技術に投資を行なっており、その一環として宇宙システムにも取り組んでいる。

研究開発拠点は月面にも置かれる。一九五〇年代の南極さながら、多くの国が月面に研究拠点を設立するが、なかでも最も意欲的な国がアメリカと日本である。日本は二〇四〇年までに月面上に大規模なコロニーを稼働させ、研究用の巨大な地下施設を建設している。月と地球の行き来は珍しくなくなり、人目を引かなくなる。月面で研究を行なう諸国は協力し、人員のやり取りが頻繁に行なわれる。だが月面上から行なえるどんな軍事活動も、地球の軌道上から行なった方が効率的である――少なくとも、通説ではそのように考えられる。

日本は当然、すべての軍隊がやるように、起こり得る戦局について打開策を練っている。問題は単純だ。アメリカの戦闘システムの重心であるバトルスターを、いかにして破壊するかだ。すでに指摘したように、地球上からの攻撃は失敗する可能性が高く、失敗すれば日本は最悪の状況でアメリカと戦争する羽目になる。

そこで日本は新たな戦略を考え出さなければならない。一九四一年に日本がアメリカの太平洋における軍事力の重心、つまり真珠湾艦隊を無力化して、戦争を仕掛けた時のことを思い出されたい。アメリカの艦隊を無傷のまま引っ張り出すのは危険きわまりなかったし、アメリカは真珠湾艦隊を難攻不落だと考えていた。そこで日本は攻撃を仕掛けた。空母主体の部隊という予想外の手段を用いて、魚雷攻撃には水深が浅すぎると思われていた港を、北西という予想外の方角から、しかも日本の本土から遠すぎて安全でないと思われていた距離から攻撃したのである。これは日本式の戦法であるだけでなく、日本人による戦争の普遍原理の適用でもあった。

二一世紀半ばに、日本は別の状況で同じ問題に直面する。日本はバトルスターを破壊する必要がある。予想外の方角から、予想外の手段で攻撃しなければならない。予想外の方角とは、北西太平洋に相当する背後、つまり月からということになる。予想外の手段とは、月面で秘密裡に建造した兵器だ。後に使用する予定の兵器を月面に輸送すれば探知される恐れがあるため、月面で建造するしかない。二一世紀版の真珠湾攻撃は、方角と手段に奇襲の原則を含まなくてはならない。ここで紹介するシナリオ以外にも代案はあるが、宇宙の成り立ちを考えれば、これがきわめて妥当性の高いシナリオと言える。

わたしの考えを方向づけている、基本的な地政学的原則がある。第二次世界大戦では二つの新興国、ドイツと日本が世界秩序を塗り替えようとした。二一世紀半ばにも、この終わりなき地政学的周期が繰り返されるだろう。第二次世界大戦で日本は太平洋におけるアメリカの軍事能力を無力化し、望み通りの条件での和平協定に道を開くために、奇襲をかける必要があった。日本はその地理的条件のせいで、アメリカに比べて長期的にきわめて不利な立場にあった。そのためアメリカの軍事力の重心に奇襲攻撃をかけて、チャンスを生み出さなくてはならなかった。二一世紀半ばにも、日本はアメリカとの関係で同じ立場に立つことになる。唯一の違いは、今回はドイツではなくトルコと連合を組んでいることだ。したがって、日本の軍事行動の細部がどうであれ――それに細部については当然推測するしかないのだが――どちらの世紀にあっても紛争の、そして一般戦略の性質は、同じ力学に根ざしているのである。

本書の冒頭で、歴史はチェスのゲームであり、現実に指すことのできる手は思ったより少ないと述べた。チェスの名手であればあるほど、指し手に潜む欠点を深く理解しているため、実際に指せる手の数はぐっと減る。この原則は未来にも通用する。ここまで、日本とトルコがどのようにして主要な強国になるか、そしてこのことがどのようにしてアメリカとの摩擦を生むかを説明してきた。歴史と、その時々に予想される状況の両方から判断して、日本がチェス盤をどのようにとらえるか、つまりどのような懸念を抱き、どのように反応するかを予測しようとした。細かい点まではもちろん知り得ない。だがここでは、地政学、科学技術、戦争がどのように展開するかという感触をつかんで頂ければと思う。戦争の細部を知ることは決してできないし、戦争が起こる時期すら知り得ない。だがいくつかの原則を明らかにすることによって、細部を多少は予測できるのだ。

日本はこの時点ですでに複数の月面基地を設立しているが、その一つが民生用を装った軍事基地である。日本はひそかに掘り抜いた深い洞窟の中で、月岩石を使って発射体を作る。岩石は体積の割に重く、小型車の大きさほどのものでも何トンもの重量がある。岩石を超高速で飛ばせば、莫大な運動エネルギーが得られ、命中すれば大きな建造物を粉砕することができる。空気がない月面では摩擦や空気抵抗の問題が生じないため、形がいびつでも問題ない。ロケットや燃料タンクを容易に岩石に取りつけ、打ち上げることができる。

発射体は、二つの性質を持つように設計される。運動エネルギーでバトルスターを破壊できるほどの重量を持つが、月の脱出速度が地球より小さいことを利用して、ロケットを用いて軌道に打ち上げられるほど小さくなくてはならない。ミサイルがバトルスターに激突する速度を考えれば、一、二キログラムもあれば十分だ。ただし、これよりずっと小型の運動エネルギー防衛ミサイルの衝撃に耐え得るものでなくてはならない。

日本は月面の裏側に、注意深く偽装した秘密基地をもう一つ建設する。この基地はシステムをテストするのに使われる。地球の逆側に向かって発射すれば、地球からは見えない。基地への輸送に気づかれても余計な懸念を与えないよう、基地はゆっくり時間をかけて建設される。地下発射装置が準備、偽装される。このようにして、バトルスターが稼働する頃には、日本の対抗手段も稼働している。単発のミサイルは必ず迎撃されるため、一発でも到達するように、各バトルスター・プラットフォームに向かって数十発ずつのミサイルを発射する態勢を整える。また目を引かないように、さまざまな軌道から発射することにする。技術がどれほど発達しても、限られた予算や人員では、すべてを監視することはできないのだ。

アメリカの探知を逃れることが重要になる。月面から発射されたミサイルがバトルスターに命中するまで、約三日かかる。攻撃が探知されてからバトルスターが破壊されるまでの間が、日本の計画にとって最も危険が大きい時期になる。バトルスターはいったんミサイルを探知すれば、たとえ自身は生き残らなくても、極超音速システムに日本への攻撃を指図し、日本の国土や宇宙資産に壊滅的な攻撃を加え、乗組員が脱出宇宙船で船から避難する時間を十分確保することができる。したがってバトルスターを何の前触れもなしに攻撃し、アメリカの判断力を奪うことがカギとなる。

これは確実に成功するような計画ではない。そのため日本は代替案としてプランBを用意しておかなくてはならない。ロケットの発射にさえ成功すれば、バトルスターは確実に破壊できる。だが日本は発射が発覚してから破壊までの間に、甚大な被害を被る恐れがある。しかし日本には強みが一つある。バトルスターは地球上と、地球と静止軌道の間のエリアに焦点を置いているのだ。攻撃を主要任務とするバトルスターは、防御機能を持たない。さらに重要なことに、バトルスターは背後からの脅威を想定していない。バトルスターが攻撃を予期するとすれば、それは下方からの攻撃であって、高高度では定期監視を行なわない。

アメリカは有人宇宙プラットフォームに当然求められる、単純で、それほど効果のない流星観測を続けるだろう。宇宙は広大で、意外に思われるかもしれないが、全宇宙を網羅することは今も、二〇五〇年になっても不可能である。技術面でも適用面でも抜けがある。これを知る日本はミサイルを集中砲火するのではなく、四方八方から散発的に発射するだろう。監視レーダーは一、二発のミサイルを探知しても、攻撃とは解釈しない。そもそも日本は、バトルスターを照準とする軌道を選ばない。ミサイルは行程の最後の数時間に、ステーションに激突する軌道に変更できるよう、ロケットの最終噴射を行なう装備を搭載している。それはミサイル本体より大きな、噴射用の燃料コンテナとエンジンだ。ミサイルは成形加工した、ただの小さな岩である。コンピュータはミサイルを探知しても、無害な隕石と判断認定し、接近しているが危険ではないと判断するだろう。コンピュータ・システムは、バトルスターの監視要員に、ミサイルを探知したことを報告すらしないかもしれない。ロボット・システムゆえに、はっきりしないものには固執しないのだ。

日本にとって危険は三つある。第一に、アメリカが日本に隠し持っている技術を使って、月面からの発射を探知することだ。第二に、発射から軌道の最終調整までの数日間に発射を探知されるおそれがある。そして第三に、激突前の最後の数時間にも、アメリカが報復行動に出る可能性がある。攻撃の探知が遅れれば遅れるほど、アメリカが対応する時間的余裕はなくなり、攻撃によってより大きなダメージを与えることができる。

探知された場合の日本のプランBは、攻撃の第二段階を前倒しすることだ。バトルスターの無力化に成功した場合、日本は続いて世界各地のアメリカ空軍基地とミサイル基地、日本の宇宙システムで追跡中のアメリカの潜水艦、そしてすべての地上通信網に対して、直ちに極超音速攻撃を仕掛ける。攻撃を探知された場合には、アメリカがすぐに反応しないことを見越して、バトルスターが破壊されるまでの間に後続計画を急遽実行する。アメリカが攻撃を探知したことは、バトルスターと地上司令部、その他のプラットフォームの間の通信が急増することから分かるという算段である。たとえ暗号を解読できなくても、通信トラフィックが急増すれば分かる。日本は何年も前から、表向きは測位から気象観測までさまざまな目的を謳って衛星を軌道に乗せているが、実はもう一つ秘密の目的があった。それはアメリカの宇宙システム間の通信を傍受し、通信量を測定することだ。

日本はトルコに攻撃計画の詳細を知らせない。月面の秘密基地は日本軍の至宝だ。トルコは同盟国だが、身内ではない。トルコに伝えるのは、日本が某月某日に戦争行為を開始すること、そしてアメリカに対する壊滅的な攻撃を計画しているが、直接支援は必要ないということだ。ただし、多少の間接支援は必要になる。

日本はアメリカの諜報機関と偵察衛星に監視対象を与えて注意を逸らし、形勢をさらにもう少し有利に傾けようとする。日本が攻撃を計画するのは、アメリカの感謝祭連休である。これはこの時期アメリカの指導部は、家族と過ごすために全米中に散らばっているはずだ。これは戦略的奇襲という軍事原則と、日本が過去の戦争でこの原則を適用してきた方法を踏まえた予測である。真珠湾攻撃が行なわれたのは、艦隊が入港中で、乗員が土曜の夜のどんちゃん騒ぎで外出していた、日曜の夜明けのことだった。もちろん必ずしも感謝祭である必要はないが、アメリカの指導部が揃わない、思いがけない時でなくてはならない。ちょうど北朝鮮が一九五〇年夏の日曜に韓国を攻撃して大規模な混乱に陥れたように、日本は実際に感謝祭に攻撃するかもしれない。攻撃する可能性が非常に高いのは、この時期なのだ。日本とトルコは、アメリカの指導層が分散し、地上軍が最小限の人員で運営されるよう、これに先立つ数週間はできる限り波風を立てずに過ごす。

これを遂行する最良の方法が、危機を演出してそれを迅速に収拾することだと、日本は知っている。感謝祭の奇襲の特質を損なわないようトルコと示し合わせて、ボスニアのトルコ軍に、クロアチアのポーランド軍を相手に、綿密に計画した危機を起こさせる。この危機は一〇月半ば、クロアチアの国家主義勢力がトルコでテロ攻撃を行なった、というトルコの申し立てによって幕を開ける。トルコはアメリカの教唆をほのめかしさえする。もちろん危機の内容や場所までは予測できないが、肝心なのは、欺きの構図である。日本は一九四一年に、タイムリミット寸前までアメリカとの交渉を続けていた。ベトナムのテト攻勢が起こったのは、一九六八年の旧正月の休戦中だった。欺きがカギなのだ。

危機が続き、ポーランド陣営とトルコは厳戒態勢に入る。セルビアに派兵し、ポーランド陣営と同盟関係にあるアメリカには、バルカン情勢の直接的な影響が及ぶ。トルコは地域外の空軍やミサイル防衛システムを厳戒態勢下に置き、あわや発射寸前でとどまり、厳戒態勢を解くことを繰り返す。このようにして、ポーランドの攻撃を計画的に誘発するのだ。トルコはポーランドとアメリカの防衛網が結びついていることを知っており、またトルコの戦闘準備態勢にアメリカが過敏に反応することを、長年のうちに把握している。したがってトルコは、もう後に引けなくなる段階にさしかかる、一一月の第一週まで作戦を引っ張るだろう。ポーランドはミサイルが発射寸前であることを示すデータを入手すると、いきなりトルコの基地に小規模な空爆を加える。かくしてトルコはポーランドを欺くことに成功し、ポーランドは軍事システム全体を稼働させ始める。バルカン戦争が勃発寸前だと察したアメリカ大統領は、攻撃の数分後にトルコとポーランドの首相に電話をかけ、両者に撤退を呼びかける。空軍基地と数名の人命を失ったトルコは特に強硬な姿勢を見せるが、戦争の瀬戸際から引き返すことに渋々合意するのである。

ジュネーブで和平会議が開催される——和平会議ときたらジュネーブに決まっているだろう? ここでは何ら決定は行なわれないが、全当事者が停戦と挑発行為の自制に合意する。アメリカは情勢の監視を公約する。ポーランドやハンガリーによってバルカン戦争に引きずり込まれる事態を避けたいアメリカは、公約を真剣に受け止め、国家安全保障担当補佐官はアメリカ宇宙監視機構に、両軍の動向を注視するよう命じる。一一月半ばになれば、事態は収拾に向かうように思われる。だがウガンダ上空のバトルスターは引き続きバルカン情勢を注視し、残る二基は情報収集衛星から得た情報を処理し続ける。トルコもポーランド陣営も、戦線からかなり離れた場所で機動演習を続ける。そんなこんなで誰もが忙殺される。
日本は数年前から、少なくとも四半期に一度、極超音速部隊と宇宙配備兵器の軍事演習を行なっている。この種の演習を常時監視しているアメリカは、感謝祭の数日前に別の演習が始まっても、特に警戒するわけでない。日本が完全な戦闘警戒態勢に入るのは珍しいことではない。だが実はこの時、日本は若干人員が不足しているように思われ、一部の部隊は警戒態勢すら取っていないのだ。

第10章の概要

- 日本とトルコ、アメリカは、望むと望まざるとにかかわらず、やむなく戦争へと向かう。
- 二一世紀半ばの戦争は、技術革命によって新しい形のものとなる。宇宙が戦場となるのだ。

第11章　世界戦争
――あるシナリオ

これまで本書では、地政学に基づく予測を行なってきた。二一世紀に展開しつつある重大な問題を取り上げ、それが国家間の関係に与える影響について考えてきた。本章では若干アプローチを変えて、二一世紀半ばに起こるとわたしが予測する戦争を、詳しく描き出してみたい。戦争が起こる時期を正確に予測することはもちろんできないが、二一世紀の戦争が大体どのようなものになるかを示すことはできる。二一世紀を予測するには、第一次、第二次世界大戦がどのようなものだったかをある程度知っていなければならない。二一世紀を本当の意味で感じ取って頂くには、まず戦争について説明しなければならない。

戦争は、これまで述べてきたようなものではない。戦争は細部がすべてだからだ。細部が分からなければ、その真髄を理解することはできない。戦争を理解するには、戦争が戦われた理由以上のことを理解しなければならない。技術や文化など、すべてを詳しく考察する必要がある。たとえば第二次世界大戦を語るには、まず真珠湾攻撃について論じなくてはならない。真珠湾攻撃は地政学的に言えば、日本が東南アジアとオランダ領東インドを奪取する間の、時間稼ぎの試みだった。だが真珠湾の現実を本当の意味で理解するには、その細部を――つまり空母の使い方、真珠湾の浅水域でも使える魚雷の発明、そして日曜の朝に攻撃するという決定を――理解しなくてはならない。

これまでの数章で、アメリカ、ポーランド、トルコ、日本の関係が、今後一〇〇年の間にどのようにしてもつれていくか、そしてなぜ日本とトルコが先制攻撃戦争を仕掛けなくてはならないほど脅威を感じるかを説明した。本書は今後一〇〇年間にどのような出来事が起こるかという予測を述べたものである。そこでここからは、戦争そのものについて論じたい。だがそうするために、わたしは自分が知っている以上のことを知っているふりをしなければならない。つまり戦争が正確にいつ起こり、正確にどのように遂行されるかということだ。ただわたしは、この戦争で利用される軍事技術は理解しているつもりだ。また戦争が今世紀のいつ頃起こるかを大まかに把握しているし、その戦争がどのような形で展開するかを十分理解していると自負している。しかしそこからさらに踏み込んで、ある意味で自分には伝える権利のない物語を語らなければ、二一世紀半ばの戦争の性質を理解して頂くことはできない。だがもしこの物語を語ることが許されるならば、もし何らかの許しを得て、現実味のある戦争の細部について語ることができるならば、二一世紀の戦争全般が、そしてこの特定の戦争がどのようなものになるか、その雰囲気をつかんで頂けるはずである。

オープニングショット

三基のバトルスターの破壊は、二〇五〇年一一月二四日午後五時に計画された。感謝祭の日のこの時間、アメリカではほとんどの人がフットボールを観戦しながら、たっぷりとした食事を平らげた後のうたた寝を楽しんでいる。故郷に車を走らせている人もいる。ワシントンでは、まさか問題が起こるとは誰も思っていない。日本が攻撃を計画しているのは、まさにこの瞬間だ。バトルスターに向かうミサイルの最終軌道修正が始まるのは、正午頃。たとえ探知されたとしても、ワシントンの国家安全保障チームを集めるのに一、二時間はかかるし、探知が午後三時か四時頃までずれ込めば、すでに対応するには手遅れになっているという考えのもとに、この時刻に設定された。このために、日本の月面基地からの発射は一一月二一日に、軌道によって時間を変えて実行される。一一月二〇日に行なわれた例の日本の軍事演習は、プランBの軍事演習だった。プランBとは前述の、前倒しで実行される後続計画である。

月面からの発射は、探知されることなく無事実行された。多くのミサイルがバトルスター搭載の自動システムに探知されたが、どれもステーションとの激突を示唆する軌道上にはなく、地球に深刻な被害を与えるようにも思えなかった。ミサイルはすべて離心軌道から散発的に発射された。データは、人間用のモニターには送られなかった。次の日に日報を読んだ技術者は、やけに流星が多く、ステーション付近を通過しているものもあるようだと気づくが、珍しくもない出来事だと、無視を決め込んだ。

一一月二四日の正午頃、ロケットは予定通り再発火し、ミサイルの軌道を変更した。午後二時頃、バトルスター・ウガンダの衝突追跡レーダーが警報をキャッチし、コンピュータに軌道を確認するよう指示を出した。その後の一時間でバトルスターは三基とも、それぞれに向かう軌道上にある、複数の発射体を探知したのである。午後三時一五分頃、バトルスター・ペルーに搭乗する、三基を統括する司令官が、プラットフォームが組織的攻撃の対象になっていることに気づき、コロラドスプリングズ〔北アメリカ航空宇宙防衛司令部〕の宇宙軍本部に急ぎ知らせた。本部は統合参謀本部と国家安全保障会議に、その旨を伝えた。

その一方でバトルスター・ペルーの司令官は、独断で目標にレーザーや運動エネルギーミサイルを発射し、迎撃を試みていた。だが飛来するミサイルが多すぎて、交戦能力に重い負担がかかる。システムは、同時に飛来する一五発のミサイルに対処できるような作りにはなっていないのだ。すべてを迎撃することは不可能であり、数発のミサイルの命中が避けられないことを、司令官はほどなくして悟ったのだった。

大統領は報告を受けたが、感謝祭のためほとんどの顧問を直ちに招集できなかった。大統領の質問は、核心を突いていた。「誰が攻撃を仕掛けた？　どこから発射されたのだ？」。即答できる者はいない。直近の危機に関与していたトルコではないかという説が浮上するも、そんな攻撃を仕掛ける能力がトルコにあるはずがないと、諜報部は一蹴した。日本は沈黙を守っており、このような攻撃を仕掛けるなど、誰も予想だにしなかった。顧問が揃うにつれ、二つのことがはっきりした。攻撃を仕掛けたのが誰なのかは分からない。そして、バトルスターがまもなく破壊される、ということだ。

午後四時半頃になって、日本はようやくトルコに事の経緯を伝えた。トルコは日本の同盟国だが、寝返りを警戒して、土壇場まで詳細な情報は伝えなかったのだ。しかしトルコは何かが起こりつつあることを知っていた。一一月初旬の茶番劇そのものが、この計画を中心に展開していたからだ。トルコは日本から知らせを受け次第行動できるよう待機する。

激突まで残り三〇分を切った時点で、大統領はバトルスターからの避難を許可した。だが時間不足から避難はままならず、数百人が取り残された。賢明にも、誰が攻撃の指令を下したのかがまだ判明しないうちに、顧問団は大統領を説得して、地上配備のすべての極超音速機を主要基地から各地に分散させる命令を出させた。この命令は、避難命令と同時に伝えられた。だがシステムにトラブルが多発し、管制官——最小限の人員しかいない——から確認の問い合わせが相次いだ。その後の一時間で一部の航空機は分散したものの、大部分が基地に留まった。

午後五時、バトルスターは三基そろって爆発し、逃げ遅れた乗員全員が死亡した。アメリカ宇宙軍の残存戦力、つまりバトルスター・ペルーの司令部に接続されていたセンサーや衛星は、すべて無力化された。バトルスターは能力を失ったまま、宇宙を周回し続ける。日本が数年前に打ち上げたバトルスター監視専用の衛星は、ステーションからの通信の混乱を探知した。日本に配備されたレーダーも、ステーションの破壊を確認した。

破壊を確認した日本は、直ちに第二段階を始動させた。数千機の極超音速無人機——小型で高速、敏捷なため、迎撃機をかわすことができる——を、アメリカ本土および太平洋上の艦船や基地に向けて発進させたのだ。攻撃目標はアメリカの極超音速機と地対空ミサイル、そして指揮統制センターである。人口密集地は攻撃しない。何の成果も得られないし、多数の民間人犠牲者を出せば日本の望む交渉による解決は困難になる。それに大統領やホワイトハウスのスタッフに壊滅的な打撃を与えるのは、日本の望むところではない。交渉には相手が必要なのだ。

その間トルコは、日本と数年かけて練り上げた共同戦争計画で割り当てられた攻撃目標に対して、トルコなりの攻撃を加えていた。両国の間で、共同の不測事態対応計画が事前に策定されていた。何かが起こりそうなことを察知したトルコは、すでに非常事態に近い態勢を敷いていたため、大した準備もせずに戦争計画を実行に移すことができた。日本からそれまでの行動について報告を受けたトルコは、静止軌道上のセンサーで状況を監視していた。トルコはこの状況を利用すべく、素早く行動を起こした。攻撃目標の多くはミシシッピ川以東のアメリカ本土にあったが、トルコはポーランド陣営諸国や、重要な強国ではないがアメリカと同盟を結ぶインドにも、大規模な攻撃を仕掛けたのだ。日本・トルコ連合の目的は、アメリカとその同盟国の軍事力を奪うことにあった。

無人機から発射されたミサイルは、数分以内にヨーロッパとアジアに駐留するアメリカ軍に到達し始めたが、アメリカ本土を狙ったものは到達までに一時間ほどを要した。この一時間が、アメリカにとって計り知れないほど貴重な時間になる。アメリカの宇宙配備センサーのほとんどはシステムから切り離されてしまった。しかしかつて大陸間弾道ミサイル（ICBM）の発射時の熱を探知するために使用されていたが、旧型のためバトルスター・システムに組み込めなかったシステムが、まだコロラドスプリングズに情報を送り続けていた。このシステムが日本とトルコからの無数の打ち上げを探知したのである。しかしそれ以上の情報を提供することはできず、こうした戦闘機やミサイルの目標地点を知るすべはなかった。だがバトルスターが葬り去られた後に、日本とトルコでミサイル発射の閃光が確認されたという情報が、大統領に伝えられ、大統領はとにかく攻撃の出所をようやく知ったのである。

アメリカは日本とトルコの軍事攻撃対象に関するデータベースを維持していた。日本とトルコの戦闘機はすでに出撃していたため、こうした対象を攻撃しても意味はない。だがどちらの国にも指揮統制センターや軍用飛行場、燃料庫などを中心とする、攻撃可能な固定目標がある。大統領は極超音速艦隊を待機させずに、飛ばしておきたいと考えた。そしてかれは事前に策定された戦争計画の始動を命じた。だがこの命令が伝えられ、航空管制官が配置についた時には、日本とトルコが攻撃目標を叩くまであと一五分に迫っていた。戦闘機の数台は飛び立ち、両国を攻撃したが、ほとんどの戦闘機は地上で破壊されてしまった。

ポーランド陣営の受けた被害は、さらに壊滅的だった。陣営のワルシャワ司令センターは、バトルスターの破壊に気づかず、アメリカのように基地へのミサイル攻撃を事前に察知することはなかった。実際、極超音速機はポーランド陣営の施設に、何の前触れもなく精密誘導兵器を投下したのだ。敵機はいきなり現われ、ポーランド陣営は突如として攻撃能力を失った。

午後七時、アメリカの宇宙軍と極超音速機は壊滅的な打撃を被っていた。アメリカは宇宙の支配を失い、数百の戦闘機を残すのみとなった。ヨーロッパの同盟国の軍隊は打ちのめされ、世界各地のアメリカの軍艦は撃沈された。インドも軍事資産を失った。かくしてアメリカの同盟は、軍事的に壊滅させられたのである。

反撃

その一方でアメリカは、他の同盟国の多くと同様、一般社会は攻撃を受けなかった。これが、連合側の戦略に潜む弱さなのだ。アメリカは核武装した国である――ちなみにこの頃の日本、トルコ、ポーランド、インドもそうだ。軍事目標への攻撃は、核攻撃による報復を招かなかった。だがもし連合が降伏を強いるために、軍事目標にとどまらず、アメリカの一般市民を攻撃し始めれば、アメリカと同盟国は核で反撃するかどうかの岐路に立たされる。日本・トルコ連合が求めていたのは、相互壊滅ではなく、政治的解決を――特にアメリカにとって受け入れられる解決を――図ることだった。またアメリカの動きは著しく予測不能であることが多い。そのため、極超音速機隊を使ってアメリカの一般市民に被害や犠牲を与えることは、とてつもなく危険だった。核兵器の保有は、戦争をこの程度まで方向づける。それは対立の程度を制限するのである。

ともかく、アメリカは軍事能力を損なわれたうえ、連合がどこまでやるつもりでいるのか、その真意を測りかねていた。連合が期待していたのは、被害の程度と連合の予測不能性を認識したアメリカが、政治的解決を選ぶことだった。そしてその解決は、トルコと日本の勢力圏を認め、アメリカの勢力圏の限界を定めると同時に、宇宙での紛争を抑止するための実際的で検証可能な枠組の導入を含むものでなくてはならない。言い換えれば連合は、アメリカが世界唯一の超大国ではなく、いくつかある大国のうちの一つだという自覚を持ち、連合の広大で安全な勢力圏を受け入れることに賭けていた。連合はまた、宇宙からの突然の有効な攻撃を目の当たりにしたアメリカが、連合の軍事力を過大評価することを期待していた。

アメリカは確かに連合の軍事力を過大評価したが、それは連合の期待とは逆の反応を招いたのである。アメリカは、この戦争が限定戦争であり、敵がアメリカの許容できる限定的ではっきりとした政治目標を持っているなどとは考えなかった。むしろアメリカは連合の軍事力を過大評価し、今後アメリカが全滅させられることはなくても、軍事力を大幅に削がれ、連合やその他の強国からの攻撃に対してますます脆弱になるおそれがあると考えた。アメリカはこれを、自らの存亡を脅かす脅威と受け止めたのである。

アメリカは攻撃に対して、本能的、感情的に反応した。一一月二四日の夜に通告された政治的解決を受け入れれば、アメリカの長期的な将来は不確かになる。トルコと日本という、内輪で争う可能性の低い二国が、ユーラシアを支配することになるのだ。新しい覇権国は一つではなく二つできるが、二国が協力すればユーラシアは統一され、組織的に搾取されるだろう。アメリカの基本戦略の究極の悪夢が現実のものになり、いつか（容易に内輪もめに持ち込めない）連合国が、宇宙と海洋の支配を奪うかもしれない。連合の申し入れを呑めば、当面の戦争を終わらせることはできるが、アメリカの長い衰退を招くことになる。とは言え、この夜、こうしたことが注意深く考え抜かれたわけではない。アメリカは〔米西戦争の原因となった〕メイン号の撃沈や、真珠湾攻撃、9・11テロ事件の衝撃に見舞われたときと同じように、逆上した。そして提示された条件を拒絶し、戦争に踏み切ったのである。

アメリカは、連合の宇宙偵察船が稼働している間は行動を起こさなかった。連合はアメリカの破壊された複雑なバトルスター・システムに匹敵するようなものを持っていなかったが、一昔前の衛星でアメリカのリアルタイム情報を収集していた。これが稼働している限り、アメリカのいかなる動きをもとらえ、反撃することができた。アメリカにとっての急務は、偵察システムを迅速に再構築し、残存する衛星——たくさん残っているはずだ——に、破壊されたバトルスターにではなく、地上にデータを送信するようシステムを組み替えることだった。そうすれば敵の動きを追跡し、反撃に出ることができる。その際何をおいてもまず最初にやるべきことは、連合の宇宙発射施設を壊滅させて、新しい宇宙システムの打ち上げを阻止することだ。

日本がアメリカの軍事施設について持っていた情報は、完全ではないが行き届いていた。しかしアメリカは二〇三〇年代の重大な極秘プロジェクトの一環として、ロケットの発射台を、意図的にさまざまな秘密施設に注意深く偽装設置していた。日本がアメリカの監視を始めたのは、これらの施設が建設、隠蔽されてからずい分たってからのことだった。秘密の発射施設には、平時は人員は配置されておらず、探知されずに施設に人員を移すには数日かかる。その間アメリカは中立国であるドイツを通じて連合に外交使節を送り、交渉を打診した。これは時間稼ぎであり、交渉は反撃を計画、実行するための隠れ蓑となった。

アメリカは残った軍事資産を活用して、ハンデを少しでも埋めようとした。そのためには、連合の宇宙システムを破壊して、連合を盲目にしなければならない（アメリカは秘密の貯蔵施設に、数百基の対衛星ミサイルや高エネルギー・レーザー兵器を貯蔵していた）。人員は偵察衛星に位置を知られないよう注意しながら配置についた。連合がアメリカと熱心に交渉する間に、施設の準備が整った。そしてこの約七二時間後、アメリカは連合の偵察能力の大部分を、ものの二時間で破壊したのである。連合は盲目ではないが、それに近い状態になった。

衛星が破壊されると、アメリカの残存する極超音速機が、間髪を容れずに日本とトルコの発射施設に攻撃を加えた。新しい衛星を打ち上げたり、アメリカの残存する衛星を攻撃できないようにするためだ。日本と違って、アメリカは過去の偵察で、日本の発射台の位置をきわめて正確に把握していた。第二次冷戦終結以来、アメリカは偵察能力では圧倒的優位を保ってきた。アメリカの把握する連合の地図は、連合側が把握するアメリカの地図よりはるかに正確だった。そして戦闘機がこれらすべてに攻撃を加えたのである。ほどなくしてアメリカの衛星管制官は、残った衛星から信号を受信し始めた。今や盲目なのは連合側だった。日本はアメリカの極秘の対衛星能力について十分な諜報を得られなかったがために、破滅に追い込まれたのである。

新しい技術、古い戦争

連合は当初の計画が失敗したことを知った。アメリカにどれだけの偵察能力があるかは分からないが、連合側の能力が限られていることは明らかだった。連合にとって最も気がかりなことに、アメリカの航空機隊が全滅したという思い込みは誤りで、アメリカはまだ攻撃能力を残していた。だがその能力が、アメリカがバトルスターへの攻撃を探知してから空爆を受けるまでの間に分散配置した残存部隊であることを、連合は知り得なかった。アメリカの予備兵力の規模は不明で、連合にはそれを知るすべもなかった。二一世紀においても、「戦雲」は昔と変わらず濃いのである。

アメリカは、もうひとつの措置を講じた。バトルスターを破壊したミサイルの発射地点がデータ分析により明らかになると、そこにミサイルを打ち込み、連合の基地を破壊した。そして月面の実験ステーションに密かに展開した部隊に、日本のすべての月面基地に対する攻撃を準備、実行するよう命じたのだ。アメリカは二度と奇襲されないよう、万全の手を打ったのである。

一般に戦争では、長年かけて計画された最初の攻撃が実行された後は、不確実な状況の中で、誰もがその場しのぎの行動をとり始める場合が多い。またほとんどの戦争計画が戦争の早期終結を想定するが、その通りことが運ぶことはまずない。この戦争も、三つの局面に分かれて継続した。

第一に、宇宙の支配をわずかながらも取り戻したアメリカは、支配をさらに強化して連合を締め出すことを狙う突貫計画を実行に移した。アメリカはその後一年をかけて偵察能力を徐々に高め、攻撃前の水準を回復した。戦時中は、平時に比べ驚異的なペースで研究、開発、導入が進められるものだ。アメリカは感謝祭から一年とたたずに、破壊された能力を技術的に超える宇宙軍事能力を持つに至った。

第二に、アメリカは存在を知られている生産設備を連合の戦闘機によって持続的に空爆されながらも、極超音速機隊の立て直しを図った。アメリカを十分に監視し続ける能力が連合になかったため、多少の支障はあっても工場はすぐに稼働し、新しい極超音速機を製造し始めた。

第三に、連合はアメリカが軍を立て直すまでの期間を利用して、新しい現実を地上でも強制しようとした。日本も中国やアジアの他の地域に支配を広げようとしたが、積極性ではトルコに到底及ばなかった。トルコはアメリカが他の関心事に没頭しているこの時期を、ポーランド陣営に対処し、地域覇権国の地位を決定的に確立する好機ととらえたのだ。

この戦いは、そもそもポーランド陣営に対する陽動作戦から始まった。そして今度はトルコの地上軍が空軍の援護を受けながら、陣営に一斉攻撃を仕掛ける。ポーランド陣営さえ排除すれば、トルコはどこでも意のままに動けるようになる。そこで軍事力を北アフリカやロシアに分散させずに、北方の攻撃に総力を挙げ、ボスニアからバルカン半島を攻撃する。

ここでカギとなる兵器が、機甲歩兵である。重量物を持ち上げ、危害から身を守る機能を備えたパワードスーツを着込んだ兵士だ。スーツを装着することで、敏捷な動きも可能になる。機甲兵士は、言ってみればワンマン戦車のようなものだ。唯一の違いは、戦車より致死能力が高いことである。兵士はさまざまな機甲システムによって支えられ、補給品や電池パックを携行する。この電池パックが死活を分ける。システムはすべて電動で、大容量かつ長寿命の新型の蓄電装置で駆動する。だがどれほど先端的なシステムであっても、充電は必要だ。したがって送電網へのアクセスと、その送電網に電力を供給する発電所の確保が、戦闘における最重要課題になる。二一世紀の戦争にとっての電力は、二〇世紀の戦争にとっての石油に相当する。

トルコの狙いは、ポーランド陣営軍を滅びの戦いに引き込むことにあった。アメリカとの戦争と違って、この戦いは複合兵器作戦として計画された。機甲歩兵のほか、ロボット工学を利用した兵站および兵器プラットフォーム、また高精度の大砲として用いられる、今や普及が進んだ極超音速機などを駆使した戦いとなった。

当初の攻撃で壊滅的な打撃を受けたポーランド陣営は、空爆を逃れるため、地上部隊を集結させなかった。だがトルコは、敵が主要な軍事目標を防衛せざるを得なくなるような方法

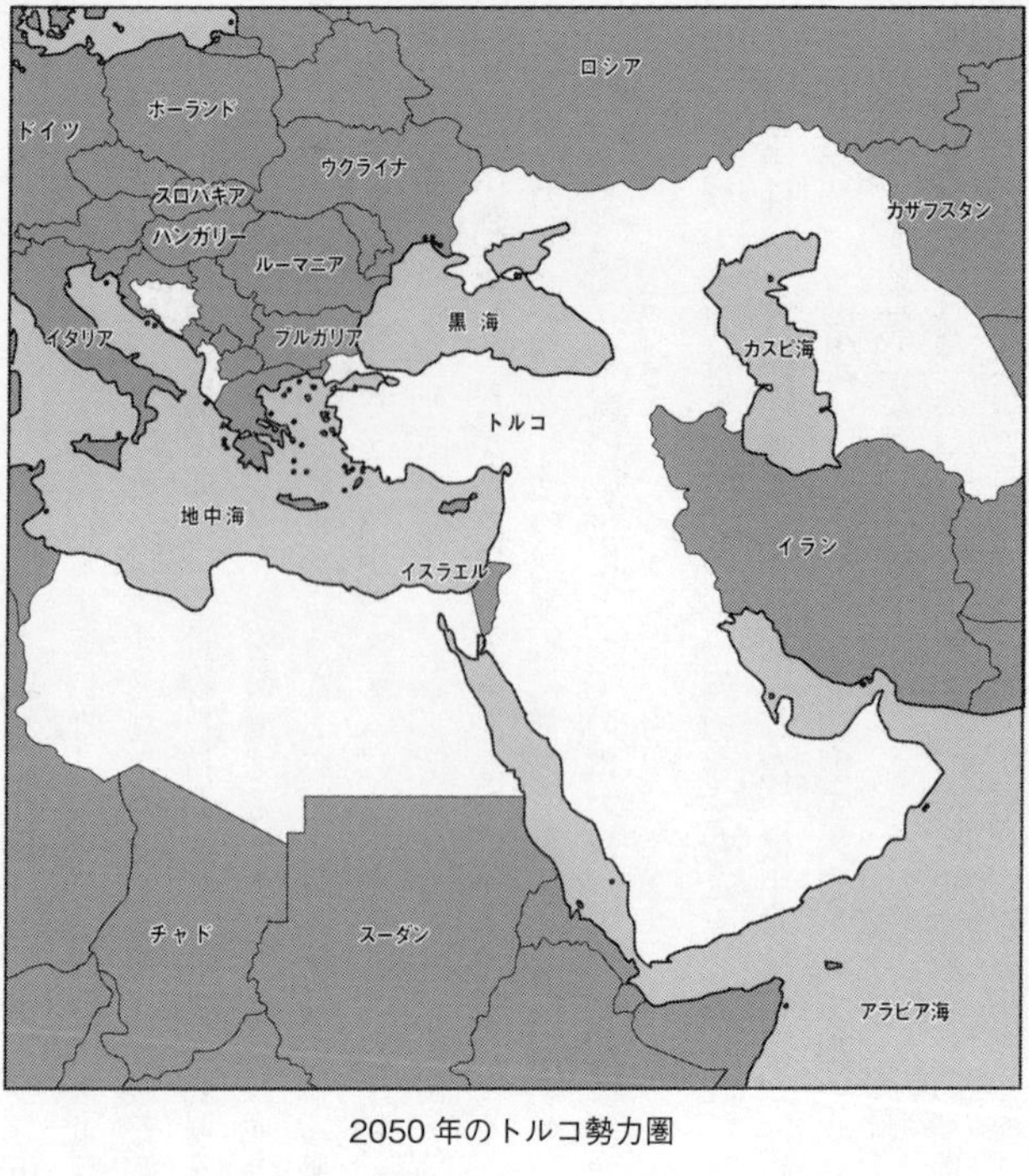

2050 年のトルコ勢力圏

で攻撃を行ない、何とか部隊を集結させようと圧力をかけた。ポーランドがそれでも軍を集中させない場合には、陣営に壊滅的な攻撃を加えるつもりだった。

トルコはボスニアから、北方のクロアチア平原とハンガリーを攻撃した。この一帯は見通しがよく、平坦で自然の防塞もない。トルコはブダペストまで進軍したが、軍事上の最終目標は、スロバキア、ウクライナ、ルーマニアにまたがるカルパチア山脈にあった。カルパチアを奪取できれば、ルーマニアとブルガリアは孤立して崩壊し、黒海はトルコの湖になる。またハンガリーを占領し、ポーランドを孤立させ、南方から脅かすことができる。だがもしポーランドがブダペストを防衛するためにハンガリー平原に注力し、陣営の結束を維持しようとすれば、トルコ空軍が陣営軍を壊滅させるだろう。

ポーランドはクロアチアに進軍する際、トルコ軍との交戦のために、アメリカに航空支援を要請したが、アメリカには提供できるような空軍力がなかった。その結果トルコはわずか数週間でハンガリーを占領し、その後まもなくカルパチア山脈を占領したのである。孤立したルーマニアは休戦を申し入れ、受理された。ポーランド国境とウクライナまでの南東ヨーロッパは、トルコの手に落ちた。残るはただポーランドのみだった。

トルコ軍はポーランド軍を空爆で引き裂きながら、南部の都市クラクフまで進軍した。アメリカは、ポーランドが抗しきれなくなり、停戦を求めざるを得なくなることを危惧し始めた。アメリカの戦略は、時間稼ぎをしながら戦略資産を立て直し、そしてトルコと日本にいきなり地球規模の攻撃を仕掛けることだった。そのためポーランド南部の戦術戦闘を支援することで戦力を分散させたくない。だがその一方で、同盟国ポーランドを失うリスクを冒すわけにはいかない。そうなればトルコとのゲームに負けてしまう。ポーランドに戦闘を継続させるためにも、トルコに深刻な打撃を与えなくてはならない。

二〇五一年二月、アメリカは残存空軍の大部分と新しい高性能戦闘機を送り込み、ポーランド南部からボスニアの兵站基地やさらに南方まで、トルコ軍をくまなく攻撃した。アメリカはトルコ空軍によって甚大な被害を被ったが、トルコ軍も数百人の機甲歩兵を失い、多くのロボット・システムや資材が破壊されるなど、深刻な打撃を受けた。トルコは無力化されたとは言い難いが、それでも確かに痛手を被った。

ほどなくしてトルコは、勝算の見込みがないことを知った。宇宙への再進出を阻まれた上、アメリカが航空部隊を速やかに再建する能力を持っているとあっては、いずれ敗北することは目に見えている。日本は中国での問題に手一杯で、トルコを支援できる状況にないようだ。壮大な賭けは失敗に終わった。自分の身は自分で守るしかない。アメリカは明らかに、日本よりトルコに狙いを定めている。そのためトルコはポーランドを早急に戦争から脱落させる必要があった。しかしこの頃トルコの地上部隊は、広大な帝国全体に分散していた。ポーランドに集中すれば他の場所が手薄になるため、長い目で見てこれは現実的な選択肢ではない。エジプトから中央アジアにかけての反乱にもろにさらされてしまう。

戦争が始まる前、連合はポーランドへの攻撃にドイツを引き入れようとしたが拒否された。今回トルコは大きな餌をちらつかせて、ドイツに再び接近する。ドイツがポーランドでトルコを支援する見返りに、トルコは戦争終結後、ルーマニアとウクライナだけを手元に残し、バルカン半島まで後退するというのだ。トルコは黒海、アドリア海、地中海を中心に勢力圏を築き、ドイツはポーランド、バルト諸国、ベラルーシを含む、ハンガリー以北を自由にできる。

ドイツからすれば、二〇五〇年以前にはトルコの夢物語でしかなかった話が、今やきわめて現実的な提案になっていた。トルコは地中海と黒海を牛耳る勢力になっており、支配をさらに強化するために、バルカン半島を必要としていた。だがトルコはそれより北には関心がなかった。そこまで首を突っ込めば、必要な兵力を吸い取られてしまう。一方ドイツはポーランドやロシアと同様、北ヨーロッパ平原では無防備だった。だがこの新しい取り決めがあれば、東縁を保護することができる。そして最も重要なことに、この取り決めはロシアの崩壊以来ドイツと西ヨーロッパに不利だった形勢を逆転させ、東ヨーロッパをようやく元の位置に戻すだろう。

アメリカがいずれこの地域に関心を戻すことをドイツは知っていたが、それはしばらく先になりそうだった。ドイツにとって、これは千載一遇のチャンスだった。自国のことしか頭になく、リスクを嫌うドイツは、トルコのように大胆にはなれない。だがこの提案を断れば、東にトルコ軍がやってくる。それどころかもしトルコが敗北すれば、さらに強力なポーランド・アメリカ軍と対峙することになる。ドイツ人は一般にリスクを好まないが、これは取らざるを得ないリスクだった。二〇五一年晩春、ドイツはやや旧式ではあるが有能な空軍を含む軍事力を動員して、ポーランドを西方から攻撃した。トルコは、南方からの攻撃を再開した。ドイツはこの作戦にフランスを始めとする数カ国を引き入れたが、これらの国の関与は軍事的というよりはむしろ政治的なものとなった。

一方イギリスは、事態の進展に愕然としていた。武力政治の壮大なゲームが地球規模で繰り広げられているというのに、イギリスは地域の勢力均衡にいまだに深くこだわっていた。今やイギリスは、ドイツにヨーロッパ大陸を支配される危険に再び直面していた。どれほど危なっかしく達成され、どれほどトルコの支援に依存する支配であったとしても、支配には変わりない。そうなった場合、万一アメリカが周期的な引きこもり状態に入り、ヨーロッパをなおざりにするようなことがあれば、大変なことになる。これまでイギリスは、この戦争に関わるつもりはまったくなかった。だが今や選択の余地はない。それにイギリスは、価値あるものを提供することができる。それは規模は小さいが無傷の空軍だ。アメリカ諜報部と連携すれば、ドイツとトルコに深刻な打撃を与えられるだろう。加えて、トルコとドイツの空爆に対抗できる先進的な防空技術を持つイギリスは、安全な作戦基地になる。イギリスは静観しているように見えたが、裏では密かに空軍部隊の大部分をアメリカに移動させ、アメリカの防空能力の向上と警告時間の拡大に大きく貢献したのである。

最終的にポーランドは西方と南方の二方向から攻撃を受けた。攻撃部隊はかつての侵略者たちと地理的には同じ経路をたどったが、この時使われた技術は、ナポレオンの大規模な歩兵隊とも、ヒトラーの武装編隊とも違う、まったく異質なものだった。攻撃部隊は、兵員数では非常に小規模だった。部隊を構成する兵士は、機甲歩兵である。機甲歩兵は一般の歩兵と同じように散開するが、良好で重複した射界を持ち、その射程距離は数十キロに及ぶ。兵士はコンピュータ・ネットワークで結ばれ、携行兵器を使いこなし、数千キロ離れたロボット・システムや極超音速機を必要に応じて呼び出すこともできる。

ロボット・システムの糧は、データと電力であり、どちらを遮断されても無力化される。システムはつねに情報と指示を与えられなければならず、またつねに電流が流れていなければ稼働できない。宇宙システムを失ったトルコは、代わりに戦闘空間を浮遊し、急降下し、飛行する無人機で情報を収集した。だが無人機は次々と撃墜されたため、つねに不完全な情報しか得られなかった。他方アメリカは信頼性の高い情報を持っていたが、攻撃機を破壊できるだけの空軍力を持たなかった。

歩兵の装甲スーツやロボット用の電力の確保も、重大問題だった。装甲スーツは電気駆動式で、ほぼ毎日充電するか、かさばる電池を交換する必要がある。電力貯蔵技術は大幅に進歩したものの、電池である以上、いつか必ず電池切れを起こす。したがって発電所と結ばれた送電網が、主要な資源だった。発電所が破壊されれば、攻撃側は電力を得られる場所で充電した大量の電池を搬入し、戦場中に配給して回らなければならない。軍隊が前進すればするほど、供給ラインは長くなる。もし防衛側が電力供給を停止し、必要に応じて発電所を破壊することも辞さないなら——つまり焦土戦略である——電力不足により攻撃は衰える。すべてが周到な電力供給にかかっていた。

その頃アメリカ、イギリス、中国、ポーランドの司令官による秘密会議で、ある戦略が練り上げられた。ポーランドは抗戦し、連合軍に押されてじりじりと後退する。西方と南方からの二方向の攻撃が、ワルシャワで合流する。ポーランドは抵抗、後退、再編成を繰り返しながら時間を稼ぎ、その間同盟軍は空軍の再建を急ぐ、という戦略である。数千人のアメリカ兵が北極経由でサンクトペテルブルクに飛び、牛歩作戦を展開するポーランド軍に合流した。状況がますます手詰まりになる中、二〇五一年末にイギリスの空軍力が放たれ、トルコ軍の進軍をさらに遅らせた。またアメリカ産業界の超人的努力の甲斐あって、戦争前のシステムに比べて速度も搭載量も倍増した、数千機の新型極超音速機が完成した。二〇五二年半ばまでに、アメリカ軍は大規模な壊滅的攻撃が可能になった。これに宇宙システムの大幅改良が伴えば、世界各地の連合軍を破壊できるようになる。それまでの原則は、耐え抜き、退き、時間を稼げ、だ。

連合はアメリカ産業界の実力を見くびり、ポーランド軍との交戦までにはまだ数年あると踏んでいた。そのため当初、ポーランドの発電システムの攻撃を見送った。終戦後に復旧させるのは煩わしいし、占領後の戦いでも電力が必要になる。他方ポーランドは、退却しながら自国の送電網を破壊していった。狙いは連合の進軍を混乱させること、そしてドイツとトルコに重い蓄電装置を戦場に輸送させて、軍事資源を散逸させることにあった。そしてこの電力の供給ラインこそが、二〇五二年夏のポーランド反撃の際、最も脆弱になるのである。

アメリカの機甲歩兵が、先端的な宇宙連動システムを装備して戦場に到着すると、連合はポーランドがすぐに陥落しないことを悟った。また連合は発電所が同盟軍の動力源であることを知り、これを破壊しない限り——そしてアメリカを、本国から戦場に蓄電装置を輸送せざるを得ない状況に追い込まない限り——アメリカの勝利を阻止できないことを知ったのである。二〇五一年夏、連合軍はポーランドの電力システムの破壊を開始し、東はベラルーシまでの発電所を攻撃した。ポーランドは闇に包まれた。

連合は二週間待ち、その間アメリカと同盟諸国（以後同盟）を絶え間ない戦闘に引きずり込んで、入手可能な電力を使い果たさせた。そして電力の切れ目が運の切れ目とばかりに、すべての前線に同時に攻撃を仕掛けた。ところがどうしたことか、連合軍は激しい抵抗に遭ったばかりか、アメリカ軍が要請した空爆によって、供給ラインを攻撃されたのだ。同盟軍はイギリス空軍を前線に送り込んだ。そして一段と性能を高めた新バトルスター管理システムを柱とする、緊密に連携した宇宙偵察システムが、ドイツとトルコの機甲歩兵を捉え、狙い、粉砕したのである。

アメリカは軍事面、特に宇宙システムでは、「すべての卵を一つのカゴに入れない」ことを学んだようだ。実はアメリカは、戦争開始前に次世代バトルスターをもう一基建造していたのだが、資金不足からまだ打ち上げていなかった。この時ばかりは、議会の怠惰が天の恵みになった。ステーションは存在を知られないまま、地上にあった。そして奇襲攻撃と日本の月面基地破壊のわずか数カ月後に、宇宙に打ち上げられたのだ。戦争開始直後に作られた応急装備のシステムは、新バトルスターを軸としたシステムに置き換えられた。新バトルスターはウガンダ近辺に配備されたが、必要に応じて赤道上空を素早く移動できる上、前の三基を破壊したような攻撃を逃れる、戦術的機動作戦が可能だった。アメリカは宇宙の支配を回復した。しかも、数年前の水準をはるかに超えた宇宙覇権を確立したのだ。

トルコとドイツは、あることに気づいて愕然とした。ポーランドの発電、送電網の破壊を実行した両国は、自軍の燃料切れに悩みながらも、敵軍の抵抗もまた劇的に弱まることを期待していた。ところがポーランドとアメリカの機甲歩兵は、フル稼働している。アメリカが軍隊を維持できるだけの電池を空輸している様子はない。だとすれば、一体どこから電力を得ているのだろう?

宇宙の商業利用を推進していたのは、日本だけではなかった。今世紀前半にアメリカの起業家の連合事業体《コンソーシアム》が莫大な投資を行ない、安価な発射装置の開発と大量生産に成功していた。また、電力をマイクロ波の形で地上に送電し、利用可能なエネルギーに変換する、宇宙発電の研究も進めていた。ポーランドの防衛問題を検討していたアメリカ軍司令部は、綿密なシミュレーションを通じて、電力の確保が問題になることを理解した。またトルコがわずか数週間で南東ヨーロッパを侵略したのを目の当たりにしたアメリカは、トルコを打倒できるかどうかは、同盟軍への電力供給と、連合の電力供給施設の破壊にかかっていることを思い知らされた。勝利のカギは、ポーランドへの電力供給を維持することにあった。

コア技術はすでに開発されていた。打ち上げロケットやソーラーパネル、マイクロ波送信システムは、すぐにでも構築できた。最大の問題は、受信機を完成させ、それを戦場に送り込むことだったが、無限の予算と意欲を持つアメリカは、ここでも奇跡を起こしたのである。そして連合側は与り知らぬことだが、新バトルスターは二つの目的を果たすよう設計されていた。戦闘管理と、莫大な数のソーラーパネルやマイクロ波放出システムの構築、運用である。戦場には移動受信機が無事届けられた。

ポーランド側の前線に設置された数千台の受信機にスイッチが入り、宇宙からマイクロ波を受信して、電力に変換し始めた。さしずめこれは携帯電話が固定電話に取って代わるようなものだ。電力供給の構造そのものが変化するのだ。これは後ほど重要になるポイントだが、さしあたってはトルコに対する抵抗が弱まらなかったことに注目して欲しい。敵はどうしたわけか、トルコの予想をはるかに上回る量の電力を持っていたのだ。

宇宙発電システムを破壊したり、マイクロ波受信装置を特定することは、連合にはできなかった。あまりにも多くのソーラーパネルが、あまりにも多くの場所に配置され、しかも動き回っていた。たとえ破壊できたとしても、同盟の能力を考えれば、破壊を上回る速いペースで交換されるのは目に見えている。

連合はポーランド・アメリカ軍を兵站面から切り崩すことはできなかった。防衛側が生き残ったのは、連合が早い時期に衛星を失い、十分な偵察能力を持たなかったためである。今や連合は制空権さえ奪われようとしていた。小規模ながらも、連合よりもはるかに正確な情報を持つ同盟空軍は、連合とは比べものにならないほど実戦能力が高いのである。

地上ではその後も膠着状態が続いたが、二〇五二年夏にアメリカはようやく新しい大規模な航空部隊を発艦させた。アメリカ空軍はバトルスターの情報と兵器に助けられて、ポーランドの連合軍を壊滅させ、発電システムを粉砕した。中国で戦う日本軍に対しても、同様の攻撃を加えた。日本の水上艦艇も攻撃目標になった。

この反撃は日本とトルコを動揺させ、ドイツを壊滅状態に陥れた。連合の地上軍は戦場からほとんど姿を消した。だがここでアメリカは、核の問題に直面する。連合国が国家主権も、国家存立すら脅かされるまで追い込まれれば、核兵器の使用を検討することは十分考えられた。

アメリカは自らの無条件降伏を考えないのと同じように、相手にそれを要求することもまったく眼中になかった。連合国の国家存立を脅かすこともせず、それが最終目的でもなかった。過去五〇年間でアメリカは、敵を壊滅させることは、どれほど満足感を得られようと、最良の戦略でないことを学んだ。アメリカが目指していたのは勢力均衡を維持し、地域の二大強国の関心を、アメリカではなく、互いに向かわせることだった。

アメリカは日本の破壊を望まないどころか、日本、韓国、中国の間の勢力均衡を維持したいとさえ考えていた。同様に、トルコを破壊したり、イスラム世界に混乱を来すのではなく、ポーランド陣営とトルコの勢力均衡を維持したがっていた。ポーランドとポーランド陣営はトルコの血を激しく求め、中国と韓国も日本の血を求めていた。だがアメリカはヴェルサイユ講和会議でのウッドロー・ウィルソンのように、すべての人道なるものの名において、ユーラシアの混沌を維持しようとしたのである。

和平会議が急遽開催され、トルコがクロアチアとセルビアを緩衝地帯として、バルカン半島の南に後退し、またコーカサスまでとは行かなくても、その方向に後退することが決められた。トルコはまた中央アジアに中国の駐留を受け入れることになった。日本は中国からの全面撤退を強いられ、アメリカが中国に防衛技術を移転することが決まった。和平の条件はきわめて曖昧にされた。それこそがアメリカの狙いだった。新しい国がいくつも分割され、あまたの国境や勢力圏が曖昧になった。勝利者が完全に勝ったわけでも、敗北者が完全に敗れたわけでもなかった。アメリカは文明化に向けた大きな一歩を踏み出した。

その一方でアメリカは宇宙を完全に支配し、電力を得る方法を一変させる新しい先進的な発電システムと防衛支出とがもたらした、好景気を迎えていた。

二〇世紀半ばの第二次世界大戦は、五〇〇〇万人を超える犠牲者を出した。その一〇〇年後に起こった最初の宇宙戦争で失われた人命は、五万人ほどだった。そのほとんどが、トルコ・ドイツを相手にヨーロッパで戦われた地上戦や、中国における戦闘での犠牲者である。アメリカ自身が失ったのは数千人で、ほとんどが宇宙での犠牲者であり、あとは当初の本土空爆と、ポーランドを支援するための戦いで出た戦死者だった。この戦争は本当の意味での世界戦争だったが、精度と速度における技術進歩のおかげで、総力戦、つまり複数の社会が互いを壊滅させようとする戦いにはならなかった。

しかしこの戦争には、第二次世界大戦との共通点が一つだけあった。最終的に戦争から最も大きな恩恵を受けた国が、最も被害の小さいアメリカだったということだ。アメリカは、ちょうど第二次世界大戦後に、飛躍的に前進した技術と経済復興、そしてさらに支配的な地政学的地位をもって黄金期を迎えたように、今回もアメリカの黄金時代と目されるものに――そして力の行使における新たな成熟期に――足を踏み入れるのである。

第11章の概要

- 二〇五〇年代の戦争では、宇宙を制する者が地上も制する。宇宙偵察システムによる情報収集と宇宙発電システムがそのカギである。

この戦争の結果によって、世界の主要国としてのアメリカの地位と、国際体制の重心としての北米の地位が、はっきり確認される。その結果アメリカは、宇宙の掌握と、ひいては国際的なシーレーンの支配を強化する。またこの結果は、その後数十年間にわたってアメリカが依存することになる、ある関係のパターンを生み出すのである。

戦争の最も重要な結果は、宇宙の軍事利用に関する独占的権利をアメリカに与える、正式な条約だった。その他の強国には、アメリカの査察の下での宇宙の非軍事利用が認められた。端的に言えば、軍事的現実が条約によって追認されたということになる。つまり、アメリカは日本とトルコを宇宙で破り、こうして手に入れた力を最大限に利用するつもりだった。条約では、トルコと日本の保有し得る極超音速機の台数と種類にも制限が設けられた。とは言え、条約に法的強制力がないことは周知の事実だ。それは勝者が敗者に課して楽しむ不当な屈辱でしかない。条約はアメリカの利益にかない、アメリカの力がこれを強制できる限りにおいて、効力を有した。

他方ポーランドは主要参戦国中、最も大きな損失を被ったものの、勢力圏をとてつもなく拡大し、大きな成功を収めた。中国と韓国は日本を排除して安堵していたが、日本は帝国を失っても国土は維持しており、数千人の犠牲者しか出さなかった。日本の人口問題は依然解決されず、それが敗北の代償だった。トルコは敗北で手に負えなくなった帝国を統治しながら、イスラム世界の指導的立場をなおも維持していた。

しかしポーランドは勝利したにもかかわらず、苦々しい思いでいた。国土はドイツとトルコに直接侵略され、同盟国は占領された。犠牲者は地上戦の市民犠牲者を中心に、数万人に及んだ。市街戦では、市民は機甲歩兵相手に勝ち目がなかったのだ。インフラはずたずたにされ、それとともに国家経済も壊滅に追い込まれた。今後地域の経済条件を自らに有利に改めることで、占領地を利用して自国経済を素早く立て直すことはできるだろう。だがそれでも、勝利は苦痛に満ちていた。

西方には疲弊した卑屈で陰鬱な宿敵ドイツが控え、他方では一時的に敗退したトルコが、一〇〇〇キロほど南方のバルカン半島とロシア南部で勢力を保っていた。ポーランドはリエカ港を得た上、アドリア海の玄関口をトルコに侵略されないよう、ギリシャ西部に基地を維持していた。だがトルコはまだそこにいる。そしてヨーロッパ人は執念深いのである。しかしポーランドにとっておそらく最大の痛手になったのは、他国と同列で宇宙の軍事利用を禁じられたことだ。アメリカはこれに関して例外を認めなかった。実のところ、アメリカが戦後最も神経をとがらせている国は、ポーランドなのだ。ポーランドは一七世紀に有していた帝国を回復し、さらに領土を拡げていた。

ポーランドは旧同盟国に連合統治の体制を敷き、ベラルーシを直接支配した。経済的には弱体化し、戦争で痛手を負ってはいたが、ベラルーシには復興を助ける領土と時間があった。

ポーランドがフランスとドイツを破ったことにより、ヨーロッパの権力は決定的に東方に移動した。考えようによっては、一九四五年に始まった大西洋ヨーロッパの凋落は、二〇五〇年代に完了するとも言える。アメリカは、強力で自信に満ちたポーランドによるヨーロッパの支配が、長期的にどのような影響を及ぼすかを思うと、心中穏やかでなかった。そこで、この戦争に全力で臨んだ最も親密な同盟国イギリスに、大陸に対して経済的、政治的影響力を強化するよう働きかけたのである。人口的にも経済的にも壊滅状態にある西ヨーロッパの情勢を鑑み、またポーランドの力への恐怖心から、イギリスはこれ幸いとばかりに、二〇世紀のＮＡＴＯに奇妙にも似た同盟を形成した。この同盟の課題は、西ヨーロッパを復興することと、ドイツ、オーストリア、イタリア以西のポーランドの動きを阻止することにあった。アメリカは参加はしないが、同盟の形成を後押しした。

最も興味深いのは、アメリカがトルコとの関係改善に動いたことである。国家には永遠の盟友も敵もいない、あるのは永遠の国益のみ、という古いイギリスの格言からすれば、アメリカの関心は、強国に対抗する弱国を支援して勢力均衡を保つことにあった。そしてポーランドの長期的な潜在力を理解するトルコは、自らの長期存続を保証するものとして、ワシントンとの緊密な関係を喜んで受け入れたのだ。

言うまでもなく、ポーランドはアメリカに完全に裏切られたと感じていた。しかしアメリカは学びつつあった。焦って戦いに突入すれば、確かに衝動はいくらか満たされる。だが戦いが起こらないように——あるいは他国同士で戦わせるように——状況を管理することの方が、実は解決策としてははるかに優れているのだと。アメリカはイギリスとトルコへの支援を通じて、アジアに劣らぬ勢力均衡状態をヨーロッパにも生み出そうとしていた。アメリカにはっきりとした脅威を与える国はほかにないし、たとえ他の問題が警戒を要するレベルに達したとしても、宇宙を支配している限り難なく対処できるはずだ。

地政学の興味深い一面は、地政学的問題を永久に解決する方法が存在しないということにある。だがさしあたって二〇六〇年代のアメリカは、一九二〇年代や一九九〇年代と同様、何ら深刻な問題を——少なくとも自らを直接脅かすような問題を——抱えていないように思われた。アメリカは安全が幻想であることを学んだが、さしあたってはその安全を満喫するのである……。

二〇四〇年代のアメリカの景気拡大は、戦争が始まっても中断されるどころか、抑制されることなく持続するだろう。過去数世紀の歴史からも明らかなように、アメリカはこれまでも重大な戦争から利益を得ている。今回も戦争の被害をほとんど被らず、また政府支出の増大が景気を刺激する。アメリカはいつの時代も技術を駆使して戦争を戦うため、他国との間に種類を問わず何らかの戦争が起これば——あるいは戦争が予期されれば——研究開発に対する政府支出が必ず増える。その結果、戦後さまざまな新技術の商業利用が始まる。したがってこの戦争の後も、二〇七〇年頃まで急激な経済成長が続き、それとともに社会が大きく変容するものと考えられる。

この戦争はアメリカの五〇年周期のちょうど真ん中の、二〇年目頃に起こる。つまり、国内経済が最も好調な時期に戦争が起こるということだ。アメリカの人口問題は他国ほど深刻ではなく、移民流入とベビーブーマー世代の死によって、高齢化する労働力への圧力が緩和されることで、うまく処理される。利用可能な資本と製品需要は、バランスを保ちながらともに拡大する。そしてアメリカは経済と、ひいては社会が劇的に変容する時代に足を踏み入れるのである。だが第二次世界大戦時に見られたように、周期の初期から中期にかけて重大な戦争が起こると、経済が戦争の余波に適応するうちに、景気が過熱する。つまり二〇五〇年代中後期には、一九五〇年代にも似た一大好況期が訪れるはずだ。戦後一五年間は、アメリカにとってあらゆる意味で経済と技術の黄金時代となるだろう。

アメリカは二〇三〇年代にロシアが崩壊すると防衛費を削減するが、地球規模の冷戦が激化する二〇四〇年代には再び大幅に増額する。そして世紀半ばの戦時中に、研究開発で素晴らしい成果を挙げ、発見を直ちに実用化するだろう。平時の経済では何年もかかるはずのことが、戦争で事態が切迫すれば（特にアメリカの宇宙軍事力が破壊されてからは）数カ月、場合によっては数週間で達成される。

アメリカは宇宙に執着するようになる。一九四一年に真珠湾攻撃を受けた際にも、国民、特に軍人は、今後いつ何時攻撃されるかもしれず、またその攻撃は最も思いがけないときに起こるはずだという思いこみにとらわれた。この固定観念が、その後の五〇年間のアメリカの核戦略を動かしたのである。奇襲攻撃への薄らぐことのない恐怖が、軍部の思考や計画に染みわたっていた。ソ連崩壊後はこうした過剰反応は弱まったが、二〇五〇年代の攻撃で真珠湾の恐怖が蘇り、国中が再び奇襲攻撃の恐怖にとらわれるだろう。そして今回は宇宙に目が向けられるのである。

この脅威はきわめて現実的なリスクだ。宇宙の支配は、戦略的には海洋の支配と同じ意味がある。アメリカは一九四一年に真珠湾攻撃で制海権を失いかけた。そして二〇五〇年代の戦争で、制宙権を失いかける。その結果奇襲への偏執的な恐怖と宇宙への偏執的なこだわりが生まれ、莫大な軍事費と民間資金が宇宙開発に向かうことになる。

このようにしてアメリカは、宇宙で大規模なインフラ建設を進める。たとえば低軌道衛星、静止軌道上の有人ステーション、月面基地、月周回衛星などだ。これらのシステムには、保守作業にロボットを利用するものや、それ自体ロボット化したものも多い。過去半世紀のロボット工学におけるさまざまな進歩が、今や宇宙で融合する。

ここでの重要な展開の一つは、宇宙派兵が着実に進められることである。宇宙部隊の任務はシステムの維持管理だ。ロボット工学はどれだけ進歩しようと完璧にはほど遠く、それに二〇五〇年代と二〇六〇年代にはこの取り組みが国家の存亡を分けるようになる。空軍から分かれて軍の独立部門となるアメリカ宇宙軍は、兵力規模はともかく、予算規模では最大の部門になるだろう。安価な打ち上げロケット（その多くが民間企業の開発した商用版である）が地球と宇宙の間を、または宇宙プラットフォーム間を、頻繁に往復するようになる。

こうした活動の目的は、三つある。第一に、宇宙の軍事施設をいかなる強国にも二度と混乱させられることがないよう、防衛に十分な堅牢性、余剰性、多層性を確保すること。第二に、他国がアメリカの意に背いて宇宙に足がかりを得ようとした場合に、確実に阻止できる立場に立つこと。最後に、地上の情勢をコントロールするため、ミサイルから新型の高エネルギービームまでのあらゆる宇宙配備兵器を含む、圧倒的な軍事資源を持つことである。もちろんテロ行為や同盟の形成など、宇宙から制御できる脅威ばかりでないことは承知の上だが、他国が有効な軍事行動を起こせないよう、万全の体制を整える。

このような能力を構築するには巨額の費用がかかる。だが活動は政治的反対をほとんど招くことなく進められ、巨額の政府超過支出をもたらし、アメリカ経済を飛躍的に活性化させるだろう。第二次世界大戦末期にそうであったように、恐怖が慎重を押しやってしまうのだ。蚊帳の外の批評家からは、このような軍事支出は不要であり、アメリカを破綻させ、恐慌をもたらすという声も上がるだろう。だが実のところこの支出こそが、特に五〇年周期の半ばの経済活動が活発な時期に、景気を飛躍的に浮揚させるのだ。アメリカの歴史を振り返ってみると、政府の超過支出はつねにこのような効果をもたらしている。

エネルギー革命

アメリカの宇宙への執着は、別の深刻化する問題とも交差する。それは、エネルギー問題である。アメリカは戦時中に莫大な投資を通じて、宇宙から戦場に電力を供給するという難題に取り組む。不経済で初歩的で無駄の多い取り組みだが、それでも結実して、トルコ・ドイツの侵略に対抗するポーランドの同盟軍への電力供給に成功する。軍にとって宇宙発電は、戦場における深刻な兵站問題に対する一つの打開策になる。特に高エネルギービームを照射する新型兵器への電力供給は重大問題だ。このように軍には軍事上の必要から宇宙発電を支援する用意があり、議会にはその資金を肩代わりする用意がある。電力確保の重要性はアメリカがこの戦争から学んだ教訓の一つであり、またこの教訓があるがゆえに、プロジェクトは緊張感を持って進められる。

アメリカ史から教訓的なエピソードを二つ紹介しよう。一九五六年に、アメリカは州間高速道路網の建設に着手した。ドワイト・アイゼンハワーがこれを支持したのには、軍事上の理由があった。かれは下級将校だった時分、陸軍の輸送トラック部隊を率いてアメリカ大陸を横断したが、悪路のため数カ月もかかってしまった。また第二次世界大戦では、ドイツがバルジの戦いを開始するために、アウトバーンを使って軍隊を東部前線から西方へ移動させるのを目の当たりにした。かれはこの対比に愕然としたのだった。

州間高速道路網の建設は、やむにやまれぬ軍事上の理由から行なわれた。だがそれは一般市民に思いがけない、かつ意図せざる影響を及ぼした。移動にかかる時間と費用が軽減され、都市周辺部の土地が利用できるようになった。都市の大規模な分散化が始まり、都市周辺に郊外や産業が広がった。このようにして州間高速道路網はアメリカを作り替えたが、軍事上必要と認められなければ建設されなかったかもしれないし、経済的に実現可能とは見なされなかったかもしれない。

もう一つ、一九七〇年代の例がある。当時アメリカ軍はさまざまな研究活動に深く関わっていた。そのため研究センター間で、クーリエ便や郵便を使うよりも迅速に情報をやりとりする必要があった。まだフェデックスもなかった時代の話だ。国防総省国防高等研究事業局（DARPA）は、離れた場所にいてもデータやファイルをやり取りできるコンピュータ・ネットワークの構築を目指す実験に資金を提供した。こうしてできたネットワークは、アーパネットと呼ばれた。それはきわめて特殊な目的のために、多大な費用と労力をかけて開発されたものだった。アーパネットはご存知の通りインターネットに進化したが、その基本的なアーキテクチャとプロトコルは、一九九〇年代に入っても国防総省とその委託業者によって設計、運用されていた。

自動車のハイウェイと同じで、情報スーパーハイウェイも、もしかしたら自然に生まれていたかもしれないが、そうはならなかった。その構築にかかった基本的な費用は、軍が抱えていた問題の解決を目的とした、軍事計画によって負担された。類推を進めれば、エネルギーのスーパーハイウェイも、同じような必要性から生まれると考えられる。軍用として構築されるため、他のエネルギー源に比べて経済的に有利になる。軍が基本的な資本コストを肩代わりし、システムを導入するため、このエネルギーの商業コストは軍が関与しなかった場合に比べて大幅に低くなる。とりわけ経済活動でのロボット利用が進むにつれて、民間部門が安価なエネルギーを利用できることがますます重要になる。

軍事宇宙計画は文字通り「相乗り」によって、民間部門の取り組みの費用を軽減する。商業打ち上げの分野における技術進歩とともに、単位重量あたりの打ち上げ費用は低下するが、それでも民間部門には宇宙太陽光発電の開発といった大規模なプロジェクトを推進する資力がない。二〇五〇年代と二〇六〇年代の軍事計画は、この問題を二つの方法で打開するだろう。第一に、計画では打ち上げの単位重量あたり費用の低減を図ることが、重点の一つに据えられる。打ち上げ費用が大幅に低下しなければ、多くの資材を宇宙に運ぶことはできない。新しい技術によって、また打ち上げ量に比例して、費用は急激に低下し始め、初期の商用車に見られた以上のペースで低下するだろう。

第二に、システムには余剰能力が組み込まれる。アメリカが最初の攻撃を受けたとき反撃に手間取ったのは、余剰の打ち上げ能力がなかったせいだというのが、戦争から得られる教訓の一つになる。これは二度とあってはならないことだ。そのため国は打ち上げ能力の莫大な余剰を抱えるのである。このプロジェクトで民間部門を活用することが、コストを下げるカギとなる。

州間高速道路網やインターネットが出現したとき、経済は爆発的成長を遂げた。州間高速道路網は、建設作業員や土木技師の大量雇用を通じて景気を刺激したが、本当の意味で好況をもたらしたのは起業家によるスピンオフ企業だった。マクドナルドは郊外のショッピングセンターと同様、州間高速道路網の申し子だった。インターネットの構築はサーバやパソコンの莫大な売り上げをもたらしたが、本当の好景気を生み出したのは、企業活動に多大な影響を及ぼしたアマゾンやｉＴｕｎｅｓだった。

ＮＡＳＡは一九七〇年代の宇宙太陽光利用システム（ＳＳＰ）以来、宇宙発電の研究に関わってきた。二〇五〇年代の戦争中に、新しいシステムの本格利用が始まるだろう。そして二〇六〇年代の宇宙発電計画を通じて、宇宙発電は日常生活の一部分になる。膨大な数の光電池が静止軌道や月面上に設置され、太陽エネルギーを電力に変換する。電力はマイクロ波に変換され、地球に送電され、再び電力に変換されて、既存のまたは拡張された配電網を通じて供給される。鏡を利用して集光すれば、必要な電池の数を減らし、太陽電池アレイを打ち上げるコストを抑えることができる。局所的に強烈なマイクロ波が放射されるため、受信機は地上の隔離された場所に設置する必要がある。だが原子炉の危険性や、炭化水素燃料が環境に及ぼす悪影響に比べれば、リスクは小さいと言える。宇宙にはなんと言っても広大な空間がある。地球上ではとてつもなく煩わしいこと（たとえばニューメキシコ州ほどの面積をソーラーパネルで覆うなど）も、無限の宇宙空間は難なく呑み込んでしまう。そのうえ雲もないため、太陽光が間断なく降り注ぐ位置に集光器を設置できる。

こうした前進を通じて地上でのエネルギーコストが低下し、さまざまなエネルギー多消費型の活動が可能になる。ここには驚くほどの起業機会が生まれるだろう。アーパネットがiPodを生むなど、誰も想像できなかった。だが確実に言えることがある。それはこのイノベーションの第二波が、少なくとも州間高速道路網やインターネットと同じくらい社会を一変させること、そして一九六〇年代に州間高速道路網が、二〇〇〇年代にインターネットがそれぞれもたらしたのと同じくらいの繁栄を、二〇六〇年代にもたらすということだ。

アメリカは地政学的な力の基盤を、もう一つ作り上げる。アメリカは攻撃から守られたエネルギー場を擁する、世界最大のエネルギー生産国になるのだ。日本や中国を始め、ほとんどの国がエネルギー輸入国になる。エネルギーの経済性が変化するにつれて、炭化水素燃料を含むその他のエネルギー源の魅力は薄れるだろう。アメリカ以外の国は、自前の宇宙システムを打ち上げることができない。それは一つには、システムの頭金を肩代わりしてくれるような軍を持たないからだ。それにこの頃アメリカに挑戦しようとする国などあるはずがない。圧倒的な勢力不均衡が存在する中で、アメリカの施設を攻撃するなど、正気の沙汰ではない。アメリカはきわめて安価な太陽エネルギーを供給する能力を武器に、超大国として世界支配を強めていく。

ここに、地政学的現実の根本的なパラダイム・シフトを見ることができる。産業革命以来、産業界は世界にランダムに分布するエネルギー資源を大量に消費してきた。それまでさして重要でなかったアラビア半島が、油田の存在のために著しく重要になった。だが宇宙発電への転換が起きれば、エネルギーの消費者だった産業界が、エネルギーの生産者になる。宇宙技術の産業化により宇宙進出が進み、工業国は産業に燃料を供給すると同時に、エネルギーを生産するようになるだろう。宇宙はかつてのサウジアラビアなどよりはるかに重要になるが、その宇宙を支配する国がアメリカなのだ。

アメリカが生み出す新しい文化の波が、世界を席巻するだろう。前述の通り、文化といっても芸術に限らず、より広範な意味では人々の生き方までもが含まれる。コンピュータはアメリカ文化への最も実践的な手引きであり、映画やテレビなどよりよほど奥が深いものである。ロボットは、コンピュータの当然の、かつめざましい進化形だ。人口増加は止まったが経済成長は必要とされる世界で、ロボットは生産性の原動力となる。そして宇宙太陽光発電システムがあれば、ロボットに十分な動力を供給できる。ロボットはまだ初歩的だが、急速な進歩を遂げつつあり、これから世界を席巻するだろう。特に人口に制約のある先進工業国や、一流国に近づくも今後人口のピークを迎える、またはすでに迎えた諸国にとっては朗報となる。

遺伝子工学は平均寿命の延長に寄与し、いくつもの遺伝病を根絶、抑制するだろう。このことは社会不安を増幅する。ヨーロッパとアメリカをゆるがし、女性の役割や家族構成を変容させている根本的な転換が、世界的な現象になるだろう。すべての二級国で、伝統的価値観の支持者と新しい社会的現実の間の根深い緊張が高まり、主要な宗教はすべてその緊張に悩まされることになる。カトリック教、儒教、イスラム教はすべて、家族、性、世代間の関係に関する伝統的な理解の上に成り立っている。だが伝統的価値観はヨーロッパやアメリカではすでに崩壊しつつあり、今後ほとんどの国で崩壊するだろう。

これは政治的には、国内の緊張が激化することを意味する。二一世紀末は、医療と科学技術が引き起こした劇的な変化を、伝統が封じ込めようとする時代になるだろう。そしてアメリカは、とかく物議を醸しがちな多くの科学技術の生みの親であり、またその社会的混乱のモデルがあたり前のこととして世界に広まることから、世界中の伝統主義者の敵になる。世界はアメリカを危険で粗野で信用ならない存在と見なし、注意深く扱い、そしてうらやむのである。この時期は国際的安定と局所的緊張、そして国内不安の入り混じった時代になるだろう。

アメリカ以外に、宇宙進出をもくろむ強国は二つある。一つは陸の帝国の強化に余念がなく、二〇五〇年代の平和条約での不当な扱いにいまだ憤慨を覚えるポーランドである。だがポーランドは戦争からの復興の途上にあり、アメリカの同盟国に周りを囲まれているため、まだ挑戦する態勢にはない。宇宙進出をもくろむもう一つの国が、二〇六〇年代末に世界有数の経済大国として浮上する、メキシコである。メキシコはアメリカのライバルを自任し、北米大陸で台頭し世界の表舞台に登場するが、まだ一貫した国家戦略を持つに至っていない（それにアメリカの力に楯突いて怒りを買うことを恐れてもいる）。

人口増加の重圧が和らぐとともに、経済が急成長を遂げる新興国はほかにもある。中でもブラジルは重要な新興国であり、人口の安定ではメキシコに一世代分遅れをとるものの、急速にその方向に向かっている。ブラジルは成長著しいアルゼンチン、チリ、ウルグアイとの地域経済協力を検討するようになる。ブラジルの念頭にあるのは平時の同盟だが、世の常として、いずれ攻撃的な構想を抱くようになる。二〇六〇年代のブラジルはまず間違いなく宇宙計画を進めているはずだが、それは総合的な計画ではなく、差し迫った地政学的必要と結びついた計画でもないだろう。

イスラエル、インド、韓国、イランなどの国もこぞって限定的な宇宙計画を進めるが、いずれの国も宇宙に強力なプレゼンスを確立する資力も、動機も持たない。ましてやアメリカの宇宙覇権を否定しようとするはずもない。そのようなわけでこの世界大戦の終わりに、アメリカはフリーキックを蹴ることができる――そして実際、ゴールを決めるだろう。アメリカは少なくとも二〇七〇年まで続く、黄金時代を謳歌するのだ。

第12章の概要

- 戦争被害の最も小さかったアメリカが、またしても戦争の恩恵を最も大きく受けるだろう。
- 二〇六〇年代、宇宙の商業利用を進めるアメリカは、黄金時代を迎える。

第13章 二〇八〇年
――アメリカ、メキシコ、そして世界の中心を目指す闘い

本書では最初から、北米こそが国際システムの重心だと主張してきた。これまでは原則として北米イコール、アメリカ合衆国として話を進めてきた。北米大陸におけるアメリカの勢力は圧倒的であり、それに挑戦できるような国はないからだ。二一世紀に起こるグローバルな大戦の結果、アメリカに挑戦するユーラシアの大国が当面浮上しないことがはっきりする。また重要な地政学的原則が検証され、現代風に刷新される。大西洋と太平洋を制する者が、世界貿易を制する――そして宇宙を制する者が、世界の海洋を制するのだ。アメリカは宇宙の揺るぎない支配を手に入れ、それによって世界の海洋を支配するのである。

だが現実は見かけより複雑だ。アメリカは二一世紀後半になると、過去二〇〇年にわたって向き合うことのなかった、潜在的な弱さを露呈するようになる。アメリカが何をおいてもまず取り組まなくてはならない地政学的急務は、北米大陸の支配である。このことが、ほかのすべての基盤をなしている。アメリカ・メキシコ戦争と、それを終結させた一八四八年の

グアダルーペ・イダルゴ条約締結以来、アメリカが実質的に大陸を支配してきた。それはまったく当然の成り行きであるように思われた。

二一世紀末には、もはや事情は変わっている。アメリカに対するメキシコの相対的な力という問題が、考え得る最も複雑かつ最も難しい方法で、再び投げかけられる。アメリカ・メキシコ戦争から二〇〇年を経たメキシコは、アメリカの領土保全と北米の勢力バランスそのものに対して、異議を申し立てられる立場に立つのだ。これを荒唐無稽だと思う人は序章に戻って、世界がたった二〇年でどれほど変化するかを、今ひとたび考えて欲しい。そして、ここでは一〇〇年ほど先の話をしていることをお忘れなく。

メキシコの挑戦は、二〇二〇年代のアメリカの経済危機に端を発する。この危機は二〇三〇年代初めにアメリカで可決される移民法を通じて解決される。これらの法は、労働力不足を解消するために積極的に移民を誘致する。世界各国から大量の移民が流入し、その中には当然メキシコ人も含まれる。メキシコ以外の国からの移民集団は、過去の移民と似た行動パターンを取る。しかしメキシコ人は、たった一つの理由から——文化や国民性とは関係なく、地理的な理由から——異なる行動を取る。そしてこのことが、メキシコが国家として力を伸ばしつつあることと相まって、北米の勢力バランスを変化させるのである。

歴史的に見ると、これまで他の移民集団はアメリカ国内に塊状に分布していた。移民居住地に住み、近隣を支配して周辺の政治に影響を及ぼすことはあっても、他の地域や州を支配した移民集団は、一九世紀以来一つとしてなかった。移民二世は成人するとアメリカ文化に同化し、経済的機会を追求するために国中に散らばっていった。民族居住区での暮らしは、広い社会の提供する機会に比べて魅力に乏しかった。アメリカでは、マイノリティ集団が非同化分子だったことはない。自発的にアメリカに渡って来たのではない唯一の民族集団（アフリカ系アメリカ人）と、ヨーロッパ人到来以前からアメリカにいた集団（ネイティブ・アメリカン）という大きな例外はあるが、それ以外の集団はすべてこの地に到着し、群がり、そして散らばって、一般社会に新しい文化の層を加えてきた。

これが昔からアメリカの強みだった。たとえばヨーロッパの多くの国で、イスラム教徒は一般国民とは異質の宗教的、国家的アイデンティティを保っており、また一般国民がイスラム教徒に積極的に融和を働きかけることもまずない。そのためイスラム教徒にとっては、自分たちの文化の力が圧倒的に強い。これに対してアメリカのイスラム系移民は、他の移民集団と同じように、代を重ねるうちに、過去への文化的な架け橋としての信仰心を保ちながらも、アメリカの基本原則を信奉する集団に変わっていった。このことは移民をアメリカに縛りつけると同時に、一代目と後の世代との間に（そしてアメリカのイスラム教社会と他国のイスラム教社会との間にも）亀裂をもたらした。これが、アメリカへの移民のたどるおきまりのコースとなっている。

メキシコからの移民は二〇三〇年代以降、これとは異なる行動パターンを取り始める。かれらは以前と同じように国中に散らばり、その多くはアメリカ社会の主流に加わるだろう。だが他の移民集団と違って、メキシコ人は海や数千キロの距離によって母国と隔てられているわけではなく、国境を四、五キロ越えてアメリカに入国してからも、母国との社会的、経済的なつながりを維持する。母国とのこの距離的な近さが、まったく異なる力学を生み出している。メキシコ移民の少なくとも一部は、国外移住者というよりは、二国間の国境地帯への移住者である。国境地帯とは、フランスとドイツの間のアルザス・ロレーヌ地方のように、国境が固定している時にあっても、二つの文化が混在する地域をいう。

次ページの地図について考えてみよう。これはアメリカ国勢調査局から得たデータをもとに、二〇〇〇年のアメリカにおけるヒスパニック人口の集中を表わしたものである。

二〇〇〇年の郡人口に占めるヒスパニック人口の割合にも、すでに集中が見て取れる。メキシコ出身者は太平洋からメキシコ湾までの国境沿いに集中している。この地域の郡では、人口の五分の一から三分の二超をメキシコ人が占める（ここでいう「メキシコ人」は、国籍ではなく民族を指すものとする）。テキサス州やカリフォルニア州では、集中地域はさらに北方に広がる。だがメキシコ人比率が最も高いのは、もちろん国境沿いの郡だ。

この地図に、元メキシコ領で後にアメリカに組み入れられた領域の境界線を書き加えた。つまりテキサス州とメキシコ割譲地である。二〇〇〇年の時点で、メキシコ人社会がこの旧メキシコ領に集中していることに注目して欲しい。もちろんこの地域以外にもメキシコ人の小地域はあるが、それらは文字通り小地域にすぎず、そこに住むメキシコ人は他の民族集団に近い行動を取る。だが国境地帯では、メキシコ人は母国から離れているわけではない。かれらはいろいろな意味で、アメリカに母国を持ち込んでいる。アメリカが一九世紀にメキシ

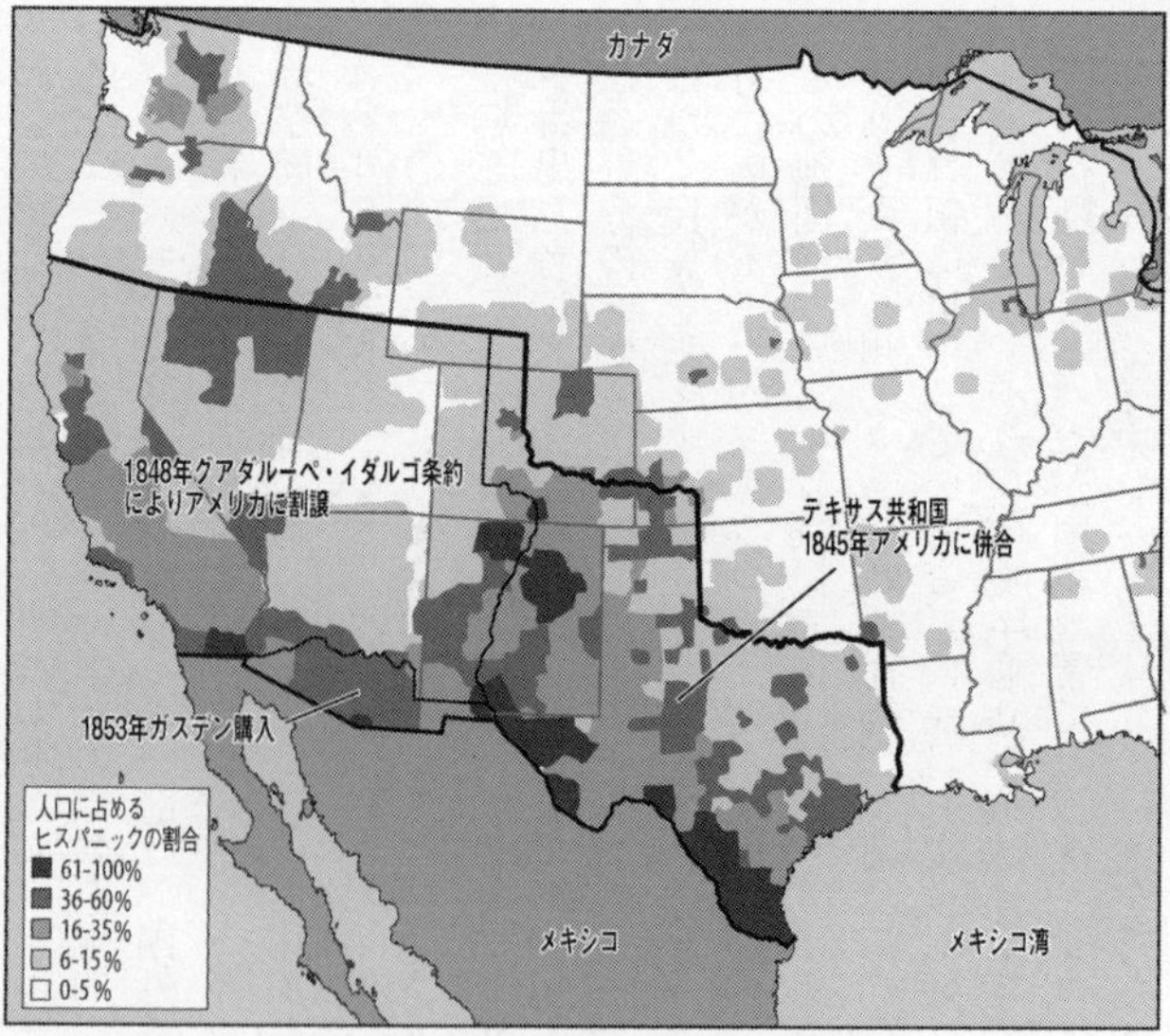

アメリカのヒスパニック人口（2000年）

コ領を占有して以来、この地域は占領地の性質をいくらか保ってきた。人口が移動するにつれ、国境は恣意的なもの、あるいは正統性を欠くものと見なされるようになっている。また貧しい方の国から富める方の国への人口移動が起こっているが、その逆は起こらない。メキシコとの政治的境界は変化していないのに、文化的境界は北方に移動している。

これが、二〇〇〇年時点での状況だった。移民奨励策が施行されてから三〇年を経過した二〇六〇年になると、二〇〇〇年の地図は様変わりし、メキシコ人比率が約五〇％だった地域はほぼ完全にメキシコ人で占められ、二五％だった地域では過半数を占めるだろう。つまり地図全体が一、二段階濃くなっているはずだ。アメリカの奥深くにまで入り込んだ国境地帯で、メキシコ人が圧倒的多数を占めるようになる。メキシコは、非政治的国境をメキシコ割譲地に――しかもアメリカの後押しを受けて――拡げることによって、人口増加の最終段階を乗り切るのである。

人口、科学技術、そして二〇八〇年の危機

アメリカでは移民の増加と戦争の余波が、二〇四〇年頃から二〇六〇年頃まで続く好況の幕を開ける。アメリカの豊富な土地と資本、それに先進工業国屈指の機動的な労働力プールが相まって、景気に火をつけるだろう。アメリカが比較的容易に移民を吸収できることが、他の工業国に対する大きな強みとなる。だがこの好況には、見落としてはならないもう一つの側面がある。それは科学技術である。これを検討してから、メキシコの話に戻るとしよう。

二〇三〇年の危機のさなかに、アメリカは特に人間の代わりをする技術を開発することで、労働力不足を補う方法を模索するようになる。

アメリカで技術開発によく見られるパターンの一つに、次のようなものがある。

一、基礎科学や基礎的な設計が、大学または個人の発明家によって生み出され、多くの場合そこから画期的な概念が生まれ、限定的に実用化され、商業利用がある程度進

められる。

二、軍事上の必要から国家がこのプロジェクトに巨額の資金を投入し、特定の軍事目的を遂行するために開発を加速する。

三、民間部門が技術を商業化し、新しい産業を興す。

このパターンは、現にロボット工学にも見られる。ロボット工学の基礎的な研究開発は、二〇世紀末にすでに着手されていた。核となる画期的な理論が生まれ、商業利用もある程度進んでいるが、ロボットはまだアメリカ経済の欠かせない要素にはなっていない。しかし軍はロボット工学の基礎理論と実用化に向けて、長年にわたり資金援助を行なっている。アメリカ軍は国防総省国防高等研究事業局（DARPA）を始めとする資金源を通じて、ロボット工学の研究開発を積極的に支援している。歩兵の装備を運ぶ運搬用ロボットやパイロット不要のロボット航空機の開発などは、ロボット工学の取り組みのほんの数例にすぎない。地球から制御する必要のない知能ロボット・システムを宇宙に配備することも、目標の一つになっている。これはつきつめれば、人口に関わる問題だ。若者の数が減れば、兵士の数も減る。だがアメリカの戦略的責務は重くなりこそすれ、軽くなることはない。アメリカほど兵士支援ロボットを国益の問題として必要とする国はない。

社会的、政治的危機が起こる二〇三〇年頃までには、軍によってロボット技術の実用化に向けた実地試験と検証が行なわれ、商業化の準備が整うだろう。当然ながら二〇三〇年に、ロボットはまだ大量普及の段階に至っていない。それにもちろんロボットが導入されれば移民が必要なくなるわけでもない。これと似た状況を経験した人も多いのではないだろうか。なぜならこれはわれわれがかつてたどった道なのだ。一九七五年頃のコンピュータが、ちょうどこの段階にあった。軍はシリコンチップの開発資金を負担し、多くの軍事用途を見つけた。商業化のプロセスはまだ始まったばかりで、それが民間経済の変容をもたらしたのは数十年後のことだった。そのようなことから、ロボット利用技術の本格普及が実現するのは二〇四〇年代、そしてロボット工学の変容力が本格的に感じられるのは二〇六〇年代に入ってからと予測する。

皮肉にも、大量移民の必要性を軽減するロボット利用技術の開発にも、移民技術者が欠かせない。その一方で、ロボット工学が社会に広く普及するにつれ、経済ピラミッドの底辺で非熟練労働に従事する移民の経済的地位は低下していく。

この時も一つの問題の解決策をきっかけとして、新しい問題が生じる。そしてこの状況が二〇八〇年の危機の布石となる。移民を誘致する体制は、アメリカの文化や政治に組み込まれる。移民募集担当者はアメリカへの移住を誘致するためにインセンティブを提供し続ける。このような緊急措置は、日常的な政策と化すだろう。だが問題は、アメリカが移民とロボット工学を始めとする新技術に助けられて、二〇六〇年頃までに危機を乗り越えていることだ。最後のベビーブーマー世代はとっくにこの世を去り、アメリカの人口構成は本来のピラミッド型に近づく。ロボット工学の進歩により、移民階層そのものが必要なくなるのである。

技術が雇用を奪うという予測は、これまでも繰り返し立てられてきた。だがそのたびに正反対のことが起こっている。技術を維持するために、さらに多くの雇用が生み出されるのだ。これまで起こったのは、非熟練労働から熟練労働へのシフトである。そしてこれは間違いなくロボット工学のもたらす影響の一つになるだろう。システムを設計、維持する人員がどうしても必要になるからだ。だがロボット工学は、これまでのどんな技術とも根本的に異なる。これまでの技術では、労働の置き換えはあくまで副産物だった。だがロボット工学は、労働の置き換えをはっきり目的としている。ロボット技術の存在意義は、乏しい人間の労働力を安価な技術で置き換えることにある。その第一の目的は、将来入手可能でなくなる労働力を置き換えることだ。第二の目的は、入手可能な労働力をロボット工学の支援に回すことだ。そして第三の目的が――これが問題の始まりなのだが――労働力を完全に置き換えることである。言い換えればロボット工学は、消えゆく労働者の代わりをすることを目的に謳う一方で、ロボットに取って代わられたがロボット工学分野に移るスキルを持たない労働者に、失業をもたらすのだ。

その結果、二〇六〇年頃から失業率の上昇が見られ、その後の二〇年間でますます加速する。こうして一時的だが痛みを伴う人口余剰が生じる。二〇三〇年の問題が、いかにして人口不足に対処するかということだったのに対し、二〇六〇年代から二〇八〇年代にかけては、過剰移民と構造的失業がもたらす余剰人口にいかに対処するかが課題となる。そして遺伝子工学の進歩が、問題に拍車をかける。人間の寿命がこれ以上飛躍的に延びることはないかもしれないが、アメリカ人が生産的でいられる期間はこれからも長くなるだろう。寿命が大幅に延びる可能性も、予測不能《ワイルドカード》な可能性として無視できない。

ロボット工学は、遺伝子工学やその関連技術と相まって、労働力プールを拡大する。労働力を置き換えると同時に、人間の効率性を高めることによって労働力が高まる。この時期は混乱の時代になるだろう。エネルギー利用においても混乱が高まる。自ら動くと同時に情報を処理するロボットは、自動車以上に普及する「エネルギー食い虫」になる。このことが前の章で説明したエネルギー危機と、ヨーロッパの時代に始まった炭化水素燃料技術の終焉をもたらすのである。アメリカはエネルギーを宇宙に求める必要に迫られる。

宇宙発電システムの開発は、二〇八〇年よりかなり前から始まっているはずだ。現に国防総省は、すでにこうしたシステムの構想を持っている。同省の国家宇宙安全保障室（NSSO）は、二〇〇七年一〇月に発表した「戦略的安全保障としての宇宙太陽光発電」と題する研究論文の中で、次のように述べている。

迫りくるエネルギーおよび環境問題は、きわめて深刻であるがゆえに、あらゆる選択肢を検討する正当な理由となる。中でも四〇年前にアメリカで生まれた、宇宙太陽光発電（SBSP）と呼ばれる概念は改めて検討する価値がある。これは基本的には単純な考え方である。巨大な太陽電池アレイを、強烈な太陽光に絶えず照射される地球軌道上に設置して、ギガワット単位で電気エネルギーを収集し、それを電磁波で地球に送信して地上で受信する。これを既存の配電網に直接接続してベースロード電力として使用するか、人造の合成炭化水素燃料に変換するか、あるいは低出力の無線電力として消費者に直接送信する、というものだ。わずか一キロメートル幅の静止地球軌道に一年間で降り注ぐ太陽エネルギーの量は、今日の地球で確認されている採掘可能な石油資源に含まれるエネルギー量にほぼ匹敵するのである。

二〇五〇年までにこの新しいソーラー技術の初期の設備が導入され、二〇八〇年に起こる危機が開発の追い風になるだろう。ロボット工学戦略を実行に移すには、エネルギー価格の大幅な低下が欠かせない。そして長期におよぶ人口制約期に経済生産性を維持するためには、この戦略の実行が不可欠である。つまり人口が増加しない時期には、技術でそれを補う必要があり、その技術が成功するためには、エネルギーコストの低下が必須なのだ。

このようにしてアメリカでは二〇八〇年以降、宇宙発電システムからエネルギーを抽出する大がかりな取り組みが推進される。この取り組みは当然数十年前から始まっているはずだが、これを主な電力供給源にしようというほどの熱意を持って進められてきたわけではない。しかし二〇七〇年に危機が深刻化すると、プロジェクトは飛躍的に前進するだろう。政府の取り組みの例に漏れず、コストは高くつくが、民間産業が宇宙での巨額の公共投資に便乗し始める二一世紀末には、エネルギーコストは大幅に低下しているはずだ。ロボット工学は、急速かつ飛躍的な進化を遂げる。ほとんどの家庭や職場に電子メールすらなかった一九九〇年から、地球全体で毎日数十億通もの電子メールがやり取りされるようになった二〇〇五年までの間に、家庭用コンピュータがどれほど進化したかを考えて欲しい。

アメリカは一時的な人口余剰を経験する、数少ない先進工業国となる。それまでの五〇年にわたる経済的必要は、可能な限りの手段を尽くして移民を誘致した末に終息し、それまで解決策だったものが問題と化すだろう。したがって危機解消への第一歩は、移民の制限という、衝撃的な大転換となる。そしてこの転換が、五〇年前の移民の誘致と拡大への転換と同様、危機を招くのだ。

いったん移民の流入が止まれば、アメリカは人口余剰のもたらした経済不均衡に対処しなければならなくなる。レイオフや失業は、貧しい労働者に、そして特に国境地帯のメキシコ人住民に、不釣り合いに大きな打撃を与える。このとき深刻な外交政策上の問題が生じるだろう。この現実に、エネルギー価格の高騰を加えれば、二〇八〇年代の危機を招く要因がすべて揃うことになる。

メキシコの経済発展

メキシコは現在世界一五位の経済規模を有している。一九九四年に経済危機に見舞われたものの、それ以降劇的な復興を遂げた。購買力平価から見たメキシコの一人あたりＧＤＰは年一万二〇〇〇ドル強と、ラテンアメリカ諸国の中では最も富める主要国であり、先進国とは行かないまでも中進国の仲間入りをしている。またメキシコが小国ではないことに留意して欲しい。一億一〇〇〇万人の人口を擁するメキシコは、ほとんどのヨーロッパ諸国よりも大きな国なのだ。

メキシコの経済力は、今後六、七〇年間で大幅に高まるだろうか？　答えがもしイエスなら、今の出発点からいってメキシコは世界有数の経済大国になる。政情不安、人口流出、経済苦境の歴史を考えると、メキシコが今後一流国になるとはにわかに信じがたい。だがほとんどの人にとっては、メキシコがすでにこれほどの高みに上っていることも、同じように信じがたいのではないだろうか。

メキシコに経済的に有利に働く条件がいくつかある。第一が石油である。メキシコは過去一〇〇年にわたって、主要な産油国であり石油輸出国だった。このことを、メキシコが主要国になり得ない根拠と見なす人も多い。石油輸出が、ほかの産業を開発する能力や意欲を損なうケースが多いからだ。そのため、メキシコに関するもう一つの事実を理解する必要がある。二〇〇三年以降の国際石油価格の上昇にもかかわらず、メキシコのエネルギー部門がメキシコ経済全体に占める割合は低下しているのだ。石油がメキシコの輸出に占める割合は、一九八〇年の約六〇％から、二〇〇〇年にはわずか七％に低下している。メキシコは産油国ではあるが、成長を石油輸出に依存しているわけではない。

メキシコの経済成長を促す二つめの要因は、アメリカとの距離的な近さである。これは、将来的に地政学的難題をもたらす要因でもある。メキシコは北米自由貿易協定（ＮＡＦＴＡ）

があろうとなかろうと、世界最大にして最も活力のある市場に、効率良く輸出を行なうことができる。NAFTAが輸出のコストを下げ、域内の経済関係の制度的効率を高めたのは確かだが、基本的現実を見れば、メキシコはいつの時代もアメリカとの近さから、それに伴う地政学的ハンデを補ってあまりある経済的利益を得てきた。

第三に、アメリカからメキシコへは、移民からの合法的、非合法的な送金という形で、巨額の現金が流れている。メキシコ向け送金は急増しており、今やメキシコの二番目に大きな外貨収入源になっている。外国投資を経済開発の主要な手段としている国が多いが、メキシコでは、外国投資は海外からの送金とほぼ同額である。この送金のシステムには、二つの効果がある。送金が預金されれば、信用創造を通じて投資が拡大する。またほとんどの送金の受け手である下層階級にとって、送金は社会的セーフティネットの役割を果たしている。

メキシコは流入した資金を活用して、技術集約型の産業やサービス業を成長させてきた。サービス業は現在メキシコのGDPの七〇％を占め、これに対して農業はわずか四％にすぎない。残りを製造業、石油産業、鉱業が占める。観光業を主体とするサービス業の比率は比較的高いが、全体の構成は、途上国にありがちな構成とは違っている。

国連が作成した、各国の生活水準を表わす興味深い尺度がある。これは人間開発指数（HDI）と呼ばれるもので、平均余命や識字率といった要素が加味されている。国連はHDIによって世界を三等級に分類している。346ページの地図では、黒が先進工業国、濃い灰色が中進国、薄い灰色が発展途上国を表わしている。地図が示す通り、メキシコはHDIではす

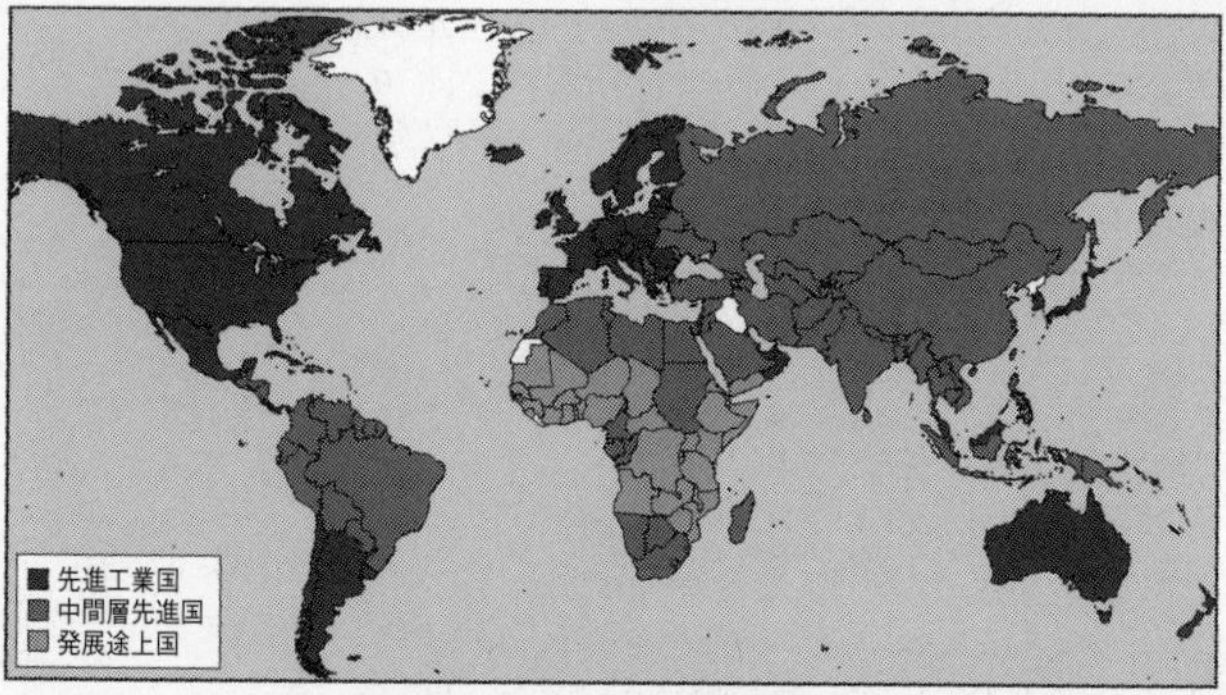

世界の経済・社会発展水準

でにアメリカやヨーロッパと同じ等級に分類されている。アメリカと同等とまではいかないが、これを見る限り、メキシコを途上国と決めつけることはできない。HDIを詳しく見ると、メキシコについてさらに興味深い事実が明らかになる。メキシコ全体の指数は〇・七〇で、アメリカやヨーロッパと同じ等級だが、メキシコ国内では地域間の格差が非常に大きい。347ページの地図中の色の濃い部分は一部のヨーロッパ諸国と同等だが、最も薄い部分は貧しい北アフリカ諸国と同等なのだ。

この著しい格差は、急速に発展を遂げつつある国によく見られる現象だ。チャールズ・ディケンズやヴィクトル・ユーゴーによるヨーロッパの描写を思い出して欲しい。かれらは一九世紀ヨーロッパの本質をとらえていた。それは格差が拡大する中での、すさまじい成長である。メキシコでも、メキシコシティやグアダラハラでそのような格差が見られる。しかし他方では地域間格差も存在する。北部が比較的豊かであるのに

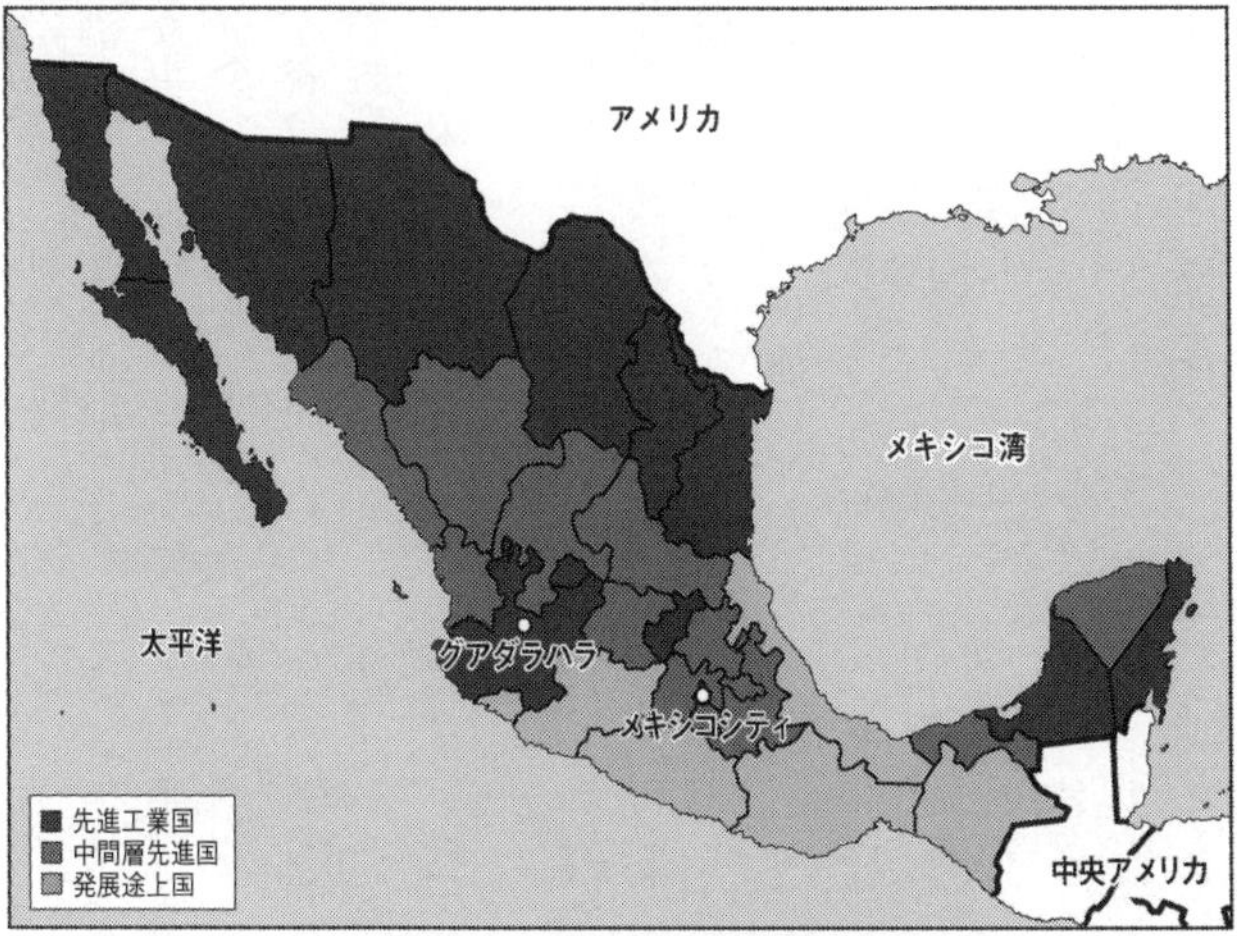

メキシコの経済・社会発展水準

対し、南部は貧しい。格差は開発不足を意味しない。それは開発について回る副産物なのだ。

この地図で、アメリカに接する地域と南部の観光地域、そしてメキシコシティが、当然ながら最も開発の進んだ地域であることに注目されたい。アメリカとの国境から遠ざかるにつれ、ＨＤＩは低下する。このことはメキシコの発展におけるアメリカの重要性を示している。同時に、このことはメキシコが直面する危機をも示唆している。南部では格差が暴動に発展する恐れがある。このような格差はメキシコが発展するにつれて、激化の一途をたどるだろう。

メキシコの成長を牽引している要因はもう一つある。組織犯罪と麻薬取引だ。一般に、犯罪には二種類ある。一つは分配や消費に関わるもの、つまり誰かからテレビを盗んで売り飛ばすといった犯罪だ。もう一つが、莫大な資金プールを生み出すものである。酒の密造・密売を取り仕切っていたアメリカのマフィアは、そこで得た資金を元手に合法的な事業に進出した。元手はやがて一般的な資本の流れに合流し、それが犯罪行為に由来する資金であることは問題にされなくなった。これが国内で起これば、経済成長が促される。だが資金移動が二国間で起こるとき、爆発的な成長が起きる。ここで重要なのは、商品が違法であるために、その価格が人為的にかさ上げされることだ。このことがカルテルの発生を促す。カルテルは消費を抑制し、競争を抑圧し、物価を高止まりさせ、資金の移動を円滑にする。

現代の麻薬取引の場合、麻薬は人為的につり上げられた価格でアメリカの麻薬消費者に販売されるため、メキシコへの投資に利用可能な巨額の資金プールが生じる。あまりにも巨額なため、投資するよりほかに使い道はないのだ。複雑なマネー・ロンダリングの目的は、資金を合法的な用途に配分することにある。かくして密売人の二代目はかなり合法的な資金プールを受け継ぎ、三代目は経済的特権階級になる。

これはもちろん状況を単純化した説明だ。それにメキシコにいる売人が資金をメキシコに環流させずに、アメリカやその他の地域に投資するケースも多いという事実を無視している。だがもしメキシコ経済の生産性がますます向上しているのであれば、そしてもしメキシコ政府を買収して、資金を洗浄する間多少の保護を受けることが可能なのであれば、麻薬資金をメキシコに再投資することは大いに意味がある。耳を澄まして欲しい。聞こえてくるあの大きな舌なめずりの音は、投資資金がアメリカを離れ、麻薬カルテルを経由して、メキシコに向かう音なのだ。

このプロセスの問題点は、それが政情不安を招くことだ。当局がこのプロセスに加担しており、裁判所や警察は無力なため、この状況は一般社会から政府の上層部に至るまで、すべてを不安定な状態に陥れる。これだけ巨額の資金が絡めば、社会は引き裂かれる。それでも社会が十分大きく複雑で、資金の量が全資金に占める割合が比較的小さければ、いずれ安定化するだろう。アメリカでも一九二〇年代以降組織犯罪が横行し、実際に各地に社会不安をもたらしたが、最終的に犯罪資金は再び合法的な活動に向かった。これがメキシコがたどる可能性の最も高い道であり、またこの活動が結果的にメキシコの経済成長に寄与するというのが、わたしの見方である。

だからといって、メキシコに恐ろしい不安定期が訪れないとは限らない。今後政府はカルテルを取り締まる能力を試され、メキシコは広範な国内危機に直面するだろう。だが長期的には、つまり今世紀中という期間で見れば、メキシコは危機を乗り切るとともに、アメリカからの莫大な流入資金の恩恵を享受するだろう。

最後になるが、メキシコの人口動態に目を向けると、国家が経済を発展させるために労働力を必要とするその時期に、人口が増え続けることが分かる。また人口増加は今世紀半ばまでに徐々に減速する見通しであり、社会が安定し、社会に対する人口圧力が和らぐことが見て取れる。またこの人口動態からすれば、二〇三〇年代にアメリカへの移民が増加しても十分対応できる。その結果メキシコは国内に過剰な人口を抱え込むことなく、資金流入を増やし、資本形成を促すことができるのである。この時期のアメリカへの移民は、メキシコが発展する上で不可欠ではないが、発展を後押しすることは間違いない。

このように、一部の生活水準指標ではヨーロッパと肩を並べるまでになったメキシコが、避けがたい混乱と成長の時期を経て、秩序と安定に向かうことが分かる。そしてメキシコは、戦争を繰り広げる世界をよそに、今世紀中頃になれば安定した人口とバランスの取れた経済を持つ、成熟した大国として浮上するだろう。経済規模では世界第六、七位に位置し、そのうえ軍事力をますます増強しているはずだ。メキシコはこのようにしてラテンアメリカの主要な経済大国になり、おそらくはブラジルと緩やかな同盟関係を築き、アメリカの北米支配に挑戦を突きつけるのである。

メキシコの地政学

メキシコはテキサス独立戦争とアメリカ・メキシコ戦争の結果、一八三〇年代から一八四〇年代にかけてアメリカに北部領土を明け渡した。リオグランデ川とソノラ砂漠以北の領土は、基本的にすべてアメリカに奪われた。アメリカは民族浄化を行なったわけではない。先住者はこの地に留まったが、その後到来した非ヒスパニック系入植者に、徐々に圧倒されていった。国境はいつの時代も突破しやすく、アメリカ人もメキシコ人も容易に国境を越えて移動することができた。前述の通り、ここに典型的な国境地帯が生まれた。政治的国境は明確に定められていたが、文化的国境は複雑で曖昧だった。

メキシコはこれまで、アメリカの征服を覆せるような立場に立ったことがない。メキシコは、北部領土の喪失を現実として受け止めるしかないという姿勢を取ってきた。アメリカが南北戦争に気を取られ、南東部が比較的無防備だった時期でさえ、何も行動を起こさなかった。マクシミリアン皇帝下のメキシコは弱く分裂していて、行動を起こす意思や力を奮い起こすことができなかった。第一次世界大戦時、ドイツに反米同盟と旧北部領土の返還を持ちかけられたときも、メキシコは拒否した。ソ連とキューバはアメリカの南部国境を脅かす目的で、メキシコに親共産主義運動を起こそうとしたが、見事に失敗した。メキシコはアメリカに逆らえなかったばかりか、外国勢力によってそのように仕向けられることもなかった。メキシコは力を結集することができなかったのだ。

それはメキシコに反米感情がなかったからではない。それどころかメキシコにはそのような感情が深く根付いている。メキシコとアメリカの歴史的関係を考えれば当然のことだ。だがこれまで見てきたように、感情は力とほとんど関係がない。メキシコは厄介な地域主義の問題や複雑な政情で手一杯だった。それにメキシコは、アメリカに挑戦することのむなしさを知っていた。

一八四八年以降のメキシコがとってきた基本戦略は、単純明快である。まず第一に、地域主義と暴動に対して国内の結束を維持すること。第二に外国、特にアメリカによる介入から身を守ること。第三に一八四〇年代にアメリカに奪われた土地を取り戻すこと。最後に、アメリカから北米覇権国の地位を奪うことである。

しかしメキシコはこれらの地政学的目標に向かって、初めの一歩を踏み出すことさえできていない。アメリカ・メキシコ戦争以後は、国内の結束を維持することに終始してきた。アメリカに敗北してからバランスを失い、いまだに取り戻せずにいるのだ。アメリカの諸政策がメキシコの不安定化を促したことも一因だが、メキシコは主に活力あふれる超大国に隣接しているせいで力を失ったのである。アメリカの生み出す力場は、メキシコ政府以上に、メキシコを取り巻く現実を方向づけてきた。

二一世紀には、これまで不安定要因だったアメリカとの近さは、むしろ安定要因として働くようになる。メキシコは依然アメリカの影響を受けるが、二国関係をうまく利用して力を高めていくのである。二一世紀半ばまでにメキシコは、経済力の高まりとともに、国家主義的傾向を否応なく強めているはずだ。地政学的現実に照らして考えれば、この傾向は愛国心という形だけでなく、反米主義という形でも顕在化する。メキシコの出生率が低下する時期にメキシコ人移民の誘致計画を推進するアメリカは、メキシコの経済的利益を損なう政策を追求しているとして非難されるだろう。

アメリカ・メキシコ間の緊張は永続的なものだ。だが二〇四〇年代とそれまでとの違いは、メキシコが力を高め、したがって自信と自己主張を強めていることにある。それでも二国の相対的な力関係は、アメリカがまだ圧倒的に優位である。ただその圧倒的さ加減は五〇年前ほどではなくなる。だがそれすら二〇四〇年から二〇七〇年までの間に変わるだろう。メキシコは無力な国ではなくなり、地域の主要国にのし上がる。しかしアメリカの方ではそのことに気がつかない。世紀半ばの戦争においても、アメリカ政府はメキシコを単なる同盟国候補としてしか考えず、候補から外した後は関心を失う。アメリカは戦後の高揚感と景気拡大の中で、メキシコに関する一切について、それまで通り無関心を保つだろう。

アメリカはいったんメキシコが脅威になったことに気づけば、メキシコの国内情勢やメキシコ人の動向に厳しく目を光らせはするものの、この事態を望みどおりの方法で解決できるという確信は崩さない。水面下につねに存在するアメリカ・メキシコ間の緊張は、メキシコが力を蓄えるにつれてますます高まるだろう。アメリカはメキシコの経済力の高まりを、メキシコ国内や二国間の関係に安定をもたらす好ましい要因と見なし、急速な経済発展をさらに後押ししてやる。アメリカにとってメキシコは依然、従属国家なのだ。

二〇八〇年にあっても、アメリカはまだ北米で圧倒的な強さを誇る国である。だがアメリカがこの先繰り返し学ぶように、とてつもなく強力だということは、全能だということではない。全能であるかのように振る舞えば、国力はたちまち衰える。二〇八〇年に、アメリカは再び挑戦に直面するだろう。ただし今回の挑戦は、二〇五〇年代の戦争でアメリカが直面したものに比べて、はるかに複雑でとらえにくいものになる。

今回の対立は計画されたものではない。アメリカはメキシコに何の野心も持たず、メキシコはアメリカとの相対的な力関係について何の幻想も抱いていない。これはむしろ、二国を取り巻く地政学的現実から有機的に生じる対立と言える。だが大方の地域的対立とは異なり、これは世界の覇権国とそれに隣接する新興国の間に生じる対立であり、しかも国際システムの重心である北米大陸をめぐって争われる対立なのである。対立は、次の三つの要因によって促される。

一、メキシコが世界の主要な経済大国として浮上する。今世紀初めには経済規模で世界一四、五位だったが、二〇八〇年には世界十大経済大国に確実に名を連ねている。一億人の人口を抱えたメキシコは、世界中どこでも一目置かれる大国になる——ただしアメリカの南部国境沿いの地域においては、この限りではない。

二、二〇七〇年代にアメリカは周期的な危機に見舞われ、二〇八〇年の選挙で危機は最高潮に達する。新しい技術が導入され、人口減少が一段落するために、移民を新たに受け入れる必要がなくなる。それどころか短期移民を本国に帰そうとする圧力が強まる。アメリカに五〇年も住み、この地で子や孫を得た者たちも対象となる。こうした移民の多くはまだ単純労働に従事している。アメリカは長期居住者を強制的に本国に送還し始め、メキシコ経済にとって最も望ましくない労働者、つまりアメリカに何十年も居住していた大勢の労働者をメキシコに押しつける。

三、それでも国境地帯の人口構成の劇的な変化を覆すことはできない。メキシコ人——アメリカ国籍保有者と非保有者の両方を含む——の基本的優位は固定化される。アメリカによって一八四〇年代に占領されたメキシコの領土は、文化的にも、社会的にも、そしていろいろな意味で政治的にも、再びメキシコのものになる。短期労働者を本国に送還する政策は、アメリカ人からすれば法に基づくプロセスであっても、メキシコ人の目には民族浄化と映る。

メキシコはこれまで、アメリカの政策転換に対して非常に受け身だった。しかし移民が二〇七〇年代のアメリカの主要な問題になり、二〇八〇年の選挙の争点になると、メキシコはそれまでとはうって変わった行動を取るようになるだろう。アメリカの危機と、メキシコの経済社会の成熟化が同時に進行することで、かつてない緊張が生じる。アメリカにおける劇的な社会的、経済的転換（在米メキシコ人に不釣り合いに大きな影響を与える）と、アメリカ南西部の人口構成の激変とが相まって、アメリカの技術や力をもってしても容易に解決できない危機が生じるのである。

危機は当初アメリカの国内問題として始まる。民主主義社会のアメリカでは、国内の広い地域で英語を母国語とする文化が支配的文化でなくなる。アメリカはカナダやベルギーのように、二つの文化を併せ持つ国になる。第二文化は公式には認定されないが、現実のものとなる。単なる文化的現象ではなく、はっきりとした地理的現実になるのである。

二文化併存は、実情が無視されるとき、問題化することが多い。つまり支配的文化が、二文化併存を正式に認めるという考えを受けつけず、現状維持を図ろうとする場合である。これが特に問題になるのは、支配的文化が、少数派文化の破壊を目指しているように思われる手段を講じるときだ。この少数派文化が、もとをただせば隣国文化が発展したものであり、しかもその隣国が、領土を奪われたことを根にもっているとなれば、一触即発の事態に発展しかねない。

二〇七〇年代には、カリフォルニア、アリゾナ、ニューメキシコ、テキサスの各州を通る、アメリカ・メキシコ国境から少なくとも三〇〇キロ強ほどの幅の地域と、広大なメキシコ割譲地の全体で、メキシコ人とメキシコ系アメリカ人が支配的集団になる。こうした地域は、移民が多い他の地域とは異なる行動を取る。むしろ一般的な国境地帯と同じように、文化的にも、またいろいろな意味で経済的にも、メキシコが北へ張り出したような地域になる。法的国境を除くあらゆる意味の国境が、北方に移動するだろう。

こうした地域に住む移民は、疎外された下級労働者《ペオン》などではない。メキシコ経済の拡大と、二〇五〇年代から六〇年代にかけてのアメリカの好景気とが相まって、移民の暮らし向きは比較的向上している。実際、かれらは二一世紀末の世界で最も収益性の高い活動の一つである、アメリカ・メキシコ貿易の仲介者なのだ。この集団が支配するのは地域政治だけではない。アリゾナとニューメキシコの二つの州では州全体の政治を、カリフォルニア州とテキサス州では大部分の政治を牛耳るようになる。後者の二州を移民が直接支配できないのは、単に規模が大きいからだ。このようにして、カナダのケベック州にも似た、準国家的な地域圏がアメリカに形成される。

地理的につながった集団は、ある一定の規模を超えると、自らが国の中の異質な存在だという意識を持つようになる。より正確に言えば、この集団は自らの支配する地域を異質なものと見なし、その状態に応じた一連の特別な措置を要求するようになる。集団が隣国に自然な親しみを感じている場合、集団の一部は、自分たちが外国支配の下で暮らす隣国出身者であるという意識を強める。また国境の向こう側の隣国で併合運動が起こることもある。

この問題をめぐって、メキシコ・アメリカ圏は分裂する。メキシコ人には、自分は主にアメリカ人だという意識を持つ者たちもいれば、アメリカ精神は受け入れても、アメリカと独特な関係にあるという意識を持ち、その地位を法的に認めるよう要求する者たちもいる。また第三の最も規模の小さい集団として、分離論者がいる。メキシコ国内でも同じような分裂が起こる。ちなみにアメリカへの移住がアメリカの国家政策として奨励される二〇三〇年以降は、不法移民が原則として存在しなくなることに留意されたい。またこの問題を完全にアメリカ側の問題と見なし、メキシコとの平和的な経済関係を妨げたくないという理由から、問題に関与したがらない者たちが、国境のどちら側にもいる。他方ではアメリカの人口問題を、メキシコとの関係の見直しをアメリカに迫る手段としてとらえる者たちもいる。移民問題への不干渉政策と引き替えに、その他の問題についてアメリカに譲歩を求める者たちもいる。そして少数だが併合論者もいる。ワシントンとメキシコシティの双方が互いの情勢を操ろうとして、複雑な政治闘争を繰り広げるだろう。

多くのメキシコ出身者が米上下両院に選出されるだろう。その多くは、自分たちがたまたまメキシコ系の議員としてそれぞれの州を代表しているとは考えない。かれらはむしろ在米メキシコ人共同社会の代表を自任する。また地方議員も、カナダのケベック党がそうであるように、アメリカに住む別の国の代表者と見なされる。地方の政治プロセスは、この新たな現実を反映するようになる。メキシコ党が誕生し、独立勢力としてワシントンに代表を送り込むだろう。

このような状況が、二〇七〇年代を特徴づけていた移民政策の撤回と、二〇八〇年の選挙とを後押しする。人口構成上の理由から二〇三〇年代の移民政策を見直す必要が生じるだけでなく、南西部はこの政策を見直すプロセスそのものを通して過激化するだろう。アメリカの一般市民は過激化に怯え、反メキシコ感情をつのらせる。二世紀以上前のテキサス革命とアメリカ・メキシコ戦争の結果が覆されるかもしれないという根源的恐怖が、メキシコ系アメリカ人とメキシコ化したアメリカ国内の諸地域に対する敵意をアメリカ人の間に煽るだろう。

これは根拠のない恐怖ではない。アメリカ南西部は、一八〇〇年代半ばから二一世紀の初めにかけて、アメリカ人入植者が流入した占領地である。二一世紀初めからメキシコ人移住者が再び流入し、メキシコ人先住者に加わる。このようにして、一九世紀に軍事力によって押しつけられた社会的現実が、人口移動によって覆されるのである。アメリカは政治的、軍事的現実を定め、続いてそれに見合った人口構成の現実を作り出した。これに対してメキシコは、主としてアメリカの政策を通じて新しい人口構成の現実を生み出し、いくつかの選択肢を検討するようになる。アメリカ人が生み出した政治的、軍事的現実を覆すべきだろうか、新しい独自の現実を生み出すべきだろうか、それとも今ある現実を受け入れるべきだろうか？　他方アメリカは、人口移動を逆転させ、国境に見合った人口構成を取り戻すべきかどうかを検討する。

だがここでの議論はすべて、国境が動かせないことを前提として進められる。国境の両側に住むメキシコ人が国境を動かすことを議論したからと言って、国境は動かないし、アメリカ人が人口構成の現実を変えたがっているからと言って、現実が変わるはずもない。国境には、それを強制するためのすさまじい政治的、軍事的な力がかかっている。そしてその力とはすなわち、アメリカ軍なのである。メキシコ割譲地のメキシコ系住民は、アメリカの経済生活に深く組み込まれている。メキシコ人の追放は、とてつもない不安定をもたらすだろう。こうして現状を維持しようとする強大な力と、それに抵抗する強大な力のせめぎ合いが起こる。

アメリカのその他の地域で起きる大きな反動をきっかけに、国境に関門が設けられ、緊張はさらに激化する。メキシコ側の発言が過激になるにつれて、アメリカ側もエスカレートする。アメリカのほかの地域では、メキシコ系アメリカ人社会の分裂は影を潜め、そこでの最も過激な人物が、メキシコ人社会やメキシコに対してアメリカ人が持つイメージを支配するようになる。またアメリカ政界のさらに過激な人物が、メキシコ人がアメリカ人に対して持つイメージを支配する。他方では、穏当な妥協を図ろうとする動きも見られる。このような動きのほとんどはまったく理にかなった善意の取り組みなのだが、それでもすべての取り組みが、アメリカかメキシコ、またはその両方の基本的利益に対する裏切りと見なされる。根源的な地政学的問題をめぐる紛争で、理にかなった妥協案がすんなり受け入れられることはまずない。それは、アラブ・イスラエル紛争を考えれば自明である。

この混乱のさなかに、何十年も前に交付された短期ビザでアメリカに滞在しているメキシコ国民が、滞在期間の長さに関わらず、メキシコに強制的に送還される。アメリカは国境規制を強化するが、その目的はメキシコ移民を締め出すことではなく——この頃には、そこまでしてアメリカに入国しようとする者もいない——メキシコとアメリカのメキシコ系住民との間にくさびを打ち込むことにある。建前上は安全保障措置だが、実際には一八四八年に生み出された現実を強化するための取り組みである。この種の措置は、国境の両側のたいていのメキシコ人にとっては不愉快なだけだが、過激派を煽り、両国間の重要な貿易を脅かすようになる。

メキシコ国内では政府に対して、もっと自己主張せよという政治的圧力が高まる。一八四八年のアメリカによる征服を覆し、占領地を併合することを目標に掲げる党派が現われる。これは取るに足りない集団ではなく、主流派とまではいかないまでも、重要な派閥になるだろう。その一方でアメリカに対して、メキシコ割譲地内の地域を引き続き掌握して住民の権利を守るよう——特にメキシコ人を在留資格に関係なく追放することをやめるよう——要求する声も上がる。対立より安定を望む企業主導の現状維持派は、力を失っていく。併合を求める声と、地方自治の要求とのせめぎ合いが続く。

他方アメリカ国内の反メキシコ勢力は、メキシコの政治の過激化を根拠に、メキシコがアメリカの内政問題への干渉や、南東部の侵略さえもくろんでいる——実際に最も過激なメキシコ人が要求することだ——と主張する。アメリカの過激派はこの主張をもとに、たとえばアメリカ国籍の有無を問わず、すべてのメキシコ系アメリカ人を追放するなどの、さらに厳しい措置を要求する。こうした少数派の論調がますます過激化して、このプロセスを駆り立てるだろう。

ここで時計の針を進めて、実際の紛争がどのようなものになるか、想像してみよう。ただし細部についてはただ推測するしかないことを心しておきたい。

二〇八〇年代になると反米デモが、メキシコシティのほか、ロサンゼルス、サンディエゴ、ヒューストン、サンアントニオ、フェニックスなど、メキシコ人が多数を占める国境地帯の都市に飛び火した。このときの主要な争点は、メキシコ系アメリカ人のアメリカ市民としての権利だった。その一方で、メキシコによる併合を要求するデモも起きていた。在米メキシコ人の少数の急進派が、地方の連邦政府施設に対して、破壊行為や小規模なテロ行為を実行し始めた。テロリストの活動は、メキシコ政府からも、メキシコ系アメリカ人の支配する州の政府からも、国境のどちらの側のメキシコ人の大半からも支持されなかったが、地方による計画的な反乱と分離の第一歩と見なされた。アメリカ大統領は事態を収拾せよという猛烈な圧力を受けて、こうした州の連邦施設を保護するために、州兵を連邦政府の指揮下に置こうとした。

ニューメキシコ州とアリゾナ州の知事は、州兵の指揮権は知事にあるとして、連邦化を拒否した。そして州兵に連邦施設の保護を命じたものの、州兵は引き続き州の指揮下に置かれるべきだと食い下がった。メキシコ人が多数を占めるこれらの州の州兵部隊は、知事に従った。連邦議会からは、反乱事態宣言を出すべきだという声も上がったが、大統領は難色を示し、代わりにこれらの州で連邦軍を動員する許可を議会に求めた。この結果、州兵とアメリカ陸軍の部隊が直接対決する事態となった。

事態の収拾がつかなくなると、メキシコ大統領は強硬措置を求める声に抗しきれず、メキシコ軍を北部国境に動員し、問題をさらに悪化させた。大統領はこの措置の根拠として、メキシコ国境沿いにアメリカ軍が動員されたことを挙げ、アメリカ政府と連携して国境侵入を阻止することが動員の目的だと主張した。だが実はもっと深い理由があった。メキシコ大統領は、アメリカ軍がこの地域のメキシコ人を——アメリカ国籍保有者、永住権保有者、ビザ保有者を問わず——すべて追放し、メキシコに強制送還することを危惧していたのだ。メキシコに難民が押し寄せる事態は避けたい。またそれ以上に、在米メキシコ人が貴重な財産を剥奪されるのを見過ごすわけにはいかない。

メキシコ軍が動員されると、アメリカ軍は厳戒態勢に入った。アメリカ軍は、敵対的集団——特にアメリカ市民がその中に含まれる場合——の取り締まりを不得手とする一方で、敵軍の攻撃、破壊を得意とする。そのためアメリカ宇宙軍と地上軍は、メキシコ国境沿いに結集した軍隊との対決の可能性に次第に焦点を移していった。

その後開かれた両国の首脳会談で、誰も戦争を望まないことが確認され、事態の打開が図られた。実際どちらの政府も、アメリカ南西部の危機など望んではいなかった。だが問題が一つあった。この協議では、双方が強く原状復帰を求めたが、メキシコ大統領が事実上、メキシコ系アメリカ人の利益を代表して交渉したのだ。危機が沈静化している限りは、メキシコ割譲地におけるメキシコ人の地位が協議される。だが議論が危機の打開策に及ぶや否や、「誰がメキシコ割譲地のメキシコ人を代表して話をするか」という問題に答えが出た。メキシコ大統領がその任を担うことになった。

二〇八〇年代の危機は収拾に向かったが、根底にある問題が解決したわけではない。国境地帯の問題にはまだ決着がついていなかった。だがメキシコには軍事解決を強行する力がなく、アメリカ政府には社会的、政治的解決を強行する力がなかった。アメリカ政府が国境地帯に軍を派兵し、まるで外国であるかのように監視したことで、この地域に対する人々の見方ががらりと変わってしまった。その上メキシコがこの地域の住民側の立場に立って交渉したために、見方はさらに大きく変わった。メキシコの国家主義派の手厚い支援を受けた過激な分離運動が、絶えず状況を攪乱していた。テロリストの分派が、メキシコ割譲地だけでなくアメリカ全土で、爆撃や誘拐を散発的に実行し始めていた。そんな中、メキシコ征服という問題が、今一度持ち上がっていた。この地域はまだアメリカの一部だが、アメリカへの忠誠を疑う声が高まっていた。

数千万人のメキシコ人の追放は、現実的にはあり得ない。兵站上不可能であるばかりか、アメリカに壊滅的な影響が及ぶからだ。しかしその一方で、この地域に住むメキシコ出身者を無条件にアメリカ市民とする考えは、もはや成り立たなくなっていた。住民自身も、国内の他の地域も、そのようには考えなくなった。政治情勢はますます急進化していった。

二〇九〇年頃になると、メキシコの急進派が新たな危機を招いていた。メキシコ憲法が改正され、国籍を問わず在外メキシコ人（生まれと文化によって定義される）に本国の選挙権が与えられた。さらに重要なことに、メキシコの下院選挙区が国外に設けられ、たとえばアルゼンチンに住むメキシコ人が、アルゼンチン在住のメキシコ人を代表するメキシコ議会議員に投票するといったことが可能になった。

アメリカには投票資格者が非常に多く住むため――だからこその改正である――メキシコ割譲地は複数のメキシコ下院選挙区に分けられ、たとえばロサンゼルスから二〇人、サンアントニオから五人の下院議員が、メキシコ議会に選出されることになった。選挙費用はメキシコ人の地域社会が自己資金で賄うため、これがアメリカの法に抵触するかどうかは判断が分かれた。国中から激しい反発が巻き起こったが、連邦政府は干渉に踏み切れなかった。このようにして二〇九〇年に議員選挙が実施され、在米メキシコ人は連邦議会とメキシコ議会の両方に投票した。同一人物が両方の議会に同時に選出されるケースもあった。これは、同等の対抗手段を持たないアメリカを守勢に追い込む、きわめて巧妙な手だった。

二〇九〇年代のアメリカは、国内の難局に直面していた。だがそれと同時に、アメリカが軍事解決に踏み切ることを恐れて武装強化を急速に進めていたメキシコにも立ち向かう必要があった。アメリカは宇宙では圧倒的優位に立っていたが、地上ではメキシコが優勢だった。アメリカ軍は規模がそれほど大きくないが、ロサンゼルスのような都市を統制するには、下級歩兵がどうしても必要になる。

アメリカ軍による占領をきっかけに、メキシコ人の民兵組織が地域全体に出没し、軍が撤退した後も留まった。国境の両側が厳重に武装されている状況では、民兵組織が補給ラインを分断して、国境沿いのアメリカ軍を孤立させる可能性が、非常に厄介な問題になる。アメリカにはメキシコ軍を破壊するだけの力はあったが、だからと言って自国の南西部や、もちろんメキシコを鎮められるわけではなかった。その一方で、メキシコは衛星の打ち上げや無人機の製造にも着手していた。

この情勢に対する国際社会の反応だが、各国は様子見を決め込んだ。メキシコは他国の支援を期待し、今やメキシコに劣らぬ大国になったブラジルが、メキシコと手を結ぶそぶりを見せた。だがそれ以外の国は、メキシコが隣国に顔面パンチをくらわすことを密かに願いながらも、アメリカにとってこれほどまでに根本的に重要な問題には関わろうとしなかった。メキシコは孤立した。メキシコにとっての戦略的解決策は、別の強国が別の場所でアメリカに挑戦する隙をついて、アメリカの国境上で問題を起こすことだった。ポーランドはアメリカに根深い不満を抱いており、ブラジルなどの新興国はアメリカによって宇宙活動を制限されたことに不満をくすぶらせていた。

メキシコは軍事的均衡を達成しないうちは、アメリカと戦うことはできない。メキシコは同盟を必要としていたが、同盟を構築するには長い時間がかかる。それでもメキシコには大きな強みが一つあった。それはアメリカが国内不安に揺れていたことだ。まだ暴動の域には達していなかったが、アメリカは国内問題に確実にエネルギーを取られ、行動の自由度を狭められていた。たとえアメリカがメキシコを侵略して破ったとしても、問題は解決されず、むしろ悪化するおそれすらあった。アメリカにこの問題を解決できないことが、メキシコにとっては大きな強みになり、時間稼ぎにもなっていた。

アメリカのメキシコとの国境は、この頃メキシコ国内を通っていた。つまり現実の国境である社会的国境が、法で定められた国境の数百キロ北方に移動していたのだ。アメリカは、たとえメキシコを戦争で破ったとしても、基本的なジレンマは解消されず、八方ふさがりの状況に陥るだけだった。

こうしたことのすべての根底に、アメリカが建国以来取り組まねばならなかった問題があった。北米の首都はどこに置かれるべきだろうか――ワシントンだろうか、それともメキシコシティだろうか？　当初は後者が有望だったが、数世紀たつと前者が当然視されるようになった。この問題が、再び俎上に上がっていた。問題を先延ばしにすることはできても、避けて通ることはできない……。

一七世紀にスペインとフランスが突き当たったのも、同じ問題だった。スペインは一〇〇年にわたって世界に君臨し、新興の強国の挑戦を受けるまで、大西洋ヨーロッパと世界を支配していた。スペインとフランスのどちらが至高の存在になるのだろうか？　それから五〇〇年たった二一世紀末には、アメリカが大陸を支配してから一〇〇年が経過したことになる。今やメキシコは日の出の勢いである。どちらが至高の存在になるのだろうか？　アメリカは空と海を支配するが、メキシコの挑戦は、地上から、しかもアメリカの領土内から——メキシコだけに可能な挑戦だ——仕掛けられる。これはアメリカの軍事力が最も苦手とする挑戦である。かくして二一世紀が終わりに近づく頃、次の問題が突きつけられる。北米は国際システムの重心だが、誰がその北米を制するのか？

答えは、二二世紀まで待たねばならない。

第13章の概要

- 二〇八〇年代のアメリカは、過剰な移民という新たな問題を抱え込む。特にメキシコ系住民の問題がクローズアップされる。
- 経済大国の一つに浮上しているメキシコは、アメリカの覇権に挑戦することになるだろう。

エピローグ

躍進するメキシコがやがてアメリカの覇権に挑戦する、などと言っても、荒唐無稽に思われるだけかもしれない。だが二〇世紀の初めに生きていた人たちには、われわれの暮らすこの世界の方が、はるかに荒唐無稽に感じられるのではないだろうか。序章でも述べた通り、未来を予測するにあたって、常識はほぼ必ずわれわれを裏切る。二〇世紀の間に起こった、想像を絶する数々の変化について考えて欲しい。いったい常識を使ってそれらを予測することはできただろうか？　未来を思い描く最も現実的な方法は、当然と思われることを疑ってかかることだ。

今の時代に生まれ、二二世紀まで生きる人たちがいる。わたしの育った一九五〇年代には、二一世紀と言えばＳＦを連想させる概念であり、自分が実際に暮らすことになる現実の世界にはとても思えなかった。現実的な人は一〇〇年後の予想など夢想家に任せて、次の刹那に集中する。ところがどうして、二一世紀はわたしにとってきわめて現実的な関心の対象になった。わたしは人生の少なからぬ時間を、二一世紀に過ごすことになる。そしてここに至るまでに、歴史が――その間に起こった戦争、技術変化、社会変容が――わたしの生活を驚くべき方法で作り替えたのである。わたしはソ連との核戦争で命を落としこそしなかったものの、数々の予期せぬ戦争を経験した。一九九九年の暮らしは、テレビアニメの「宇宙家族ジェットソン」が描いた通りにはならなかったが、わたしが今この文章を書いているパソコンは、片手で持て、世界中の情報にものの数秒でアクセスできる――しかも何の配線もつながっていないのにだ。国連は人類の問題を解決しなかったが、黒人や女性の地位は息を呑むような変化を遂げた。わたしの思い描いていたことは、現実に起こったこととはまるで違っていた。

二〇世紀を振り返ると、われわれが確信を持てたこともあれば、起こるだろうと予想できたことも、知り得ないこともあった。たとえば人類が今後も国民国家という手段を通してこの世界を組織することは、確信を持って予想できた。戦争がさらに破壊的になることは目に見えていた。アルフレッド・ノーベルには、自らの発明が戦争を終わりなき恐怖に変えることが分かっていたし、実際そうなった。通信と輸送の革命は予見できた――ラジオ、自動車、飛行機はすでに存在していた。それが世界にとってどのような意味を持つかは、想像力と信じる気持ちさえあれば予測することができた。そのためには、常識を一時留保する必要があった。

戦争が不可避であり、さらに悲惨さを増すことが分かっていれば、それほど発想を飛躍させなくても、どことどこが戦を交えるかは予想できた。新たに統一されたヨーロッパの強国であるドイツとイタリア、そして新興工業国の日本が、イギリスとフランスを中心とする大西洋ヨーロッパ諸国の支配する国際システムの見直しを迫ることは予想された。ヨーロッパとアジアが戦争に引き裂かれる間に、ロシアとアメリカが世界の超大国として台頭することは予測がついたし、実際多くの人がそう予測していた。その後起こったのは予想よりもさらに陰鬱なことだったが、想像の域を超えてはいなかった。

二〇世紀初頭にSF作家のH・G・ウェルズが、二、三〇年後の戦争で使われる兵器を予想している。ウェルズはただ、すでに構想されていた兵器と製造可能な兵器について調べ、それを未来の戦争と結びつけさえすればよかった。だが予想できたのは、科学技術だけではない。アメリカ海軍大学の作戦研究者も、日本の国防担当者も、日米戦争がどのように展開するかを大まかに説明することができた。ドイツ参謀本部は二つの世界大戦が起こる前に、戦争とリスクがどのような変遷をたどり得るかをはっきり示すことができた。ウィンストン・チャーチルは戦争がもたらす結末を予見することができた。イギリスの帝国喪失も、将来の冷戦もだ。細部を予想することは誰にもできなかったが、二〇世紀の大まかな輪郭をつかむことはできた。

それこそが、本書でわたしが目指したことである。つまり、地政学を主な指針として、二一世紀がどのようなものになるかを感じ取ることだ。最初は、永続的な事柄に目を向けた。それは天国と地獄の間で宙づりになった人間の、時代を超えた性質である。続いて長期的傾向として、地球文明の中心地としてのヨーロッパの衰退と没落、そしてそれに取って代わった北米大陸および北米大陸の覇権国アメリカの台頭について論じた。国際システムにおけるこの重大な変化を踏まえたことで、アメリカの性質——強情、未熟、卓越——と、それに対する世界の反応——恐怖、羨望、抵抗——を見きわめることが容易になった。

次に二つの問題に焦点を当てた。アメリカに抵抗する国はどこか、そしてアメリカがその抵抗にどのように反応するかだ。抵抗は次から次へと波のように押し寄せ、二〇世紀がそうであったように、これからも短い時代がめまぐるしく移り変わる。最初にイスラム世界、続いてロシア、それから一連の新興強国（トルコ、ポーランド、日本）、そして最後にメキシコがアメリカに立ち向かうだろう。それからアメリカの反応を理解するために、過去数百年のアメリカ社会に見られる五〇年周期と思しきものを検証し、二〇三〇年と二〇八〇年がそれぞれどのようになるかを説明した。このことを通して、今すでに始まっている劇的な社会変容、すなわち人口爆発の終焉について考え、それが未来にとってどのような意味を持つかを考察することができた。またロボットと宇宙太陽光発電とのつながりを示すことで、既存技術が社会危機にどのような形で応えるかを検討することができた。

予測は細部に至れば至るほど、外れる可能性が高くなる。もちろんそれは分かっている。だがわたしは、二一世紀がどのような感じになるのか、その感触を伝えることが自分の使命だと考えている。細部については多くの点で読みを外すだろう。実際、どの国が世界の主要国になり、どのような形でアメリカに抵抗するかという点でも、予測を誤る可能性はある。

だがわたしが自信を持って言えるのは、国際システムにおけるアメリカの地位が、二一世紀の主要な争点になること、そしてその他諸国がアメリカの隆盛に立ち向かおうとすることだ。いろいろと述べてきたが、一点だけ強調するとすれば、アメリカは衰退寸前であるどころか、上げ潮に乗り始めたばかりだということになる。

本書はアメリカを賛美する本ではない。わたしはアメリカの制度や慣行の熱心な支持者ではあるが、アメリカの力の源泉は、憲法でも、フェデラリスト・ペーパーズ〔アメリカ憲法の権威的解説書〕でもない。一八一二年戦争のニューオリンズにおけるアンドリュー・ジャクソン将軍〔のちの大統領〕の勝利、テキサス独立戦争中のサンハシントの戦いにおけるサンタ・アナ〔メキシコ大統領兼将軍〕の敗北、ハワイ併合、そして一九四〇年のイギリスの西半球海軍基地のアメリカへの引き渡しが——そして本書で時間をかけて分析した、アメリカ特有の地理的特徴が——その源泉なのである。

これまで触れていない問題が一つある。本書が地球温暖化の問題を取り上げていないことにお気づきの方もおられるだろう。紛れもない手落ちと思われても仕方ない。地球環境の温暖化が進展していることはわたしも確信しているし、科学者たちが議論はもはやこれまでと宣言した以上、その元凶が人類だということに疑いを差し挟むつもりもない。だがあのカール・マルクスも言っている。人類はすでに解決策を用意していない問題は提起しない、と。これが普遍的に正しいかどうかは分からないが、この問題に限って言えば、正しいように思われる。

地球温暖化を帳消しにする二つの力が明らかになりつつある。第一に、人口爆発の終焉により、今後数十年間でほぼあらゆるものに対する需要の伸びが頭打ちになる。第二に、炭化水素燃料資源を探査、利用するコストが上昇することから、代替エネルギー源への需要がますます高まる。代替エネルギーとしてまず思いつくのは太陽エネルギーだが、地球上で太陽光を集光するには、越えるべきハードルが多すぎるように思われる。しかしそのハードルのほとんどが、宇宙太陽光発電には存在しない。二一世紀後半になれば人口動態と科学技術が変容し、両者が相まってこの問題への解決策をもたらすだろう。言い換えれば、人口減少と世界覇権のための宇宙支配とが組み合わさる結果、問題が解決するのだ。これがどのような解決策になるかは、今すでに予測することができる。またこの解決策は、他のプロセスがもたらす、意図せざる結果でもある。

意図せざる結果こそが、本書の主要テーマである。もしも人間が自分のやりたいことを自由に選び、それを実行に移すことができるのであれば、将来を予測することは不可能になる。自由意志を予測することはできないからだ。だが人間について最も興味深い点は、その大いなる不自由さである。誰でも一〇人の子を持とうと思えば持てるが、今どきそんな人はまずいない。われわれはいつの時代にどの場所に暮らすかによって、行動を厳しく制約される。そしてわれわれが実際に取る行動は、思いがけない結果を招くのである。NASAの技術者はマイクロチップを使って宇宙船に搭載するコンピュータを作ったとき、iPodを作ろうなどとは考えもしなかった。

本書で用いられた手法の核となっているのは、個人や国家に課された制約を理解し、その制約が一般にこれらの主体にどのような行動を強いるのかを考察し、こうした行動がもたらす意図せざる結果を理解しようとする試みである。われわれに知り得ないことは数限りなくあり、すべてを網羅した、あるいは完全に正しい一〇〇年予測などあり得ない。だがもし本書がいくつかの最も重要な制約や、その制約に対して予想される反応、そしてその行動がもたらす最も広範なレベルでの結果をいくらかでも解明することができれば本望だ。

自分では内容の真偽を決して知り得ない本を著すことは、何とも奇妙な感じがするものだ。本書は、その真偽を知り得る立場に立つ、わたしの子どもたちと孫たちに捧げることとする。本書がかれらの手引きになってくれれば、それだけで本書の狙いは達成されたことになる。

謝辞

ストラトフォーの同僚たちがいなければ、本書を構想することは絶対になかったし、ましてや執筆に取り組もうなどとは思わなかっただろう。友人のドン・キューケンドールは、いつも変わらず誠実で、わたしの支えになってくれた。スコット・ストリンガーは忍耐強く、また創意を凝らして、文中の地図を扱ってくれた。ストラトフォーの全員が、本書をより良い本にしようとしてくれた。特にロジャー・ベイカー、リーバ・バーラ、ローレン・グッドリッチ、ネイト・ヒューズ、アーリック・アイゼンシュタイン、コリン・チャップマンに感謝申し上げる。歯に衣着せぬ綿密な批評を通して、わたしに計り知れないほどの助力と刺激を与えてくれたピーター・ザイハンにお礼を申し上げたい。ストラトフォーの仲間以外では、新しいものの見方を教えてくれた、ジョン・モールディンとグスタフ・モルナーに感謝する。またスーザン・コープランドは、本書や、その他の多くのことが抜かりなく運ぶよう取りはからってくれた。

最後にわたしの著作権代理人ジム・ホーンフィッシャーと、ダブルデイの編集者ジェイソン・カウフマンに感謝したい。両氏は多大な労力を費やして、わたしを暗中模索から救い出してくれた。ロブ・ブルームは、すべてがうまく行くよう見届けてくれた。

本書は多くの方たちのおかげで世に出ることができたが、不十分な点は、すべてわたしの責任である。

訳者あとがき

本書『100年予測』（原題 *The Next 100 Years: A Forecast for the 21st Century*）は題名通り、これからの一〇〇年の世界情勢を占うという、非常に大胆な試みである。しかもそこで描き出される予測を一言で表わせば、「二一世紀こそがアメリカの時代になる」ということになる。対テロ戦争の泥沼化、数年前の金融危機に端を発する深刻な景気後退、中国やインドを始めとする新興国の追い上げなど、アメリカの先行きに対する不安が強まる今、なぜアメリカの時代の幕明けなのかと、違和感を持たれる方も多いのではないだろうか。

まず著者について、簡単に紹介しておこう。ジョージ・フリードマンは一九四九年ホロコーストを生き延びた両親のもとにハンガリーに生まれ、幼くしてアメリカに渡った。コーネル大学で政治学博士号を取得した後、大学で政治学の教鞭を執りながら、アメリカ軍や関係機関向けに安全保障や国防問題に関する講義や情報分析を行ない、一九九六年に情報機関「ストラトフォー」を立ち上げる。ストラトフォーは特に一九九九年のコソボ空爆、二〇〇一年の同時多発テロ事件とそれに続くアフガニスタン侵攻など、アメリカ外交の転機に的確な分析や予測、提言を通して指導力を発揮したことから、「影のＣＩＡ」の異名を取り、多国籍企業、ヘッジファンド、各国政府、軍機関などを顧客に抱え、各界に絶大な影響力を誇っている。

フリードマンの分析、予測手法は、国家やそこに暮らす人々の取る行動が、国を取り巻く地理的条件や環境によって大きく制約され、方向づけられるという、地政学の考え方を前提としている。そしてこうした現実という制約の中で動く人間の本質が、いつの時代も変わらないという考え方が、「歴史は繰り返す」という本書のモチーフの基盤となっている。

またフリードマンは、アメリカであれアルカイダであれ、すべての行動主体を、現実という制約の中で生き残りをかけて行動する、等しく合理的な存在としてとらえる。この視点があるからこそ、なぜアルカイダがアメリカを攻撃するのか、なぜアメリカが一見行き当たりばったりで中途半端にも思える外交政策を展開するのか、なぜソ連は崩壊したのかといった疑問が、説得力をもって明快に解き明かされる。そしてこの冷徹な情勢分析をもとに、今後大きな転機をもたらしそうな地政学的潮流の兆しを読み取り、それらが二一世紀にどのような展開をもたらすかを予測している。

地球規模の出来事や現象が起こり、世界覇権と経済・金融が深く結びついている現代世界では、地政学は分析の枠組として時代遅れと見なされることも多い。だが一〇〇年という長期の予測を立てるには、国家や人間を動かす、長期にわたる圧倒的な力だけが、信頼できる指針になるのだろう。地政学というプリズムを通すことで、科学技術が発達した現代にあってもなお人間が自然という大きな力に翻弄されること、国家の力が地理的条件に大きく左右されることが、改めて浮き彫りにされる。また一見バラバラの現象を、地政学という一本の糸でつなぎ合わせることで、長期予測にありがちな専門家の意見の寄せ集めや、「こうあるべき」という倫理的な縛りとは無縁な、一貫した未来覇権地図を描き抜くことに成功している。

本書は決して手放しにアメリカを賛美しているのではない。地政学的観点から客観的に考えれば、アメリカの力は圧倒的だと主張しているのだ。経済活動の多様化や情報化の進展により、世界がシームレスにつながったことで、国際物流、特に海上輸送の重要性がより一層高まっている。その中で、太平洋と大西洋の二大大洋にまたがる北米大陸と、その北米大陸を強大な軍事力で支配するアメリカの優位は、当面揺るぎそうにない。このことを、いま一度認識し直す必要がある。そしてアメリカが建国以来、「アメリカに挑戦し得る地域覇権国の台頭を防ぐ」という基本戦略に沿って、着々と力を強めてきたというフリードマンの鋭い分析が、二一世紀のアメリカの、そして世界の動きを理解するカギとなる。

このようにして紡ぎ出される本書の予測は、衝撃的だ。ごくかいつまんで言えば、今世紀前半には地理的、人口的な制約から、ロシア、中国、インドといった大国の力が衰え、これに人口爆発の終焉や宇宙分野におけるイノベーションなどの大きな潮流が絡み合い、アメリカの一極支配体制がますます強化されていく。このようにして世界は唯一の超大国アメリカの、強大で時に横暴な力に、より直接的にさらされるようになる。その結果、アメリカの力に対抗しようとする新興の強国たちと、自らの覇権に対する脅威の芽を摘もうとするアメリカとの間に、熾烈な戦いが次々と繰り広げられるという。二一世紀の戦争は舞台を宇宙に移し、これまでとはまったく異なる方法で戦われる。そして意外な国がアメリカに挑戦し、その地位を揺るがすように思えた頃、今世紀は幕を閉じるのである。

これらの強国には、日本も含まれる。日本は人口減少による深刻な労働力不足から、太平洋地域に経済的、軍事的影響力を拡大せざるを得なくなり、図らずもアメリカの覇権を脅かす存在になってしまうという。日本に暮らし、平和の時代しか知らない者にとっては、とても鵜呑みにできるような予測ではない。しかし世界の勢力バランスがアメリカの側に大きく傾いたとき、その他諸国が手を結んでバランスを保とうとするのは必然のように思われる。そして日本の存立基盤が脅かされるほどアメリカが強大化したとき、日本が他国と同盟を結びこれに挑戦することはあり得ないと、果たして言い切れるのだろうか。

本書は本国アメリカで二〇〇九年一月に刊行されるや否や、アマゾン・ドットコムやニューヨーク・タイムズなどでベストセラー入りし、そのあまりにも大胆で意外な予測から、各界に賛否両論の議論を巻き起こした。だがフリードマンは、将来について一つだけ確実に言えることがあるとすれば、それは現在の常識が通用しなくなることだと強調する。そして、一〇〇年先を細部まで正しく予測することは不可能だと認めながらも、大まかな世界構図は決して読み違えてはいないと力説する。アメリカでも、予測の細かい点に異論はあっても、その長期的な展望に考えさせられた、思考の種になったという評が数多く寄せられている。アメリカでこれだけ多くの読者に読まれ、今世紀に対する見方に一石を投じたというだけでも、本書には読む価値がある。著者がストラトフォーの威信を賭けて世に問うた力作を、荒唐無稽だと一蹴せず、じっくりお読み頂ければと思う。

最後に私事だが、味気なくなりがちな翻訳生活に彩りを与え、楽しいものにしてくれる娘と息子に、そして終始温かく支えてくれた主人に感謝したい。そして末筆ながら早川書房の東方綾さんには、良い本を作りたいという熱意にいつも励まされた。編集段階で数々のご指摘を頂き、大変なご面倒をおかけしたことをここにお詫び申し上げるとともに、本書を翻訳する機会を下さったことにも深く御礼申し上げたい。

＊

本書は二〇〇九年一〇月に早川書房から刊行されたが、このたびハヤカワ・ノンフィクション文庫として再刊行されることになった。文庫化にあたっては、旧訳をほぼ踏襲したが、気になった点について若干修正を加え、さらに読みやすくした。また本書のデータは特に注記がない限り、原書刊行時のものである。編集作業でお力添えを頂いた、早川書房編集部の有岡三恵さんに感謝したい。

二〇一四年五月

解説

未来予測は絶対に外れる——内容よりもアプローチに着目せよ

国際地政学研究所上席研究員／戦略学博士
奥山真司

最初にお断りしておきたいのは、本書はいわゆるアカデミックな「専門書」ではなく、アメリカの一般向けの本であり、そもそも予測不可能な長期的な未来について、世界一流の情報コンサルタントの立場から書かれたものだということだ。本書をお読みになったみなさんの中には「中国が分裂し、ポーランド、トルコ、日本、そしてメキシコが大国化してアメリカに歯向かうことになるなんて荒唐無稽の妄想の産物だ！」という感想を抱く方も少なくないはずだ。断言しておきたいのだが、このようなフリードマンの未来予測は絶対に外れる。その証拠に、フリードマン自身も「未来がどのようなものになるのか、その感触を伝えることにある。当然細かいことはたくさん読み違えるだろう」と認めているほどだ。つまり本書の最大の特徴は、その予測の正確性にあるのではなく、むしろ予測を導き出す際に著者がどのような質問を「土台」として想定しているのか、そしてその予測の「アプローチの仕方」

がどのようなものなのかを、あますことなく教えてくれている点にあるのだ。

　もちろん日本人にはこのような「土台」や「アプローチ」を知る必要はないと一笑に付すことも可能だ。ただし著者のフリードマンは『ザ・カミング・ウォー・ウィズ・ジャパン──第二次太平洋戦争は不可避だ』（徳間書店、古賀林幸訳）という本を一九九一年に出版し、「影のCIA」という異名をとり、米政府や企業に情報を売っているアメリカの情報コンサルタント会社のトップという立場の人間である。世界で最も力を持ち、日本の安全保障にも大きな影響力を持つアメリカ政府に対して、情報分析を供給している側の人間なのだ。本書をただ単に「未来予測を知りたい」という知的好奇心を満たすために読んでいただくのも一向にかまわないが、この人物がどのように考えているのか、そしてわれわれはどのような問いかけを自分にすべきなのかを本書から読み解くことは、平和や国家の生き残りという重大な問題について少しでも関心のある日本人に非常に大きなヒントを与えてくれるはずだ。


　ではフリードマンの予測の「土台」や「アプローチ」の中心となっているものは何だろうか？　それが「地政学」なのだが、ではこの「地政学」というのは、具体的にはどのようなものなのだろうか？

「地政学」（geopolitics）とは、古代から人間が集団で社会をつくった時から常に考慮せざるを得なかった「地理」をベースにした、対外政策を考える上での一つのアプローチである。その考え方の萌芽は古代ギリシャのアリストテレスや、中国の孫子などにも見られるが、近代で不完全ながらも体系化されてきたのは、一九世紀後半の帝国主義の時代を背景としたプロイセン／ドイツであり、彼らが普仏戦争で勝利したことがきっかけだ。彼らが地理的な情報を真剣に研究していたことから、欧米各国でグローバルな視点から自国の優位を地理的に考える機運が高まり、これを受けてイギリスのハルフォード・マッキンダーという地理学者・政治家が二〇世紀初頭に考えを一度まとめた。しかしこれを第二次大戦時にナチス・ドイツが悪用したために、地政学は一度は闇に葬り去られたのだが、このような視点はグローバル化した世界における大国（とくに米国）の国家戦略の分析には欠かせないものとして再び注目を集め、現在では主に戦略研究（strategic studies）の中の一つの分野として研究されている。学術研究ではないが、プロの「情報コンサルタント」として地政学的な知見を分析に積極的に活用している代表的な人物が、本書の著者ジョージ・フリードマンである。

まずフリードマン自身は本書の第1章で、前述したマッキンダーと、米海軍の軍人で歴史家でもあったアルフレッド・セイヤー・マハンという二人の人物の名を挙げて地政学を説明している。ただし一般的にわれわれが考える「地政学」というのは、「学」という名前がついている割には「体系的な学問」とはいいがたく、学術研究のほうでも厳密にはこの二人にニコラス・スパイクマンというオランダ系アメリカ人の地理学者を加えた三人の理論家の考えを中心に議論されており、彼らの提出した概念や理論に共通する、いくつかの前提を元にした視点やアプローチだとしか言えない。そのような不完全なものでありながらも、私は個人的に彼らの視点を構成する「前提」が一〇数個あり、ここでは大雑把にそれらを三つにまとめられると考えている。

第一の前提は「リアリズム」だ。リアリズムは国際政治を理論的に学ぶ際の基本的なアプローチであるが、日本では受けが悪い。なぜならそのエッセンスは「国家は、パワーを求めて、合理的に動く」という冷酷なものだからだ。ここでのパワー（権力）とは、経済学でいうところのマネー（お金）と同じような役割を果たすとされており、国際政治においては「国家」という主なプレイヤーが互いに騙し騙されながら、相手よりも多くのパワーを獲得する合理的なゲームを展開している、というイメージになる。フリードマンはまさにこのリアリズムの視点を大胆に打ち出した分析を行っており、国際的な協調や経済相互依存、そして国際法などのいわば「リベラル」的な要素には国家の行動を制約する実質的な力はないという立場から、いつでも戦争の起こる可能性があると予測している。ロシアと西側諸国の間での紛争の再発（本書ではベラルーシだが、二〇一四年にウクライナをめぐって実際に紛争が起こった）を予期したり、イスラム原理主義によるテロは「国家」という組織にはとって代わる存在ではないと見なしているところなどは、典型的な「リアリズム」の視点を継承していることがうかがえる。

第二の前提は「地理と地理観」を強調することだ。当然だが、地理というのは変化しにくい要素であり、国際政治で展開されるドラマを演劇にたとえると、その舞台そのものを決定しているのが地理である。地政学では、この舞台上の主なプレイヤーである国家たちが、地理的な事情から大きく「海の勢力」（シーパワー）と「陸の勢力」（ランドパワー）の陣営にわかれて合理的なパワー争いを展開していると見なすが、問題はこのような地理という舞台だけでなく、その舞台そのものを各プレイヤーたちがどのように頭の中でとらえるかという、いわば「想像上の地理」というものが大きな役割を果たしているととらえている点だ。たとえばフリードマンは日本が二〇四〇年代になると孤立し、再び中国大陸のほうに進出するという大胆な予測をしているが、これは日本が東アジアの沖合の島という立場（地理観）に耐え切れなくなったから行動を起こすという解釈もできる。つまり人間の意識の外にある「物理的な地理」もたしかに重要なのだが、それをプレイヤー（この場合には日本政府）が頭の中でどのように「地理を想像しているか」という点も等しく重要な役割を果たすということだ。

第三の前提は「テクノロジーによる変化」である。この「テクノロジー」とは、「物理的な地理」と「想像上の地理」の橋渡しをするものだ。たとえば地政学では、船を使った海の交通革命が起こったことによってヨーロッパ列強の大航海時代が始まり、これが国際政治のパワーバランスに大きな変化をもたらしたと考えるのだが、この時に変化のきっかけとなったのが「船」というテクノロジーであり、これがヨーロッパ列強のリーダーに「世界は狭くなった」という地理感覚をもたらして、国家の行動にも影響を与えたと見る。現代において人間の頭の中の「想像上の地理」を伸び縮みさせる役割を果たしているのが、自動車や弾道ミサイル、それに航空機やインターネットというテクノロジーであると考えればわかりやすい。前述したスパイクマンは、「通信・交通のスピードや、産業界の技術の発展は、必然的に特定の国々のパワーポジションを変動させることになる。つまり地理的な事実は変化しないが、それらが対外政策に与える意味は変化する」と述べているが、これは「地理」と「地理観」、そして「テクノロジー」の間にダイナミック（動的）な関係があることを教えている。ただしフリードマンは本書の中でこのテクノロジーの変化についてあまり強調しておらず、情報通信革命の今後への考察が少ないのがやや物足りないところだが、それでも宇宙関連技術（とくに太陽光発電）がアメリカの地政学的優位に恩恵をもたらすことを示唆している点は興味深い。

本書のハイライトは、なんと言ってもアメリカの大戦略（本書では「基本戦略」）の五原則を述べていることであろう。フリードマンは第2章でアメリカの圧倒的なパワーの優位を確認しつつ、①米陸軍の北米支配、②南北アメリカにおける強国の台頭阻止、③米周辺の海の支配、④全海洋の支配、⑤ユーラシアの海軍大国の台頭の阻止、の五つの原則を明示している。これは世界がいまだにシーパワーの時代であり、この前提があるために外洋に出られないランドパワー的な中国の没落を予測し、国内の結束の基盤の強いシーパワー的な日本がアメリカに挑戦してくるという予測になる。未来予測という形をとりながらも、アメリカという文武両道で圧倒的な力をもったプレイヤーが将来にわたって世界をいかにコントロールしていけばいいのかということを、ここまであからさまに記している著作というのは極めて珍しい。

何度も言うが、本書の予測は絶対に外れる。著者の思惑とは違って、本書は「予言書」ではないからだ。それよりも重要なのは、この著者の予測の「前提」や「アプローチ」を知ることであり、そこで中心となっている地政学的な概念を学ぶことだ。そしてそこから自分の頭で考えられるようになることに、本書の本当の価値があるのだ。

二〇一四年五月

本書は、二〇〇九年一〇月に早川書房より単行本として刊行された『100年予測——世界最強のインテリジェンス企業が示す未来覇権地図』を改題・文庫化したものです。

モサド・ファイル

――イスラエル最強スパイ列伝

Mossad

マイケル・バー＝ゾウハー＆ニシム・ミシャル

上野元美訳

ハヤカワ文庫ＮＦ

佐藤優氏推薦

謎めく諜報活動の舞台裏が明らかに！

世界最強と謳われるイスラエルの対外情報機関「モサド」。ナチスへの報復、テロとの果てなき戦い、各国のユダヤ人保護など、インテリジェンス作戦の真実を人気作家が活写。国家存亡を左右する暗闘の真実を描くベストセラー・ノンフィクション。解説／小谷賢

ハーバード白熱教室講義録＋東大特別授業（上下）

マイケル・サンデル

NHK「ハーバード白熱教室」制作チーム、小林正弥、杉田晶子訳

NHKで放送された人気講義を完全収録！

正しい殺人はあるのか？　米国大統領は日本への原爆投下を謝罪すべきか？　日常に潜む哲学の問いを鮮やかに探り出し論じる名門大学屈指の人気講義を書籍化。NHKで放送された「ハーバード白熱教室」全一二回、及び東京大学での来日特別授業を上下巻に収録。

ハヤカワ・ノンフィクション文庫

天才数学者たちが挑んだ最大の難問

——フェルマーの最終定理が解けるまで

アミール・D・アクゼル
吉永良正訳

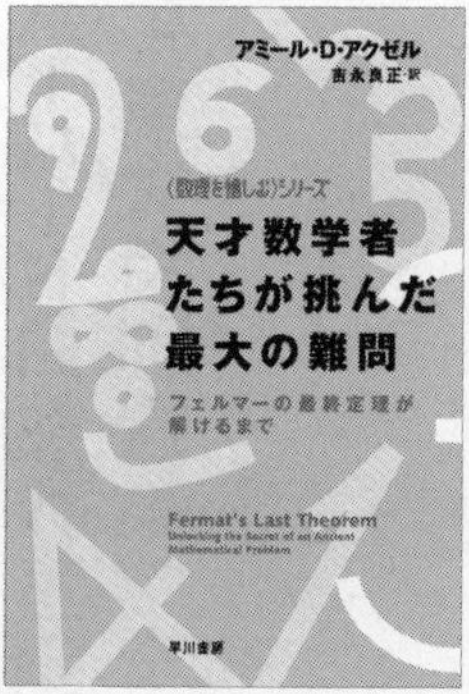

問題の意味なら中学生にものみこめる「フェルマーの最終定理」。それが証明されるには三〇〇年が必要だった。史上最大の難題の解決に寄与した日本人数学者を含む天才たちの歴史的エピソードを豊富に盛りこみ、さまざまな領域が交錯する現代数学の魅力的な側面を垣間見せる一冊。

ハヤカワ・ノンフィクション文庫
《数理を愉しむ》シリーズ

不合理だからうまくいく

——行動経済学で「人を動かす」

The Upside of Irrationality

ダン・アリエリー
櫻井祐子訳

ハヤカワ文庫NF

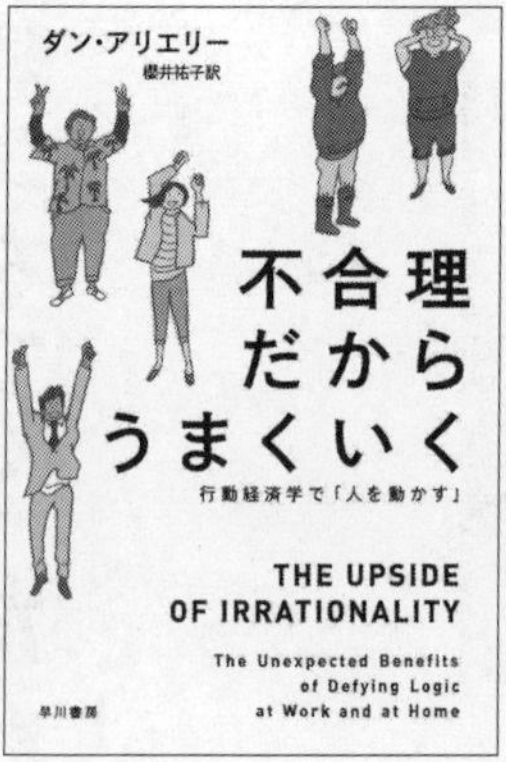

人間の「不合理さ」を味方につければ、好機に変えられる！

「超高額ボーナスは社員のやる気に逆効果？」「水を加えるだけのケーキミックスが売れなかったわけは？」——行動経済学の第一人者アリエリーの第二弾は、より具体的に職場や家庭で役立てられるようにパワーアップ。人間が不合理な決断を下す理由を解き明かす！

訳者略歴　翻訳家　京都大学経済学部卒　オックスフォード大学院で経営学・哲学修士号を取得　訳書にフリードマン『続・100年予測』，アリエリー『不合理だからうまくいく』（以上早川書房刊），アイエンガー『選択の科学』，クリステンセン他『イノベーション・オブ・ライフ』，シュミット他『第五の権力』など多数

HM=Hayakawa Mystery
SF=Science Fiction
JA=Japanese Author
NV=Novel
NF=Nonfiction
FT=Fantasy

100年《ねん》予《よ》測《そく》

〈NF409〉

二〇一四年六月十五日　発行
二〇一六年八月二十五日　九刷

（定価はカバーに表示してあります）

著者　ジョージ・フリードマン
訳者　櫻《さくら》井《い》祐《ゆう》子《こ》
発行者　早川　浩
発行所　株式会社　早川書房

郵便番号　一〇一-〇〇四六
東京都千代田区神田多町二ノ二
電話　〇三-三二五二-三一一一（大代表）
振替　〇〇一六〇-三-四七七九九
http://www.hayakawa-online.co.jp

乱丁・落丁本は小社制作部宛お送り下さい。
送料小社負担にてお取りかえいたします。

印刷・中央精版印刷株式会社　製本・株式会社川島製本所
Printed and bound in Japan
ISBN978-4-15-050409-0 C0131

本書は活字が大きく読みやすい〈トールサイズ〉です。